新媒体营销与运营

李丽娜　隋东旭 ◎ 编著

清华大学出版社
北京

内 容 简 介

本书共分 8 章，分别为初识新媒体营销与运营、新媒体用户与内容定位、微信营销与运营、社群营销与运营、直播营销与运营、短视频营销与运营、微博营销与运营、其他新媒体营销与运营。本书知识全面、案例丰富，在讲解知识时，将新媒体营销与运营基础理论与快速发展的新媒体营销与运营实践紧密结合，同时配以微课视频、小常识、小思考、课程思政等丰富的拓展资源，帮助读者提高新媒体营销与运营的实际操作与应用能力。

本书既可作为高等院校市场营销专业、电子商务专业、移动电子商务专业、网络营销与直播电商专业及相关专业的教学用书，也可供有志于学习新媒体营销与运营相关知识的人士学习、参考。

本书封面贴有清华大学出版社防伪标签，无标签者不得销售。
版权所有，侵权必究。举报：010-62782989，beiqinquan@tup.tsinghua.edu.cn。

图书在版编目（CIP）数据

新媒体营销与运营：微课+思政版/李丽娜，隋东旭编著. —北京：清华大学出版社，2023.5（2025.7重印）
ISBN 978-7-302-63710-3

Ⅰ．①新… Ⅱ．①李… ②隋… Ⅲ．①网络营销 Ⅳ．①F713.365.2

中国国家版本馆 CIP 数据核字（2023）第 094116 号

责任编辑：邓　婷
封面设计：刘　超
版式设计：文森时代
责任校对：马军令
责任印制：丛怀宇

出版发行：清华大学出版社
　　　网　　址：https://www.tup.com.cn，https://www.wqxuetang.com
　　　地　　址：北京清华大学学研大厦 A 座　　邮　编：100084
　　　社 总 机：010-83470000　　　　　　　　邮　购：010-62786544
　　　投稿与读者服务：010-62776969，c-service@tup.tsinghua.edu.cn
　　　质量反馈：010-62772015，zhiliang@tup.tsinghua.edu.cn
印 装 者：三河市天利华印刷装订有限公司
经　　销：全国新华书店
开　　本：185mm×260mm　　印　张：18.25　　字　数：438 千字
版　　次：2023 年 6 月第 1 版　　　　　　　印　次：2025 年 7 月第 5 次印刷
定　　价：69.80 元

产品编号：095963-01

前 言

党的二十大报告中强调:"加快发展数字经济,促进数字经济和实体经济深度融合,打造具有国际竞争力的数字产业集群。"这是抓住世界科技革命和产业变革机遇、抢占未来发展制高点的客观要求和有力举措。在此背景的驱动下,我国的互联网与信息技术实现了快速发展,与此同时,传统媒体在市场运营中显得越来越力不从心。因此,基于人工智能、大数据、云计算等新兴技术的新媒体登上了媒体的舞台,同时,新媒体的社交化、内容化特点也逐渐改变着人们的社交、购物等生活方式。新媒体时代的到来实现了新媒体与各个传统行业的无缝结合,也在一定程度上促进了新媒体营销的发展。一大批新媒体资讯平台的出现为企业提供了更加广阔的运营空间,企业可通过微博、微信、社群、直播、短视频、自媒体等富有新媒体时代特色的运营平台顺利完成转型升级,获得新媒体带来的诸多"红利"。而直播、短视频、自媒体的全民普及也让新媒体运营成为大众创业的能力要求,更好地实现个人价值与能力的变现。

新媒体营销与运营除了为企业带来商机、为用户带来便利,更带动了就业需求,提供了更多的工作岗位。目前,新媒体的人才需求,特别是运营人才的需求非常大。正确的运营策略和方向对企业发展至关重要。为了顺应时代发展的需要,我们在综合调查新媒体发展趋势的基础上,结合目前常用的运营手段编写了本书,以向企业市场人员、高校毕业生、新媒体从业者、个人创业者等提供指导。

本书编写思路

本书以新媒体行业发展为导向,突出了"以应用为主线,以技能为核心"的编写特点,体现了"导教相融、学做合一"的思想,系统地阐述了新媒体营销与运营的基础知识和使用技巧,以"实用、适度、够用"为原则,重点突出"应用"和"能力"。本书的目标是让读者在了解新媒体营销与运营概念及岗位要求的基础上,快速掌握新媒体营销与运营的方法、技巧并应用到实战中。

本书逐一介绍多种新媒体营销形式,清晰地展示了新媒体营销与运营的各个主要领域,包括新媒体营销与运营基础、微信营销与运营、社群营销与运营、直播营销与运营、短视频营销与运营、微博营销与运营、其他新媒体营销与运营等方面,全方位、多角度地介绍了新媒体营销与运营从业人员必须掌握的各种知识和实战技能,旨在培养从业人员的运营思维,使其在今后的实际工作中能有效运用运营策略和技巧,胜任运营相关岗位工作。

第1章以新媒体行业迅猛发展作为背景,结合当前新媒体营销环境,沿着新媒体认知、新媒体营销、新媒体运营和管理的逻辑对新媒体营销与运营的基础进行梳理和把握,更全面系统地为后期的分项营销打好基础。

第 2 章主要讲述新媒体用户与内容定位,将新媒体用户进行精准定位,然后策划合理的新媒体内容,为后续的营销工作埋下伏笔,奠定基础。

第 3 章以新媒体时代的典型代表——微信为例,深度讲解微信营销与运营,由浅入深,从微信营销的基础知识、微信公众号营销与运营、微信个人号营销与运营和微信小程序营销与运营等方面一步步地诠释微信营销与运营的奥秘。

第 4 章从社群营销与运营的基础知识入手,通过社群和互联网+的融合,多维度地对社群营销与运营进行诠释,找到玩转社群营销的策略和技巧,帮助新媒体营销与运营者做大做强社群,实现社群变现。

第 5 章从直播营销的基础认知、直播平台的类型,到直播营销方案策划、直播话术、直播选品与规划,再到引流互动、数据分析,全方位、多角度地介绍了从事直播营销与运营工作需要掌握的各种知识和实战技能。

第 6 章多角度、深层次地剖析了短视频营销与运营的策略和方法,内容涵盖短视频平台选择、短视频推广、短视频运营、短视频内容策划等,详细解密短视频营销与运营的技巧,让读者能够快速掌握短视频营销与运营的实战方法,以提升企业与个人的推广能力。

第 7 章从微博营销的技巧、策略着手,以层层深入的方式,全面阐述了微博在互联网时代的营销功能,细致、详细地剖析了微博营销与运营的密码,帮助企业认识微博营销与运营的价值逻辑,制定适合自己的微博营销与运营策略。

第 8 章综合地介绍了其他平台(如知乎、头条号)的营销与运营策略,让读者全方位掌握不同平台的相关知识。

本书特色

基于笔者对新媒体的认知和读者需求的考量,本书呈现如下几个特点。

(1)系统规划、全面提升。在内容规划上具有系统化、全面化的特点,不仅包含目前新媒体的核心热门"两微一抖"的相关内容,而且对短视频、自媒体、数据分析、活动策划等内容进行了详细讲解。系统化的内容安排有利于读者较全面地建立自己的知识体系。

(2)紧跟时代、内容详尽。本书采用了项目式结构,以充分结合新媒体运营的理论知识与实际操作,使读者全面掌握新媒体运营的知识和技能。内容紧跟时代的发展潮流,对新媒体营销与运营的各个环节都进行了深度诠释,帮助读者全面提升新媒体营销与运营能力,解决营销与运营中的痛点和难点。

(3)案例主导、学以致用。本书列举了大量精彩的实际案例,并对一些典型案例进行了深度解析。读者可以从案例中汲取丰富的经验,快速掌握新媒体营销与运营的精髓。本书既重视实际操作的技能讲解,也注重实战背后的策略介绍。技能与策略并重让读者不仅能"知其然",还能"知其所以然"。"懂策略、善执行"是本书传达的核心理念。

(4)板块新颖、融入思政。本书在板块设计上努力做到将"学思用贯通"与"知信行统一"相结合,还在理论教学及案例中融入先进技术、前沿知识、文化传承、职业道德等思想政治教育的元素,体现"课程思政",以加强对新媒体营销与运营人才的素养的培养。本书不仅能开拓读者的眼界,还能激发读者的家国情怀和责任意识。

（5）配套微课、提供资源。本书注重易懂性和扩展性，文中设计了"导入案例""小常识""小思考"等栏目，其中包括新媒体营销与运营的相关拓展知识，同时增强了本书与读者的互动性；本书还提供了丰富的教学资源，不仅配备了 PPT、教案、视频等，还通过二维码的方式提供了一些视野拓展知识，读者扫描二维码即可阅读，从而开阔眼界。

本书由李丽娜、隋东旭编著，具体分工如下：李丽娜编写第 1~4 章；隋东旭编写第 5~8 章。本书在编写过程中参考了大量书籍、论文、网站内容，在此对相关作者表示感谢。

由于编者水平有限，书中难免存在不足和疏漏，请广大读者不吝赐教。

作者

2023 年 2 月

目 录

第1章 初识新媒体营销与运营 / 1

1.1 新媒体认知 / 2
- 1.1.1 新媒体的概念 / 2
- 1.1.2 新媒体的特征 / 3
- 1.1.3 新媒体的发展趋势 / 4

1.2 新媒体营销 / 7
- 1.2.1 新媒体营销的概念 / 7
- 1.2.2 新媒体营销的特点 / 7
- 1.2.3 新媒体营销的模式 / 10
- 1.2.4 新媒体营销对企业的作用 / 16

1.3 新媒体运营 / 17
- 1.3.1 新媒体运营的概念 / 18
- 1.3.2 新媒体运营的模式 / 18
- 1.3.3 新媒体运营的主要工作 / 21
- 1.3.4 新媒体运营的常用技能 / 22

技能实训 / 24

思考与练习 / 25

第2章 新媒体用户与内容定位 / 26

2.1 新媒体用户定位 / 28
- 2.1.1 进行用户定位 / 28
- 2.1.2 构建用户画像 / 29
- 2.1.3 确定营销平台 / 29
- 2.1.4 提供用户服务 / 32

2.2 新媒体内容定位 / 33
- 2.2.1 内容营销的概念 / 33
- 2.2.2 内容的表现形式 / 34
- 2.2.3 内容定位的原则 / 36

  2.2.4 内容定位的过程 / 37

  2.2.5 内容定位的误区 / 39

技能实训 / 40

思考与练习 / 41

第 3 章 　微信营销与运营 　/ 42

3.1 微信与微信营销 / 43

  3.1.1 微信的含义与功能 / 44

  3.1.2 微信营销的定义与特点 / 46

  3.1.3 微信营销的价值与要点 / 48

3.2 微信公众号营销、运营与策划 / 51

  3.2.1 微信公众号内容运营 / 51

  3.2.2 微信公众号用户运营 / 58

  3.2.3 微信公众号活动运营 / 63

3.3 微信个人号营销、运营与策划 / 69

  3.3.1 微信个人号的装修技巧 / 69

  3.3.2 微信个人号的营销策略 / 72

  3.3.3 微信个人号活动策划 / 76

3.4 微信小程序营销、运营与策划 / 81

  3.4.1 微信小程序的认知 / 81

  3.4.2 微信小程序的运营逻辑 / 84

  3.4.3 微信小程序的营销策划 / 85

  3.4.4 微信小程序的应用 / 86

技能实训 / 89

思考与练习 / 90

第 4 章 　社群营销与运营 　/ 91

4.1 社群与社群营销 / 93

  4.1.1 社群的含义与构成要素 / 93

  4.1.2 社群营销的内涵与价值 / 95

  4.1.3 社群营销的必备条件与注意事项 / 97

  4.1.4 社群营销的流程 / 99

4.2 构建社群营销 / 100

  4.2.1 同好——寻找社群成立的核心 / 100

4.2.2 结构——无规矩不成方圆 / 105

4.2.3 运营——社群生态遍地开花 / 109

4.2.4 输出——社群对外品牌的形成 / 110

4.2.5 复制——裂变分化、扩大规模 / 111

4.3 社群平台的运营策略 / 114

4.3.1 维护核心粉丝群 / 114

4.3.2 倾听客户的声音 / 114

4.3.3 挖掘客户兴奋点 / 115

4.3.4 带动客户参与 / 115

4.4 社群营销活动策划 / 116

4.4.1 线上策划与推广 / 116

4.4.2 线下策划与推广 / 120

技能实训 / 121

思考与练习 / 122

第5章 直播营销与运营 / 123

5.1 直播与直播营销 / 124

5.1.1 直播的含义与特点 / 124

5.1.2 直播营销的含义与特点 / 126

5.1.3 直播营销的优势与价值 / 127

5.1.4 直播营销的常见平台 / 128

5.2 直播营销的策划 137

5.2.1 直播营销的模式 / 137

5.2.2 直播营销的流程 / 140

5.2.3 直播营销的脚本策划 / 146

5.3 直播营销运营 / 149

5.3.1 直播间商品的选择与规划 / 149

5.3.2 直播间人气的打造 / 154

5.3.3 直播话术设计 / 156

5.3.4 直播间商品的展示 / 158

5.3.5 直播间互动技巧 / 160

5.3.6 直播间数据分析 / 164

技能实训 / 168

思考与练习 / 168

第6章 短视频营销与运营 / 170

6.1 短视频与短视频营销 / 171
- 6.1.1 短视频的含义与特点 / 172
- 6.1.2 短视频营销的含义与特点 / 173
- 6.1.3 短视频营销的价值与趋势 / 175

6.2 短视频营销的全面实施 / 176
- 6.2.1 短视频营销平台的选择 / 177
- 6.2.2 短视频运营团队的组建 / 182
- 6.2.3 短视频的推广策略 / 185

6.3 短视频的运营 / 188
- 6.3.1 短视频账号运营 / 188
- 6.3.2 短视频粉丝运营 / 196
- 6.3.3 短视频数据运营 / 198

6.4 短视频活动策划 / 201
- 6.4.1 短视频脚本策划 / 201
- 6.4.2 短视频文案策划与写作 / 205
- 6.4.3 短视频内容策划 / 209

技能实训 / 217

思考与练习 / 217

第7章 微博营销与运营 / 219

7.1 微博与微博营销 / 220
- 7.1.1 微博的含义与特点 / 221
- 7.1.2 微博营销的含义与特点 / 222
- 7.1.3 微博营销的分类与优势 / 223
- 7.1.4 微博营销的功能与模式 / 225

7.2 微博营销的全面实施 / 227
- 7.2.1 微博营销定位 / 227
- 7.2.2 微博营销架构 / 228
- 7.2.3 微博营销常用策略 / 230

7.3 微博的运营 / 232
- 7.3.1 微博的基本设置 / 232
- 7.3.2 微博粉丝运营 / 239
- 7.3.3 微博数据运营 / 242

7.3.4 微博内容运营 / 245

7.4 微博营销活动的策划与推广 / 250

7.4.1 微博营销活动的策划 / 250

7.4.2 微博营销活动的推广 / 253

技能实训 / 257

思考与练习 / 257

第 8 章 其他新媒体营销与运营 / 259

8.1 知乎营销与运营 / 261

8.1.1 知乎的概念与特点 / 261

8.1.2 知乎账号的定位 / 262

8.1.3 知乎运营方法 / 264

8.2 头条号的营销与运营 / 265

8.2.1 头条号的概念与特点 / 266

8.2.2 头条号账号的基本设置 / 266

8.2.3 头条号账号的定位 / 274

8.2.4 头条号运营方法 / 275

技能实训 / 276

思考与练习 / 277

参考文献 / 278

第 1 章 初识新媒体营销与运营

【学习目标】

（1）了解新媒体的内涵及特征；
（2）掌握新媒体营销的概念、特点及模式；
（3）掌握新媒体运营的概念及模式；
（4）了解新媒体运营的常用技能。

【思维导图】

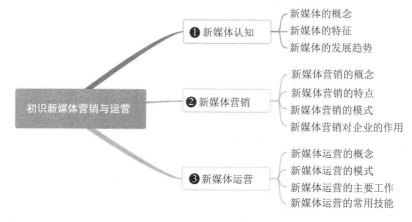

【导入案例】

一汽解放成立新媒体营销中心

2020年9月，一汽解放新媒体营销中心成立，正式开启了移动互联网营销模式。

今后，解放品牌用户可以通过"解放云店"微信小程序、卡车e族、中国商用车汽车网等线上平台选车、购车，了解一汽解放品牌故事、产品特点、工艺优势、技术特色、用车养车知识、售后服务以及重要活动等信息，还可以获得专属购车福利。

伴随着移动互联模式的高速发展，以5G、大数据、人工智能等为代表的新技术进一步融合。由于疫情的影响，这样的变革加速到来，尤其对车企来说，"互联网+"营销新模式变得不可或缺，且越来越重要。

一汽解放凭借数字化转型发展的布局,在商用车行业率先开展线上直播活动,与用户产生沉浸式互动,受到各界的广泛认可与好评。此次新媒体营销中心的成立,意味着一汽解放在营销新模式探索中实现了又一次突破。

资料来源:https://baijiahao.baidu.com/s?id=1677767692478271480&wfr=spider&for=pc,有改动。

▶ **辩证思考**:分析以上内容,讨论并思考一汽解放为何成立新媒体营销中心。

分析提示:为贴合市场的新营销需求,新媒体营销越发以"人"为本,品牌越发重视与用户的沟通与互动,而这正是一汽解放的营销服务一直想向外界传递的理念。

1.1　新媒体认知

新媒体的快速发展不仅使用户视线由传统媒体转向新媒体,更改变了用户获取和传播信息的方式和习惯,对人们的生产、生活产生了深刻影响。同时,也让不少企业看到蕴藏其中的营销机会。传统媒体投放大户开始调整营销策略和预算分配,纷纷转战新媒体,尝试和探索企业网络营销的新模式。

1.1.1　新媒体的概念

人类社会发展的每一阶段都会有一些新的媒体形式出现,它们都会给人们的社会生活带来巨大的改变。这在今天的信息社会环境下表现得尤为明显。伴随着互联网的高速发展而产生的一系列新型媒介正在将用户带入一个众语喧哗、瞬息万变的新媒体时代。毫无疑问,新媒体时代的到来对人们的思想观念、生活方式产生了深远影响。那么,新媒体到底是什么?新媒体时代的到来又意味着什么?这些问题看似简单,却又真真切切地摆在我们面前,需要我们去面对、去解决。因此,理解新媒体在当下显得尤为重要。

新媒体是一个相对的概念,与媒介技术的不断推陈出新紧密相关,相对于报刊、广播、电视等传统媒体而言,新媒体主要基于新的数字和网络技术,使传播更加精准化、对象化。例如互联网、手机、移动电视、网络电视等都是新媒体。对于新媒体,业界和学界给出了多个定义。

对于"新媒体"这一概念的定义可以追溯至20世纪中叶。1967年,马克·戈登首先提出了"新媒体"一词。之后,美国传播政策总统特别委员会主席罗斯托在向时任美国总统尼克松提交的报告中再次提到此概念。"新媒体"一词就这样在美国传播开来,很快扩展到全球。

美国《连线》杂志将新媒体定义为"人对人的传播",这个定义突破了传播媒体对传播者和受众两个角色的严格划分,在新媒体环境下,没有所谓的"听众""观众""读者""作者",每个人都既可以是接受者,也可以是传播者,信息的传播不再是单向的。可以说,《连线》杂志将新媒体的互动性特征揭示了出来。

基于上述认识,我们将"新媒体"这一概念从广义与狭义的角度进行定义。广义而言,新媒体是指以网络数字技术及移动通信技术为基础,利用无线通信网、宽带局域网、卫星及互联网等传播渠道，以手机、个人计算机（PC）、电视等设备作为输出终端，向用户提供文字、图片、音频、视频等合成信息及服务的新型传播形式与手段的总称。狭义上讲，新媒体可以理解为"新兴媒体"，即通过技术手段改变了信息传送的通道，只是一种信息载体的变化。

实践是人类认识的来源，人们对于新媒体的认识也是随着媒介技术的发展而不断深化的渐进式的发展过程。要准确地界定新媒体，必须以历史、技术和社会为基础综合理解，之所以称其为新媒体，是因为它是建立在数字技术和网络技术之上的媒体形式，较之以往的媒体具有全新的传受关系性质和技术手段。

> **小常识**
>
> 网络电视、手机电视、数字电视、手机报、网络杂志等都属于新媒体的表现形式。

1.1.2 新媒体的特征

与传统媒体相比，新媒体在传播行为、传播方式、接收方式、运营内容和传播速度等方面具有较为典型的特征，下面分别进行介绍。

1. 传播行为个性化

新媒体环境下用户可以是信息的传播者，自由发布信息和观点，也可以评论或转载他人发布的信息，信息传播行为与用户的个人喜好密切相关，具有典型的个性化特征。

2. 传播方式双向化

传统媒体时代，人们只能单向发布或接收（传播者主动发布，用户被动接收）信息；新媒体时代，用户既是信息的接收者，又是信息的传播者，可以更自由地进行信息的互动传播，加快信息的传播速度。

3. 接收方式移动化

移动互联网的快速发展使新媒体朝着移动端发展，各种移动运营方式层出不穷，手机媒体成了人们接收信息的主要方式，人们可以不受场地和距离的限制随时接收信息，信息接收具有很明显的移动化特征。

4. 运营内容丰富化

文字、图片、音频、视频等元素都可以组成新媒体营销的内容。这些内容可以单独存在，也可以以组合的方式存在，运营的内容更加丰富和多元化。

5. 传播速度实时化

在数字技术与网络技术的支持下，新媒体信息的传播速度非常快，只要新媒体营销人员发布了信息，用户就可以实时接收信息。而且，很多新媒体平台还提供了"推送"功能，即主动告知用户已发送信息，方便用户实时查看。

> **小常识**
>
> 碎片化内容也可以叫作"微内容",它们并非整块的内容,而是零碎地堆砌在一起,没有得到有效的整合。新媒体时代,网络应用大致经历了由BBS到博客、QQ空间、人人,再到微博、微信的转变。受到社交网络演变的影响,人们在网络上发布的内容长度逐渐变短,信息呈现碎片化的特点,进而产生信息缺乏深度、逻辑性等问题,影响新媒体时代受众阅读习惯的养成。信息内容的碎片化折射出当下现代人生活的压力及其导致的媒介内容的浅薄化、娱乐化等问题。再加上传播主体的多元化、传播权利的全民化,新媒体平台中各种各样的信息更是趋于海量化,呈现出信息爆炸的碎片化状态。

1.1.3 新媒体的发展趋势

互联网时代的来临、新媒体的不断发展改变了越来越多受众的生活、工作和学习等方面的行为方式。传统媒体趋弱,以互联网、社交媒体为代表的新媒体不断崛起,并持续推动媒介的发展和改变。新媒体的迅猛发展趋势主要表现在以下几个方面。

1. 注意力经济时代来临

信息载体的转变路径是:从书籍到报刊,再从报刊到PC端,又从PC端到移动端,人们阅读的时间越来越短。更为重要的是,PC端阅读和移动端阅读都是交互式阅读模式,人们要阅读怎样的内容需要自己选择,这和静态沉浸式阅读模式完全不同。在交互式阅读模式下,如果一个人要花很长时间等待自己想看的内容,他会变得越来越缺乏耐心。这种因为不耐烦等待而马上跳出等待的行为模式在纸质图书阅读过程中则比较少见。有人归纳出"3秒原则",意思是如果内容在3秒内"刷"不出来,阅读者就会选择跳出。

在这种形式下,更强调排版的长文章、更强调轻松阅读的图形文章、更强调趣味性的短视频、更强调游戏性的交互式H5等就比传统的大段文字更有吸引力,这也成为新媒体从业者必须掌握的运营新"武器"。

2. 移动场景阅读时代来临

随着智能手机的普及,人们开始习惯用手机取代计算机完成一些工作,如工作交流、邮件收发、内容制作等。在PC端时代,使用计算机可以阅读相对较多的头部内容,而在移动端时代,能容纳头部内容的空间被大大压缩,如果内容不能进入手机App的首页空间,那么得到关注的可能性就很小,这就进一步强化了优质内容对显示空间的争夺。谁能抢占移动端头部的显示区域,谁就能不断得到曝光,从而进一步形成品牌的传播力。

因此,在PC端时代,有人总结出"长尾理论",意思是有了搜索,理论上就可以找到所有的商品,每一种商品都可能被人选择和购买,那么很多销量不高的商品也可以汇集成一个大市场。这个市场销量也许能占到全部市场销量的50%,这就打破了原来的"二八法则"。但是到了移动端时代,因为"头部内容效应"的存在,移动阅读状态下,人的注意力会进一步集中到头部内容,人们讨论和分享的内容越来越同质化,结果很可能又回到"二八法则",甚至是赢家"通吃"的模式。

3. 参与感时代来临

为了抓住用户，不同类型的媒体也在努力提高自己的内容设计水平和技术交互手段。

以电视综艺节目为例，其交互方式的进化过程如图 1-1 所示。最早的电视综艺节目是先录制再定期播放的，观众只能看节目。随后出现了直播类型的节目，开始有主持人串场。后来电视综艺节目也允许观众加入交流，开始时是支持观众打入热线电话发表意见，但电话交流只有极少数人才能成功参与。到了短信时代，电视综艺节目终于可以实现全民参与投票。互联网时代，越来越多的人喜欢在网络上观看综艺节目，因为可以在线评论、分享、点赞，每一个人都可以发表自己的看法，不过在这个阶段，观众还是无法真正参与节目直播。直到弹幕技术的出现，每一个在线观看节目的观众发送的弹幕都可以成为直播节目内容创造的一部分，观众的参与感大大增强。

图 1-1 电视综艺节目交互方式进化过程

许多传统媒体在纷纷寻求转型。一方面，人们的阅读载体发生了变化，以前由纸质媒体转移到 PC 端，现在又由 PC 端转移到移动端，那么内容的分发载体也必须改变；另一方面，内容的制作方式要全面适应从传播型设计到参与感设计的转变。

4. 社会化传播时代来临

传统媒体的考核指标为目标人群到达率，在报刊上表现为发行量，在电视（广播）上表现为收视（听）率，在网站上表现为访问量。将广告或公关文章插入或植入覆盖量高的媒体内容中，便可以获得较高的注意力流量。

人和人的关系链逐步演化成社会化网络媒体最重要的组成部分。在社会化网络媒体中，谁拥有更多的用户信任，谁就掌握了一部分网络流量，谁就能通过经营好这种"信任"获取商业回报。社会化传播其实是一种"信任经济"，"网红"就是信任经济的一种典型产物。但要持续得到别人的信任，就需要培养专业化的品牌，做持续的原创专业内容。

5. 短视频时代来临

随着短视频的风靡，企业的新媒体营销工作也发生了相应的变化。

首先是风格娱乐化。短视频平台的整体内容风格以轻松、娱乐为主，因此企业在短视频平台发布的内容需要避免枯燥的说教，要增强其趣味性。

其次是视频真人化。虽然用户在短视频平台可以发布纯文字类视频（见图 1-2）或图片翻页类视频（见图 1-3），但是平台曝光度高的内容往往以真人出镜类视频（见图 1-4）居多。因此，新媒体营销者除了具备文案创作能力及内容策划能力，还需要拥有一定的"镜头感"，能够感受到镜头的位置并使表情、肢体语言被镜头以最佳角度记录。

最后是内容系列化。短视频平台用户在遇到感兴趣的视频内容后，通常会查看新媒体营销者的信息并浏览其更多视频，这就要求新媒体营销者对内容进行精准定位，防止出现"昨天拍花草，今天拍生活技巧，明天拍工作技能分享"的情况。

图1-2 纯文字类视频样式　　图1-3 图片翻页类视频样式　　图1-4 真人出镜类视频样式

6. 信息流时代来临

目前，多数平台的数据系统会记录用户的每一次浏览行为，并基于此计算用户的喜好，随后推送用户可能感兴趣的内容。

在以算法分发为主的信息流时代，新媒体账号发布内容的浏览量不仅取决于账号粉丝数，还取决于系统对账号的"友好"程度。如果某新媒体账号有100万粉丝，但系统不推荐，则其内容浏览量可能仅是个位数；相反，如果某新媒体账号只有1万粉丝，但系统对其进行推荐，其内容浏览量可能会突破百万，甚至更多。

▍课程思政

在我国乡村振兴建设中，巧用"新媒体+"可谓一门"新课程"。党员干部、扶贫队员等可发挥"新媒体+"在产业发展、政策宣传、基层治理等方面的作用，让更多的乡村居民体会获得感、幸福感，提升"精气神"。

因此，在以算法分发为主的信息流时代，新媒体营销者需要在过往的"粉丝招募""粉丝留存"工作的基础上，做好以下3项工作。

（1）提高内容原创水平，防止被系统判定为抄袭而不予推荐。

（2）增强账号活跃程度，有规律地更新系列化内容。

（3）重视日常沟通，加强与平台相关板块负责人的联络，第一时间了解系统规则变化，并争取获得平台资源位置。

7. 内容电商时代来临

随着微信公众号、今日头条、大鱼号等新媒体内容平台的崛起，新媒体平台开始与电商平台广泛融合，越来越多的新媒体账号通过文章、视频等内容形式，直接销售商品（包括虚拟商品）。

在内容电商时代下，消费者的消费习惯正在发生变化，从过往"有具体的购物需求后，搜索电商平台，比对商品并下单"变为"无购物需求状态下浏览内容，由于被内容吸引而直接下单"。

因此，如何根据用户属性进行产品选择，如何策划独特的内容吸引用户持续浏览，如何将广告无缝植入文章，如何引导用户下单，等等，将成为企业新媒体营销者重点思考的问题。

案例 1-1

《中国纪录》新媒体：能在方寸文字中看见广袤的世界

1.2 新媒体营销

数字技术和网络技术的快速发展催生了新媒体，时至今日，新媒体已不仅是一个流行词语，它以无法阻挡的发展势头改变着越来越多人的生活方式。在这种背景下，以顾客为中心的企业营销自然需要做出改变，以积极顺应时代的发展潮流，因此利用互联网，通过以手机为代表的新媒体开展企业营销，探索新的营销模式，具有重要的现实意义。

1.2.1 新媒体营销的概念

随着信息技术的发展进步，特别是 Web 2.0 技术引起的巨大变革，用户不仅可以不受时空限制地分享各种观点，而且可以很方便地获取自己所需要的信息、发布自己的观点。这种变化使得企业的营销思维也随之发生了改变，企业变得更加注重消费者的体验和与消费者的沟通。新媒体营销就是在这种环境下产生的。

所谓新媒体营销，简单来说，就是企业通过新媒体渠道所开展的营销活动。具体来讲，新媒体营销则是指在信息化、网络化、电子化环境下展开的一种营销活动。新媒体营销属于营销战略的一种，是企业开展网络营销活动的一种重要活动方式，其基于现代营销理论、利用新技术的企业经营手段，能够最大限度地满足企业及顾客的需要，从而带来最大化的利益。随着新兴媒介技术的不断发展，新的营销方式也越来越多，而新媒体营销正是在这种背景下出现的一种新兴媒体形态，它拥有传统广告媒体的各种优势，为人们提供了更便捷快速的交流方式，如数字广播、手机短信、移动电视、网络视频、数字报纸等。由此可以概括：所有以有线或无线网络为载体的数据展示媒介统称为新媒体。新媒体也因此被称为继报刊、户外、广播、电视四大传统媒体之外的"第五大媒体"。

1.2.2 新媒体营销的特点

新媒体营销与传统媒体营销有很大不同，其区别主要在于新媒体营销更注重"关系"

与"情感",它给人的感觉是"深度卷入"而不是"生拉硬拽"。那么,新媒体营销有哪些特征呢?

1. 成本低廉

成本低廉的特征主要表现在经济、技术、时间3个方面。

1)经济成本低廉

(1)新媒体营销固定成本低廉。因为新媒体营销是基于几大固有平台(如微博、微信等)进行的,所以不需要自己创建营销平台,从而减少了固定资金投入。

(2)新媒体营销流动成本低廉。新媒体在营销过程中,可以借助先进的多媒体技术手段,以文字、图片、视频等表现形式对产品、服务进行描述,基本上不需要什么费用,所以流动成本低廉。

2)技术成本低廉

新媒体营销是科学技术发展到一定阶段的产物,其技术含量当然很高,但与高端技术相比,新媒体营销的技术成本却不是很高。以微博为例,微博营销对技术性支持的要求相对较弱,具体表现为企业微博的注册、认证、信息发布和回复非常容易使用。

3)时间成本低廉

新媒体的信息传播无须经过相关部门的审批,简化了传播的程序。再者,网络信息传递的互动性使得营销信息能够获得"一传十,十传百"的效果,并且很多情况下传播过程都是自发的,如某微信公众号的一篇文章被很多人转发到朋友圈,这种便捷的传播方式自然降低了新媒体的营销时间成本。

2. 应用广泛

随着新技术和新思维的不断涌现,新媒体的传播渠道日益增多,主要有博客、网络视频、网络社区、交互式网络电视和移动电视。

1)博客

企业或者个人利用博客,发布并更新企业或者个人的相关概况及信息,并且密切关注和及时回复平台上用户对企业或个人的相关疑问及咨询,以期达到宣传目的。

2)网络视频

网络媒体中,信息传播模式变为双向性、互动式的,以受众为中心,受众可以随意选择自己需要的节目。随着网络媒体的不断崛起,网络视频开拓了很多新领域,主要有视频分享类、网络直播类、网络传媒类和企业视频类等。

3)网络社区

网络社区是网站所提供的虚拟频道,供网民互动、维系情感及分享资讯,BBS、SNS、聊天室等是其主要的表现形式。网络社区经营成功,可以带来稳定及更多的流量,增加广告收入,注册会员更能借此拥有独立的资讯存放与讨论空间。

4)交互式网络电视

交互式网络电视(IPTV)一般是指通过互联网络,特别是宽带互联网络传播视频节目的服务形式。数字交互电视是集合了电视传输影视节目的传统优势和网络交互传播优势的新型电视媒体,它的发展使传播者与接收者之间能够形成实时互动,而不像传统媒体那样,接收者只能被动接受信息。

5)移动电视

移动电视具有覆盖面广、反应迅速、移动性强的特点,同时具有传统媒体的宣传和欣赏、城市应急、信息发布等功能。移动电视正是抓住了受众在乘车、等候电梯等短暂的时间进行强制性传播,使得消费者在别无选择时被它俘获。

3. 模式健全

新媒体营销目前主要有以下几种较为健全的运行模式。

1)微博营销

在微博营销中,受众最感兴趣的内容和最容易引起讨论的话题一经发布,就会引起快速复制、热烈讨论和积极参与的氛围,从而形成连绵不断的传播浪潮。企业只要创造出恰当的话题,再将话题发送到受众群体中,就可以等待受众在话题原始形态和构成上自由发挥、创造,不断扩充其内容。新浪微博是其典型代表。

2)SNS 营销

SNS 全称为 social networking services,即社会性网络服务,是指帮助人们建立社会性网络的互联网应用服务;也指社会现有的、已普及的信息载体,如短信 SNS 服务。SNS 的另一种常用解释全称为 social network site,即社交网站或社交网。

3)网站营销

企业网站是最突出的、能够同社会各个层面沟通的一种形态,也是企业所有营销传播的基础。它不仅可以塑造、传达品牌形象,而且可以利用新媒体平台为企业提供更多可控制的传播形态,以传播自己的品牌信息。

4)视频营销

视频营销是将视频上传并进行视频互动的营销模式,启发了国内很多视频网站的开发和成长。新生代市场监测机构的调查显示,在网上浏览视频的消费者的比例已经超过全部网络用户的 36.3%。而电视厂商互联网电视产品的推出,也让网络视频渗入传统电视终端。YouTube 视频网站是其典型代表。

5)搜索营销

搜索引擎可以帮助网民从大量信息中快速获取所需信息,还能为企业带来巨大的商机。与传统营销方式相比,搜索营销大大降低了品牌建设的成本。企业可以通过搜索营销增加网站流量,也可以寻找企业伙伴,从而扩大品牌影响力。

4. 前景广阔

新媒体涵盖丰富多彩的内容,多样的传播渠道也使得每个人都成了信息的发布及传播者,同时也使每个人对信息的解读和分析达到了前所未有的广度和深度。通过对社交平台上大量数据的分析,企业对用户需求的了解越来越精准,从而使得未来市场越来越广阔。新媒体改变了以往传统的信息传播模式,其双向化的特点是一个很大的优势。新媒体营销模式也促使企业以往的营销理念开始转变,并逐渐升级。长远来看,新媒体的迅速发展与被普遍接受是必然的。

随着新媒体时代的到来，众多基于新媒体应用的营销可能逐渐产生。企业应把握新媒体发展趋势，顺应新媒体格局的变化，促使企业营销理念升级。

1）媒体传播的碎片化与受众重聚

新媒体的逐步发展演进，势必会产生两个革命性的突破：一是传播方式的转变，即在互联网技术的影响下，单向传播演变成双向传播，每一个信息接收者都有可能变为信息源或者传递者；二是移动网络的广泛应用使媒介载体更加趋向多元化、便利化。二者结合最终将相应的受众模式转变成"碎片化"和"重聚"的不断转换。

2）新媒体应用的策略与理念转化

新媒体内容及内容背后的价值观是左右受众"碎片化"和"重聚"的重要因素。举例来说，在传统电视走向双向机顶盒数字电视之后，电视观众不再受时间约束，没必要看即时播出的电视剧，而可以选择回放一周以前的电视剧或者在晚间收看中午播出的新闻节目。从收视率来看，晚间的收视率被分流了，从而表现出"碎片化"的特征。这个分化及重聚的过程显然是基于内容选择的，而这势必催生新媒体营销领域中企业应用策略与理念的转化。

> **小思考**
> 列举你熟知的几个新媒体事件营销案例，分析其营销过程。

1.2.3 新媒体营销的模式

新媒体时代下营销模式发生了巨大改变，传统营销方式已难以适应当前社会发展趋势。新媒体营销具有互动性、娱乐性和精准性等特点，对推动企业营销能起到积极作用。

1. 饥饿营销

饥饿营销是指商品提供者有意调低产量，以期达到调控供求关系、制造供不应求假象、维持商品较高利润率和品牌附加值的目的。强势的品牌、讨好的产品和出色的营销手段是饥饿营销的基础。饥饿营销的最终目的并非提高价格，而是让品牌产生附加值。饥饿营销是把双刃剑，使用恰当可以使原来就强势的品牌产生更大的附加值，使用不恰当将会对品牌造成伤害，从而降低其附加值。饥饿营销的成功基础主要有心理共鸣、量力而行、宣传造势和审时度势4个方面。

例如，皇茶转型做喜茶。从2012年到2015年，"皇茶"（ROYALTEA）已在市场上获得较高的知名度，但因后期品牌市场问题及名称问题，2016年年初，"皇茶"更名为"喜茶"（HEYTEA），并开始注重对品牌的打造。从心理共鸣的角度讲，"皇茶"作为芝士奶盖的首创者，具有一定的产品竞争力，且拥有自身产品的追随者，品牌转型为"喜茶"后，在品牌形象以及店铺装修方面均有所提升，如简单黑白线条的上班群体形象画和装修简约时尚的店铺都能够提升品牌格调，从产品到品牌形象，都极大地迎合了"白领"群体对于高品质饮品的需求。从宣传造势的角度讲，"喜茶"多次在微博平台发布线下店铺长时间排队的消息，与此同时，"喜茶"时常与购买过其产品的微博名人互动，有意打造良好的品牌形象。从审时度势的角度讲，针对"喜茶"饥饿营销的负面信息，"喜茶"一方面开设更多线下店，另一方面继续在微博平台发布线下店排队现象的信息，展现线下销售火爆的场面。

2. 事件营销

事件营销是企业通过策划、组织和利用具有名人效应、新闻价值及社会影响的人物或事件，引起媒体、社会团体和消费者的兴趣与关注，以求提高企业或产品的知名度、美誉度，树立良好的品牌形象，并最终达成产品或服务的销售目的的手段和方式。事件营销集新闻效应、广告效应、公共关系、形象传播、客户关系于一体，企业通过把握新闻的规律，制造具有新闻价值的事件，并通过媒介投放和传播安排，让这一新闻事件得以扩散，从而达到营销的目的。当一个事件发生后，它本身是否具备新闻价值决定了它能否以口头形式在一定的人群中进行传播，只要事件具备的新闻价值足够大，它就可以通过适当的途径被新闻媒体发现，或以适当的方式传达给新闻媒体，然后以完整的新闻形式向公众发布。事件营销的成功基础主要有相关性、心理需求、大流量和趣味性4个方面。

例如，海尔"520"事件。从相关性的角度讲，"520"本身与海尔没有直接的关系，但是海尔组织的"520"表白服务，从微博活动发起到活动传播，以及各微博账号之间的转载传播，让海尔通过此次事件与关注"520"的用户产生联系，使海尔在此次事件中得到了充分的曝光，如图1-5所示。从心理需求的角度讲，微博抽奖是微博用户喜闻乐见的微博活动，用户只要动动手指转发、评论加关注，就有可能获得礼品，如此低门槛的互动方式及数百家企业送出的丰厚奖品刺激，充分满足了用户的心理需求。从大流量的角度讲，海尔微博账号在长时间的运营中积累了"网红"属性，自身具备一定的粉丝号召力，同时此次活动联合数百家"蓝V"，更是把活动影响的覆盖面进一步扩大，把数百份祝福送给一位用户，这刺激着每一个关注此次活动的微博用户，在海尔等数百家"蓝V"及用户围观下，微博转发量超过26万。从趣味性的角度讲，企业通过微博平台在节假日为用户抽送礼品是常见的微博运营活动，但过于常规的抽奖形式已让用户对抽奖的微博活动产生审美疲劳。海尔联合数百家"蓝V"共同发起转发抽奖活动，会让中奖的用户有一种"三千宠爱在一身"的尊贵感。

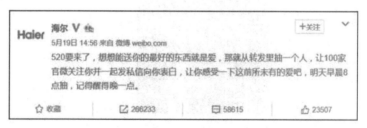

图1-5 海尔营销广告

3. 口碑营销

口碑营销是指企业努力使消费者通过其亲朋好友之间的交流将自己的产品信息、品牌信息传播开来。这种营销方式具有成功率高、可信度强的特点。从企业营销的实践层面分析，口碑营销是企业运用各种有效的手段，引发消费者之间对其产品、服务及企业整体形象进行讨论和交流，并激励消费者向其周边人群进行介绍和推荐的营销方式和过程。

与传统广告相比,口碑营销实现了"关注品牌、产生兴趣、主动搜索,产生购买、分享影响他人,影响他人关注品牌"这样一个闭环营销过程;而传统广告是从消费者关注品牌产生兴趣,到渴望拥有产生品牌记忆,最终实现购买。两者之间的区别在于口碑营销实现了购买后的再分享,消费者与周围的亲朋好友存在产品信息的互动交流;而传统广告则作用于消费者对于产品的接受过程。借助新媒体营销平台便利的社交分享特点,口碑营销会大放异彩。口碑营销的成功基础有鼓动核心人群、简单而有价值、品牌故事与文化、关注细节和关注消费者5个方面。

例如,网易云音乐地铁刷屏。网易云音乐曾在微博平台发布了营销推广活动——网易云音乐和杭港地铁联合推出"看见音乐的力量",把网易云音乐中网友对音乐的评论"刷满"杭州地铁1号线。"看见音乐的力量"这样一个具有穿透力的微博话题,把网友的视线聚焦在被挑选出来的音乐评论(以下简称"乐评")上。这些乐评选自网易云音乐点赞数较高的5000条优质乐评,经过层层筛选,最终呈现在乘客眼前,这些乐评不仅"刷满"了杭州地铁1号线和整个江陵路地铁站,同时也"刷满"了互联网,更是"刷"到了很多人的心里,如图1-6所示。在众多乐评中精选出的优质乐评是对乐评人的认可和鼓励,是乐评人的荣誉。网易云鼓动着核心人群,当然,这些人也是对网易云最用心的一个群体。"音乐的力量"乐评文案简短精悍,但是包含着一个个令人心动的故事,体现出了简单又有价值的内容。网易云音乐还把听众与歌曲之间的故事进行包装宣传,意味着品牌对于这些故事的认可,在一定程度上也代表着品牌的文化,这些心动或是心痛的故事都离不开网易云音乐带来的氛围感。网易云音乐对乐评的挑选也是非常注重细节的,因为只有有故事感的乐评,才能抓住匆忙的乘客的眼球。当然,关注消费者也是一个品牌注重的营销方式,在口碑营销中不可或缺,因为只有这样才能更好地进行口碑营销。

图1-6 网易云音乐的营销微博

4. 情感营销

在情感消费时代,很多时候消费者购买商品所看重的是感情上的满足和心理上的认同。情感营销从消费者的情感需要出发,唤起消费者的情感需求,激发消费者心灵上的共鸣,寓情感于营销中。情感营销的成功基础有产品命名、形象设计、情感宣传、情感价格和情感氛围 5 个方面。

例如，饿了么联手网易新闻开"丧茶"店。从产品命名角度讲，"丧茶"结合了情感与产品名字，消费者通过名字就可以判断产品是什么以及有什么特点。从形象设计角度讲，"丧茶"的线上海报宣传、线下店铺装修、"丧茶"杯和菜单均以黑白为主色调，处处融入并体现着"丧"字的情感设计，如图 1-7 所示。饿了么还将网易新闻的人偶形象植入产品中。从情感宣传角度讲，"丧茶"通过"丧气"语录，为平日见惯"鸡汤"文的消费者送来了一份另类的情感消费，这些看似不太乐观的语录，给消费者带来的却是看完会心一笑的幽默，是对忙忙碌碌的平凡生活的一种调侃。从情感价格角度讲，"丧茶"和商场中一杯普通饮品的价格相差无几，在与消费者产生情感共鸣的感性消费中，价格并不会成为消费者是否购买的决定因素。

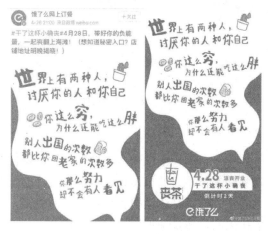

图 1-7　饿了么的营销微博

5. 互动营销

互动营销是指企业在营销过程中充分参考消费者的意见和建议，用于产品或服务的规划和设计，为企业的市场运作服务。通过互动营销，企业让消费者参与产品及品牌活动，拉近了消费者与企业的距离，让消费者在不知不觉中接受来自企业的营销宣传。互动营销的成功基础有消费者属性、互动内容和渠道，以及反馈机制 3 个方面。

▌课程思政

在我国传统文化中，"利他"思想占据重要的地位。"利他"与个人的修养有密切联系，如果一个人能把"利"给予没有血缘关系的陌生人，那他就具备了很高的道德修养。

例如，361°"创造你热爱的故事"。"361°热爱是金"是一个互动型 H5，消费者进入 H5 游戏后需要在画面区域画出小人，小人将会穿上鞋子开始一路"征战"，如图 1-8 所示。小人在路上会遇到各种困难，消费者按照提示在屏幕上画出相关图形，小人以此为武器与对手对抗，胜利即可闯关成功。从消费者属性的角度分析，361°的消费者大多是喜欢运动的年轻人，传统的展示型 H5 已无法满足年轻群体对于新奇事物的好奇心，互动型的 H5 能够让消费者参与 H5 的剧情发展过程，切中当下年轻群体对于新奇事物的心理需求。从互动内容和渠道角度讲，H5 中的剧情需要与消费者互动完成，融合了趣味性和互动性，同时剧情内容紧扣 H5 主旨并在剧情中体现产品特性,通过 H5 的形式在微信发布可以获得更广泛的传播。从反馈机制的角度讲,H5 的反馈机制需要企业在 H5 的后台系统中进行查看,企业可以根据营销目标,精准投放不同内容至不同的消费者群体。

图 1-8　361°营销 H5

6. "病毒"营销

"病毒"营销是企业利用公众的积极性和人际网络,让营销信息像"病毒"一样传播和扩散,营销信息被快速复制并传播给数以万计、数以百万计的消费者。"病毒"营销与口碑营销的区别在于,"病毒"营销是由消费者自发形成的传播,其传播费用远远低于口碑营销;传播方式主要依托网络,传播速度远比口碑传播快。"病毒"营销的成功基础有独创性、利益点、传播关键点和跟踪管理 4 个方面。

例如,秒拍"假人挑战"。从独创性的角度讲"假人挑战"游戏由秒拍从国外引进,在引进之前,国内短视频平台并没有大量同类视频。"假人挑战"游戏需要多人参与,每个人摆好不同的造型后,不眨眼、不出声、一动不动,就像玻璃橱窗里的假人模特,然后由摄影师一镜到底地拍下全过程,故而得名"假人挑战"。人数越多,难度越大,越考验团队之间的默契程度。秒拍联合微博掀起全民"假人挑战"游戏热潮,几十位艺人参与"假人挑战"游戏,参与挑战的艺人在各种环境下定格精彩一幕。

> **小思考**
> 根据你的理解,谈谈口碑营销与"病毒"营销有什么区别。

从利益角度讲,"假人挑战"游戏满足了三方面的利益点:第一,对于参与的艺人,提供了强大的流量曝光;第二,对于秒拍,提升平台活跃度,吸引新用户注册;第三,对于粉丝,可以看到艺人片场的演技以及艺人逗趣的一面。从传播关键点角度讲,"假人挑战"如此受粉丝喜爱,除了游戏趣味性十足,秒拍官方的发起以及几十位艺人的参与互动,也让这个游戏和秒拍得到更多粉丝的关注。从跟踪管理角度讲,从发起活动到邀请艺人参与挑战,在半个月的火爆传播期,艺人的"假人挑战"视频并未在一天全部发出,而是在一段时间里持续发出,使活动的影响力更持久。

7. 借势营销

借势营销是指借助一个消费者喜闻乐见的环境，将包含营销目的的活动隐藏在其中，使消费者在这个环境中了解产品并接受产品的营销手段。其具体表现为将营销信息植入消费者关注社会热点、娱乐新闻、媒体事件等，以达到潜移默化地影响消费者的目的。借势营销是一种比较常见的新媒体营销模式，其成功基础有合适的热点、反应速度和创意策划3个方面。

例如，中国邮政借势"网红邮筒"。某知名艺人的一条微博引发了粉丝对配图中邮筒的高度关注，长达200米的拍照队伍及猛增的网络讨论量，使得外滩邮筒成为该艺人粉丝及网友关注的热点，而这一热点天然与中国邮政相关，中国邮政迅速反应，在短短的两周里迅速上线"外滩网红邮筒君"账号，发布限量明信片，为邮筒安装鹿角以及发起随手拍邮筒活动，在"五一"假期来临之前再次引爆网络关注，并成功地把外滩邮筒打造为游客"五一"出游的新去处。当外滩邮筒成为大众关注焦点后，中国邮政特意为该邮筒开设账号，以拟人化的运营风格与网友打成一片，深受网友喜欢。限量版的外滩邮筒明信片线上和线下均销售火爆，大众争相购买。随手拍邮筒及照片贴纸再次把事件及邮筒推上网络舆论头条，并成功地传递了中国的传统书信文化。

8. IP营销

IP（intellectual property）原意为知识产权，近年来凭借内容的丰富和可观的商业价值，IP的含义已超越知识产权的范畴，成为一个现象级的营销概念。IP营销的本质是在品牌与消费者之间建立沟通桥梁，赋予产品温度和人情味，通过这一沟通桥梁大大降低人与品牌之间和人与人之间的沟通门槛。IP营销的成功基础有人格化的内容、原创性和持续性3个方面。

例如，"小茗同学"。"小茗同学"是统一旗下的饮料品牌，其以独特的口味被广大消费者喜爱。从人格化的内容角度讲，把IP形象拟人化、具象化是品牌IP营销输出人格化内容的有力方式。从原创性的角度讲，"小茗同学"形象的原创性及其展现出的性格特征，使其具有较高的辨识度，"小茗同学"的营销活动也因其IP形象而变得更加有趣，拉近了与消费者的关系。从持续性的角度讲，"小茗同学"通过持续不断的线上与线下互动，与消费者进行接触，有利于消费者加深对"小茗同学"形象的记忆，形式多样的内容也让"小茗同学"的IP形象更加立体，更受消费者欢迎。

9. 社群营销

社群营销是指企业把一群具有共同爱好的人汇聚在一起，并通过感情和社交平台连接起来，通过有效的管理使社群成员保持较高的活跃度，为达成某个目标而设定任务，通过长时间的社群运营，提升社群成员的集体荣誉感和归属感，以加深品牌在社群成员心中的印象，增强品牌的凝聚力。

社群营销与会员营销类似，企业把活跃度较高的忠实用户聚集起来，针对忠实用户的表现给予不同于普通用户的权益，以加强忠实用户的忠诚度，为企业的品牌推广、产品推广、公关事件等活动提供支持。社群营销的成功基础有同好、结构、输出、运营、复制5

个方面。

例如，"凯叔讲故事"。"凯叔讲故事"微信公众号的创始人为某知名主持人，他凭借多年的播音主持的经验，开设了"凯叔讲故事"微信公众号，通过社群持续运营，该微信公众号已成为母婴类、生活类顶级微信公众号，粉丝破千万。从同好的角度讲，"凯叔讲故事"公众号用户及社群成员大多数为家中有孩子的父母，其共同的目标是给孩子提供优质的有教育意义的学习内容等，这一共性加强了用户之间的联系，通过"凯叔讲故事"，公众号形成母婴类社群。社群规模的扩大及影响力的扩散离不开"凯叔讲故事"的产品设计，"凯叔讲故事"以免费内容吸引更多潜在用户，用户付费就可以获得优质的内容。"凯叔讲故事"通过线上讲故事与父母和孩子互动，通过创办漫画大赛等活动保持用户的活跃度，共同输出成长成果，有利于提高社群成员之间的共识，增强凝聚力。通过长时间持续的运营，"凯叔讲故事"已推出了手机 App，在内容产品上除了有针对孩子的音频故事，还开发出针对父母的各种课程。在商业化方面，"凯叔讲故事"通过与企业合作进行社群商业化的探索，持续更新优质内容，正在以一个健康的模式发展。

10. 跨界营销

跨界营销是指企业根据不同行业、不同产品、不同偏好的消费者之间所拥有的共性和联系，把一些原本毫不相干的元素进行融合，使彼此品牌影响力互相覆盖，并赢得目标消费者的好感。跨界营销的成功基础有跨界伙伴、契合点和系化推广 3 个方面。

例如，共享单车之战。共享单车采用分时租赁模式，是一种新型绿色环保共享经济模式。仿佛一夜之间，共享单车就到了"泛滥"的地步，各大城市路边排满各种颜色的共享单车。曾有三十多家共享单车企业瓜分市场，各种因素下，小黄车与小黄人的跨界合作，加速了市场另一个突破点爆发。之所以称 ofo 共享单车为小黄车，是因为小黄人的特殊形象，它们有同样的颜色，在视觉和文字的契合点上，双方能够很好地找到合作空间。系统化推广的目的是实现双方影响力的最大覆盖，小黄车与小黄人的跨界营销主战场放在了微博，推广内容包括微博话题等，小黄车与小黄人的跨界营销组合把娱乐与互动融为一体，实现了跨界营销中 1+1>2 的营销效果。

1.2.4 新媒体营销对企业的作用

互联网时代，新媒体逐步发展为人们获取和传播信息的主要渠道，传统媒体趋于衰落。新媒体不断崛起，其以成本低廉、应用广泛、模式较全的鲜明特点，让越来越多的企业主意识到新媒体的营销价值：他们积极拥抱新媒体，尝试着走新媒体营销的道路，从而使新媒体营销成为企业营销活动的重要组成部分，对企业开展网络营销产生了重要影响。整体来说，新媒体营销对企业的作用主要表现在以下几方面。

1. 精准定位目标客户

新媒体涵盖丰富的和多样化的内容，微信、微博、博客、论坛等让每个人都可以成为信息发布者，浩瀚如烟的信息中，关于生活、学习、工作等的讨论都展现了前所未有的广度和深度。通过对社交平台大量数据的分析，企业可以利用新媒体有效地挖掘用户的需求，为产品设计及开发提供良好的市场依据。

2. 拉近与用户的距离

相对于传统媒体的受众只能被动接受信息而言，在新媒体传播环境中，受众可以借助现代化的先进网络通信技术及时地进行互动，这使传播方式发生了根本性的变化。移动网络及移动设备的普及，使得信息的实时更新及跨越时空的传播成为可能。因此，新媒体营销实现了信息传播的随时随地性，且拉近了与用户的距离，营销效率大大提高。以新媒体技术为基础的新媒体营销大大降低了产品投放市场的风险。

3. 降低企业宣传成本

企业利用新媒体开展营销活动不仅简单方便，而且宣传推广的费用较低。利用新媒体发布企业营销活动及产品信息的成本几乎为零，这与企业在报纸、广播、电视等传统媒体上动辄花费成千上万元的广告费相比，优势明显。不仅如此，企业通过网络社交媒体还可以低成本地进行舆论监控。在社交网络出现以前，企业对用户进行舆论监控的难度是很大的。如今，社交媒体在企业进行危机公关时发挥的作用已经得到了广泛认可。

4. 提升企业营销传播效益

新媒体使品牌传播和品牌构建更加精准有效。新媒体的"精准"，使得它可以大胆地按效果收取广告费，这在传统媒体的品牌传播中几乎不可能。越来越多的企业开始选择新媒体，也是因为传统媒体的广告效果实在难以评估。能够依据效果付费是大部分互联网广告形式的核心卖点。而在社交网络营销时代，这一点依然会被沿用。商品宣传的点击次数、粉丝数、电话咨询数，甚至销售量，一切都可以被记录，一切也都可以被验证。

> **案例 1-2**

小米的新媒体营销

1.3 新媒体运营

营销总是与运营密切相关的，营销的本质是通过赋予产品某种价值对用户进行组织和激发，这种激发是为产品功能服务的，同时也通过一些运营活动引导用户发现产品功能，收集用户反馈，以进行产品功能的改良。例如某个产品，有人因为电视广告而购买，有人因为微博推广而购买，有人因为他人推荐而购买，让用户知道并购买这个产品是营销的功能。而怎样让用户知道产品的功能、产品的用途，同时维护产品，留

> **小思考**
> 新媒体运营思维有哪些？

下用户，让用户信任产品，愿意继续使用产品并参与产品的改良过程，就是运营的过程。

1.3.1 新媒体运营的概念

微课：新媒体运营的概念

互联网和数字技术的发展催生了更符合当前用户需求的新媒体。新媒体打破了各媒介之间的壁垒，消除了信息传播者与接收者之间的界限，为个人和企业提供了更加广阔的运营空间，新媒体运营也应运而生。

企业的发展离不开运营，运营其实是围绕商品管理而展开的一系列计划、组织、实施和控制，是与产品生产和服务创造密切相关的各项管理工作的总称。它与营销有所不同，但又密切相关，可以说这两项工作是相互协调的，有运营才会涉及营销，有营销才能更好地进行运营。

新媒体运营是通过现代化移动互联网手段，利用抖音、快手、微信、微博、贴吧等新兴媒体平台工具进行产品宣传、推广、营销的一系列活动。通过策划与品牌相关的优质、高度传播性的内容和线上活动，向用户广泛或者精准推送消息，提高用户参与度，提升产品知名度，从而充分利用粉丝经济，达到相应营销目的。

1.3.2 新媒体运营的模式

总的来讲，新媒体运营模式可以分为经典运营模式和衍生运营模式。

1. 新媒体经典运营模式

经典的新媒体运营分为用户运营、产品运营、内容运营和活动运营四大模块，这 4 个模块在新媒体运营过程中发挥着不同的作用。

> **小常识**
>
> 在新媒体运营的过程中要进行用户细分，明确不同用户所处的等级有助于更有针对性地制定用户运营策略，进行差异化对待，如普通用户与会员之间、会员与忠实用户之间的运营策略是不同的，应该花费更多的精力在能够提供价值的用户身上。

1）用户运营——新媒体运营的核心

用户运营指的是以用户为中心搭建用户体系、开发产品需求、策划相关活动与内容，同时严格控制实施过程与结果，最终达到甚至超出用户预期，进而实现企业新媒体运营目标。

无论是研发产品、策划活动，还是推送内容，都需要围绕用户有针对性地展开。因此，新媒体运营者需要进行用户日常管理，吸引新用户关注，减少老用户流失，同时想方设法激活沉寂用户。在用户运营工作中，用户画像是工作的起点。只有构建了清晰的用户画像，后续的用户分类、拉新、促活与留存等工作才有意义。否则，用户运营的效果会大打折扣，甚至会出现"越努力越无效"的结果。

2）产品运营——新媒体运营的根基

产品运营指的是从内容建设、用户维护、活动策划3个层面连接用户和产品，并塑造产品价值和商业价值的新媒体手段。狭义的产品运营指的是企业的互联网产品运营，包括企业手机软件的设计与开发、企业网站的运营与调试等。广义的产品运营可以把新媒体运营过程中涉及的账号、平台、活动等项目都看作产品，进行策划、运营与调试。

例如，今日头条账号可以被看作一件产品。用户在开通账号后，需要进行产品调研（搜索相关今日头条账号，了解其日常内容）、前期设计（头像设计、简介设计、选题设计）、上线调试（撰写文章并测试阅读数据）、正式发布（度过新手期后，正式撰写文章）等产品工作。产品运营的关键点是类型分析与周期判断；一方面，产品运营负责人需要准确识别产品的类型，针对不同的产品采用差异化的运营模式；另一方面，产品运营负责人必须清晰地判断出产品的生命周期，根据产品的生命周期及时调整运营策略。

3）内容运营——新媒体运营的纽带

在新媒体运营过程中，内容运营指的是新媒体运营者利用新媒体渠道，用文字、图片或视频等内容形式将企业信息友好地呈现在用户面前，并激发用户参与、分享、传播的完整运营过程。新媒体的内容用于连接产品与用户，新媒体运营者需要重点关注内容的定位、设计与传播，找到差异化的内容定位，用心设计其内容形式，并辅之以好的内容传播方式，从而惠及更多用户。

新媒体内容运营并不是简单地"写一篇文章""录一段视频""做一张图片"，而是要让更多的用户打开内容、完整浏览内容并转发到朋友圈或转发给好友。因此，新媒体内容运营的关键点是设计传播模式，力争让内容获得更广泛的传播。

4）活动运营——新媒体运营的手段

活动运营指的是围绕企业目标而系统地开展一项或一系列活动，包括阶段计划的制订、目标分析、玩法设计、物料制作、活动预热、活动发布、过程执行、后期发酵及效果评估等全部过程。

规模较小的新媒体团队一般不会设置专门的活动部门或活动组等，因为活动是其他三大模块都会涉及的重要组成部分。

新媒体活动运营需要关注策划与执行。新媒体活动进行前，新媒体运营者需要进行详细策划，明确活动目的并确定活动形式、内容、时间计划等；活动完成后，新媒体运营者需要进行任务跟进与活动复盘。

> **小常识**
>
> 新媒体环境下的活动运营方式有很多，如签到、游戏、有奖转发、抢红包等，在明确以上内容的基础上还要注重活动内容的趣味性、便捷性、易操作性。

活动运营的效果体现在活动的用户参与度上，但是持续提升用户参与度比较困难。一方面，现阶段用户的选择较多，通常不会对同一家公司、同一个账号或同一类活动保持浓厚兴趣；另一方面，活动运营团队很容易在策划几次活动后进入"思路枯竭""创意失效"的状态，无法激发用户的参与热情。因此，活动运营的关键点是跨界与整合，活动运营团队可以与其他行业的公司举办联合活动，同时整合各方面传播资源，以确保活动效果。

2. 新媒体衍生运营模式

在新媒体运营的过程中，四大经典运营模式被重新组合，衍生出 5 种模式，包括社群运营、网站运营、流量运营、内容运营及店铺运营。由于这 5 种衍生模式是基于四大经典运营模式生成的，因此新媒体运营者可以尝试将四大经典模式的思维方式与执行技巧迁移到衍生模式。

1）社群运营

在新媒体运营过程中，部分企业会将用户运营的重心从微信公众号、微博等内容平台转移至 QQ 群、微信群等社群平台，因此企业对用户的运营与管理便随之迁移至社群。

2）网站运营

网站运营由产品运营、内容运营、用户运营三大模块衍生而成。

（1）网站作为企业的互联网产品之一，需要按照产品管理的流程进行开发、调试、上线测试、改版等。

（2）网站新闻、产品信息等内容，需要进行日常更新。

（3）企业要对网站的注册用户需求进行分类管理，也要对网站的日常浏览用户进行管理，充分挖掘用户需求。

3）流量运营

流量运营也称推广运营。为了增加企业微信公众号中文章的阅读量、企业微博粉丝量及曝光量、企业网站的访问量，运营者需要进行专门的流量统计与管理。一方面，运营者需要做好内容，因为推广需要优质内容来承载；另一方面，运营者需要策划活动，阶段性地提升流量的转化效果。

4）内容运营

内容运营的主要工作是微信公众号、今日头条等内容平台的日常运营，因此一部分企业将内容运营细化，其中内容平台的注册、发布、推送等工作被归类到平台运营中。实际上，平台运营也可以看作将内容运营的一部分工作放大与细化。例如，内容运营的工作之一是微信公众号编辑与推送，通常企业只操作微信公众号的"素材管理""留言管理"等相关功能；而在此基础上，平台运营需要企业继续围绕微信公众号进行细化管理，对"自动回复""自定义菜单""消息管理""统计""设置"等功能进行日常管理与维护。

> **小常识**
>
> 贴吧等社区论坛主要通过先发后审的方式进行内容审核，通常用户发布的帖子会经由专门的论坛管理人员审核，违规的信息会被删除。

5）店铺运营

新媒体运营者管理天猫店、京东店、微店等互联网店铺，需要综合进行产品运营、用户运营、内容运营、活动运营。

（1）对于店铺销售的产品，新媒体运营者需要利用产品运营思维进行调试与优化。

（2）对于购买店铺产品的用户，新媒体运营者需要借助用户运营的思路进行分类与管理。

（3）对于店铺页面、店铺推广文案等，新媒体运营者需要利用内容运营的知识进行设计。

（4）店铺在"元旦购物节""双十一狂欢节"等线上购物节日，可以借鉴活动运营的方式策划活动。

1.3.3 新媒体运营的主要工作

越来越多的企业开设"新媒体运营专员"岗位，但在很多人的认识中，新媒体运营主要是帮企业发微博，准备微信公众号文章，举办一些抽奖活动，然后转发扩散至朋友圈、微信群。那么到底新媒体运营要做些什么呢？现在正在从事或者说想从事新媒体运营的人很多，新媒体运营到底有没有前途？这个岗位到底要求大家做哪些工作？需要具备哪些能力？

> **小思考**
>
> 打开微信 App，在界面顶部搜索框中输入"新媒体运营专员"，选择"搜索新媒体运营专员小程序、公众号、文章、朋友圈和表情等"，就会搜到很多新媒体运营专员的招聘信息。请打开这些信息，思考企业对新媒体运营专员具有共性的岗位要求是什么，希望从事该工作的员工需具备什么能力。

一个合格的新媒体运营者，不只是会发微博、微信，还需要做到以下几点。

1. 理解产品

脱离产品的新媒体运营是没有意义的。脱离产品的新媒体运营在一段时间内可能有转发或评论，但对内容传播或产品销售没有促进，最终将难以持续。新媒体运营者要先熟悉自家的产品，找到产品最吸引用户的点，再思考目标用户的行为特点，分析不同类型的用户在使用产品过程中会经历哪些场景、遇到哪些问题、产生哪些需求等，这样才能写出激发用户购买欲望或者传播欲望的新媒体文案。

2. 积累"网感"

有的人总是能比其他人先发现网络热点话题、先使用网络热点词汇、先发现网络热点潮流表情包，这说明他们的"网感"比较强。积累"网感"其实是要求新媒体运营者具备快速抓住网络流行热点创造内容的能力。这种能力是建立在长期对网络话题的数据分析、积累优质内容的信息搜集渠道等基础上的。

无论是纯内容媒体，还是企业的新媒体，对网络趋势的把握都很关键，需要根据热点或新闻快速做出反应，而且要与自己品牌的调性相匹配，这就需要新媒体运营者在了解产品和用户的基础上具备良好的"网感"。

3. 整合资源

新媒体运营不是简单地写几个好文案。一个好文案能够扩散，关键是要找到网络上能扩散有关内容的关键资源，并不是所有文章都可以通过自己的平台成为"爆款"。这就要求新媒体运营者有超强的整合能力，不仅是整合网络上各种文案创作素材，更重要的是整合网络上各种有助于文案传播的优质资源,与其建立互利互惠的长期合作关系。

4. 内容策划

> **小思考**
>
> 某主流智能手机厂商正在招聘新媒体运营编辑,请你通过网络搜索为他们设计一个新媒体编辑的岗位招聘说明书。

在微博上怎样吸引粉丝?在微信上用哪种方式引爆朋友圈?设计哪种 H5 页面能让更多人点击?加入哪些社群能找到目标用户?新媒体运营的形式一直在变,但有效策划新媒体上的好内容、好活动的基本框架却是稳定的。如何找到吸引人的传播点?如何设计好的传播形式,找到放大内容的引爆点和传播资源?不管是哪种新媒体,新媒体运营者都需要掌握内容策划的方法。

1.3.4 新媒体运营的常用技能

新媒体运营工作虽然分工不同、岗位不同,但从整个行业来说,新媒体运营人员必备的能力却具有共性。

1. 必备职业技能

职业技能是完成工作的基础,只有具备了必要的职业技能,才能获得相应的工作机会。与新媒体运营工作相关的必备职业技能主要有以下八项。

1)编辑能力

编辑能力是新媒体运营人员的基础能力,包括对文章进行搜集、撰写、排版、发布和传播等。新媒体运营人员在工作中主要负责对微信公众号等平台进行内容编辑和更新运营。

2)文案能力

文案是一切传播的基础。文案能力既是基础技能,又是核心的职场竞争力,包括广告文案、宣传文案、自媒体文章、新闻、软文等各类文案的撰写能力。

3)策划能力

策划主要指活动策划和创意策划。策划能力既需要有好的创意想法,又需要有一定的执行力,新媒体营销工作的策划通常与执行同步进行,所以策划能力是对创意展示、活动管理和执行能力的综合要求。

4)平台运营能力

平台运营能力是从新媒体平台的角度对运营人员提出的能力要求,如对于微博、微信、抖音等平台,要求运营者熟悉平台规则,善于利用平台规则进行运营。平台营销能力既要求运营者能保证平台的正常运转,又要求运营者能实现平台营销数据的良好增长。

5)用户增长能力

用户增长能力是从用户角度出发,以结果为导向对运营者提出的能力要求。用户增长能力以用户营销能力为核心,要求运营者同时具备内容生产、活动策划与执行、平台运营、数据分析等能力。

6)渠道拓展能力

渠道拓展能力是指运营人员的对外合作能力,包括对新媒体投放渠道的积累,如知名

第 1 章 初识新媒体营销与运营

博主资源、软文发布资源等，同时包括对外的商务合作能力。

7）数据分析能力

数据分析既包括对日常用户增长的数据分析，又包括对内容传播效果的分析。运营人员应该从日常的运营数据中总结运营经验，并不断优化提升。同时，运营人员还应该对大型活动及行业案例进行全网数据分析，总结事件传播的效果和规律，用数据指导自身工作。

课程思政

> 电子商务从业人员应具备一定的职业道德，只有立足本职、精通业务、按章办事、文明礼貌、诚实守信，才能更好地维护电子商务环境，给广大消费者提供更好的服务，维护社会的健康、稳定发展。

8）图片设计等其他动手能力

新媒体运营人员还应具备基本的图片设计等技能，以满足微博、公众号、宣传海报等日常配图的需求。

2. 必备职业素质

职业技能是完成工作的基础，职业素质则是工作质量的保证。只有具备良好的职业素质，才能保证高质量地完成工作内容。与新媒体运营工作相关的职业素质主要包括以下 5 种。

1）执行能力

运营工作事无巨细，需要运营人员有足够的规划管理和执行能力。优秀的执行能力能保证运营工作执行到位，从而实现营销效果。执行能力是营销能力的基础保证。

2）沟通能力

新媒体运营人员应该具备良好的沟通能力，既能维持与用户的良好沟通，维护好关注者及用户的关系，又能在工作中与同事保持顺畅沟通，使工作协同达到最佳效果。

3）审美能力

审美能力既是个人的综合能力，又是新媒体工作的职业素质要求。新媒体运营人员需要具备基本的审美，使产出的内容质量达标，能满足用户的消费需求，能引导用户互动，实现传播。运营者的审美能力是营销内容质量的基础保证。

4）创意能力

创意包含内容产出创意和活动创意两大类。新媒体运营人员需要思维活跃，能紧跟热点趋势，进行热门话题的创意发散，产出优质的有创意的内容。同时，还需要在营销过程中策划出有创意的活动，让用户积极主动地参与。

5）抗压能力

新媒体运营工作任务多、变化多，运营人员需要具备一定的抗压能力，以应对新媒体运营工作的挑战。运营人员要时刻保持高执行力，时刻精益求精，以胜任新媒体运营工作。

以上 5 种职业素质是新媒体运营人员必须具备的。新媒体运营人员除了依靠职业技能完成工作，还要通过这些"看不见的能力"让工作完成得更出色。

3. 必备综合提升能力

综合提升能力是个人职业发展的助推器，只有具备了综合提升能力，才能实现个人在职场的持续发展。综合提升能力主要有以下3个类型。

1)自我管理能力

自我管理主要包含时间管理、学习管理、情绪管理。

时间管理是执行力的保证。时间管理要求新媒体运营人员具备较强的自制力和良好的工作生活习惯。

学习管理是个人能力提升的保证。一方面要在工作中积累实践经验；另一方面要主动进行培训学习及知识进修，让自身的专业知识储备不断提升。

情绪管理是沟通合作的保证。不论面对何种工作，不论在何种场景下与何人进行工作沟通，都应保持理性、积极，要学会管理和调整工作压力带来的负面情绪。

2)团队管理能力

团队管理能力是个人职业能力的一种提升。

团队管理能力的第一项能力是工作管理能力：既要完成自己的本职工作，又要对团队成员进行合理的工作规划和分配，并监督团队成员高质量地完成工作。

团队管理能力的第二项能力是人员管理能力：不仅要安排工作并监督执行，还要营造团队的良好工作氛围，提高凝聚力。

3)自我意识能力

自我意识能力指个体的自我关照和反省能力。自我意识主要包括职业意识、利他意识和自我实现意识3种。

职业意识包括专业精神和敬业精神两种。利他意识是指在团队合作中要尊重同事意见，在工作中要思考如何为公司创造价值，在对外合作中要考虑合作伙伴的需求和利益。自我实现意识是指明白自己想成为什么样的人，明确自己的职场规划。

新媒体运营人才必备的职业能力，既有新媒体行业的特色能力，也有职场人必备的综合能力。从必备技能到职业素养，再到综合能力的提升，对运营者的要求是逐步提高的。

案例 1-3

某企业新媒体运营实习生招聘信息

技能实训

【实训题目】

初识新媒体营销与运营。

【实训目标】

（1）能够通过教师讲解、案例讨论掌握相应知识点。

（2）能够初步认知新媒体营销与运营。

(3）能够形成初步的独立思考能力。

(4）能够培养初步的自主学习能力。

【实训内容与要求】

(1）由教师介绍实训的目的、方式、要求，调动学生参加实训的积极性。

(2）由教师布置模拟实训题目，题目如下：

查看新媒体的相关信息，并以某一个新媒体平台为例分析其内容表现形式。

(3）由教师介绍新媒体营销与运营的相关案例及讨论的话题。

(4）所有同学相互评议，教师点评、总结。

【实训成果与检测】

1. 成果要求

(1）提交案例讨论记录：教学分组按 3～5 名学生一组，设组长 1 人、记录员 1 人，每组必须有小组讨论、工作分工的详细记录，以作为成绩考核的依据。

(2）能够在规定的时间内完成相关的讨论，学习团队合作方式，撰写小结。

2. 评价标准

(1）上课时积极与老师配合，积极思考、发言。

(2）认真阅读案例，积极参加小组讨论，分析问题思路较宽。案例分析基本完整，能结合所学理论知识解答问题。

(3）团队配合较好，积极参与小组活动，分工合作较好。

思考与练习

1. 名词解释

(1）新媒体。

(2）新媒体营销。

(3）饥饿营销。

(4）新媒体运营。

(5）活动运营。

2. 简答题

(1）简述新媒体的特征。

(2）简述新媒体营销的特征。

(3）简述新媒体运营的主要工作。

(4）请说明情感营销的成功基础。

(5）请说明口碑营销与传统广告的区别。

第 2 章

新媒体用户与内容定位

【学习目标】

（1）了解用户定位的内容；
（2）掌握用户画像的构建；
（3）熟悉内容定位的原则；
（4）掌握内容定位的过程。

【思维导图】

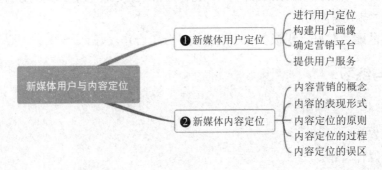

【导入案例】

5G 时代声音新媒体平台的新范式

随着 5G 商用牌照的正式发放，我国的传媒生态也发生了变化。中央广播电视总台利用新技术率先打造了"云听"这一全新的声音新媒体平台，并与"央视频"共同构成了总台的"一体两翼"。"云听"作为对广播功能的全面升级，对内容的高品质追求和注重精神文化引领的价值坚守，以及在技术的助力下，在内容格局、产品形态、技术架构、商业模式等方面所做的创新，为广播新生态提供了一个新范式。

2020 年是中国人民广播事业创办 80 周年，80 年的风雨历程和媒介变迁，让广播成为家喻户晓的生活媒介。随着 5G 时代的到来，在新的传播生态下，广播作为媒介的传播功能仍然在发挥作用，但其声音的传播形式与传播渠道乃至传播效果都发生了新的变化。中央广播电视总台（以下简称"总台"）作为党和人民的喉舌和最具影响力的主流媒体，应时而动，顺势而为，在继"央视频"的成功打造与运营后，又推出了以 5G 技术为支撑的声音新媒体平台——"云听"。该平台在坚守广播基本职能的同时，利用 5G 技术优势积极创新，在业务推广上不仅走出了一条媒介融合的新路径，也为广播在新时代的创新性发展提供了可资借鉴的新范式。

1. 内容定位：追求高品质，传播正能量

随着科技的快速发展，大众对生活的品质要求也越来越高。"云听"在内容的选择上，始终坚持挑选高品质且充满正能量的传播内容。故而知识类、资讯类内容占比较大，当然也包含公众喜欢的娱乐类内容。"云听"的娱乐类内容相较其他娱乐节目更为纯粹，它以引导大众积极向上的价值观为旨归，传播正能量。以"云听"的《爱豆私房话》为例，该节目虽然是在讲述明星们的故事，但却注重将明星们真实的内心世界呈现给听众，以便听众从中获得正能量。此外，"云听"为了保证内容的高品质追求，在减少通俗言情小说比例的同时，增加了世界名著和经典爱情故事的讲述。

在听觉效果上，相较于当下流行的"喜马拉雅FM"和"蜻蜓FM"，"云听"的听觉效果显然更好。"云听"作为全新的声音新媒体平台很好地弥补了领域内主播专业素养不过关的缺陷，该平台的主播多数为职业播音员、主持人，在专业方面始终精益求精。尤其是他们在语速、语调、感情色彩等方面的精准把握，在让听众精神愉悦的同时，也让受众瞬间理解了节目的传播内容和传播价值。

2. 节目定位：坚持积极的文化导向

进入"云听"的界面，受众可以明确感受到节目的精神文化导向。它的界面以简单的白色为底，简洁清晰。每个音频节目的配图或充满阳光、或幽默有趣、或饱含书香，时刻都在以细节体现节目的精神定位和价值观引领。"云听"虽然是声音新媒体平台，却从不以刺激性、暴露性的图片吸引公众眼球。"云听"为受众提供了良好的搜索体验，这都得益于"云听"始终坚持积极的文化导向这一创设初心。

"云听"作为国家级的 5G 声音新媒体平台，旨在为受众提供伴随式收听的功能，并致力于真实信息的有效传播。即"云听"的内容生产不仅要丰富人们的日常生活，还要为受众提供更好的信息服务，保持对公众精神世界的文化引领。毕竟只有正确的文化导向，才能令公众在错综复杂的信息海洋中、在众声喧哗的各类观点中做出正确判断，从而促进整个社会思想文化的健康发展，实现媒体责任。

资料来源：彭翠，董敏，王枭婷. 5G 时代声音新媒体平台的新范式——以"云听"客户端为例[J]. 中国广播，2020（11）：43-46.

↪ 辩证思考：分析以上内容，讨论并思考"云听"带来的启示。

分析提示："云听"是继"央视频"之后的又一个标杆，它指引着主流媒体，让互联网这个最大变量转化为推动声音新媒体平台发展的最大增量。"云听"作为一个全新的声音新媒体平台，具有精准的用户和内容定位，坚持文化引领的新方向，坚守内容的高品质，打造健康多元的内容格局，形成交互共融的产品形态，并在坚守中实现声音新媒体功能的突破与范式的创新。

2.1 新媒体用户定位

随着新媒体的快速发展，各种营销方式层出不穷，越来越多的企业和个人加入新媒体营销的大军，而大量的市场需求和激烈的市场竞争使新媒体营销越来越难做。不论是企业还是个人，要想获得竞争优势，都要先做好用户定位，这样才能得到用户的认同，提高自身的综合竞争力。

> **小思考**
> 怎样找到真正的目标用户并提供他们需要的服务？

用户定位是新媒体营销与运营必不可少的环节，只有了解目标用户，知道用户需要哪些服务，才能更好地进行营销计划的制订与实施，使营销的效果最佳。

2.1.1 进行用户定位

用户定位主要包括两个方面的内容，一是了解哪些是自己的目标用户；二是了解这些目标用户的主要特征。要清楚这些内容，需从两个方面进行分析，包括用户属性和用户行为。

1. 用户属性

用户属性是指用户的自身分类属性，包括性别、年龄、身高、职业、住址等基本信息。这些属性信息的不同可导致用户的收入水平、生活习惯和兴趣爱好不同，进而影响用户的消费行为。因此，要在开展营销前做好用户属性的分析，找到符合自己产品和品牌定位的用户群体，这样才能针对这些用户群体更好地制订销售计划，刺激他们产生消费行为。

定位到与企业调性相符的用户可以从两方面入手。一方面，可通过对大规模消费人群的地理位置、消费水平、消费行为、年龄、收入等属性信息进行分析，将具有类似消费行为的群体筛选出来，并与企业的产品和目标进行匹配，得到最终的目标消费群体；另一方面，可以通过调查问卷、有奖问答、实地探访等方式进行调查研究，了解用户的实际想法，有针对性地根据用户的行为调整产品定位。

2. 用户行为

用户行为由用户意向左右，用户意向是用户选择某种内容的主观倾向，表示用户愿意接受某种事物的可能性，是用户行为的一种潜在心理表现。一般来说，影响用户行为的因素主要有以下3个。

1）环境因素

环境因素会影响用户意向，如冬季雾霾天气较多，空气污染严重，防霾口罩在该时段的需求就会比其他时段需求高很多；又如某热播剧引起人们对某个商品的关注，受该热播剧的影响，关注该商品的用户也会急剧增多。

2）商品因素

商品因素主要包括商品的价格、质量、性能、款式、服务、广告和购买便捷性等因素。例如，在淘宝直播平台中，用户可以在观看直播的同时直接购买商品，这比传统视频营销结束后告知用户通过何种渠道进行购买便利得多。

3）用户个人及心理因素

用户由于自身的经济能力（如购买能力、接受程度）、兴趣习惯（如颜色偏好、品牌偏好）等不同，会产生不同的购买意向，并且用户的心理、感情和实际的需求各不相同，也会产生不同的行为动机。

> **小常识**
>
> 用户定位是一个长期的过程，企业不仅要在营销计划开始前进行定位分析，还要在营销计划实施的过程中随时观察用户的变化，找出用户未被满足的需求和未被重视的感受，将其作为下一阶段营销计划的改进方向。

通过以上因素分析可以看出，用户行为是不断变化的。要想了解用户行为，就要重视用户信息的收集、分析，并发现用户的行为规律，研究用户产生购买行为的原因。

微课：构建用户画像

2.1.2 构建用户画像

用户画像是表现用户行为、动机和个人喜好的一种图形表示，它能够将用户的各种数据信息以图形化的直观形式展示出来，帮助运营人员更好地进行用户定位。用户画像并非展现每一个用户的信息，而是展示具有相同特征的一群目标用户群体的共同数据，通过这种画像的方式为这些具有共性的用户贴上一个标签，从而实现数据的分类统计。

通过对用户属性与用户行为的分析可以建立基本的用户画像模型，然后将收集和分析的数据按照相近性原则进行整理，将用户的重要特征提炼出来形成用户画像框架，并按照重要程度进行先后排序，最后进行信息的丰富与完善，即可完成用户画像的构建。图2-1为2021年4月千瓜数据发布的《2021小红书活跃用户画像趋势报告》中小红书App端用户画像。

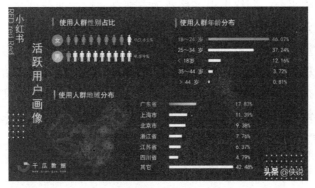

图2-1 小红书App端用户画像

2.1.3 确定营销平台

新媒体营销的平台众多，不同的平台有不同的用户群体，筛选出最适合企业自身运营的营销平台是使营销效果最大化的关键。下面介绍几种新媒体营销的常见平台，帮助新媒体运营人员做好初期定位。

1. 微信

微信基于智能移动设备而产生，其具有简洁的界面、便捷的操作等特点，是一款渗透率高、覆盖率广的主流即时通信软件，积累了大量的活跃用户，并渗透人们生活和工作的方方面面。微信营销正是建立在微信大量活跃用户的基础上的，其特殊的点对点营销模式、灵活多样的营销形式和较强的用户联系性，更为微信营销提供了更多可能。

微信营销主要有两种类型，即微信个人营销和微信企业营销。微信营销作为个人和企业的一种常用营销模式，所表现出的用途不相同。

1）微信个人营销

微信个人营销是基于个人微信号所进行的营销。个人微信号可以与手机通讯录绑定，邀请手机联系人、微信好友进行交流，可以通过朋友圈发布状态，与微信好友进行互动。微信个人营销是一种点对点的营销，可以为目标人群提供更持续、更精准的服务，并在服务的基础上进行一定程度的口碑传播。不管是建立个人品牌、促进产品销售还是维护用户关系，微信个人营销都具有良好的效果和较高的价值。

2）微信企业营销

企业微信是一款用于办公沟通的即时通信产品，适用于各种类型的企业和机构用户。它提供了丰富的办公应用，具有强大的管理能力，员工扫码关注后，即可在微信中接收企业通知和使用办公应用。微信企业营销区别于个人营销的主要方面为：更多地偏向于企业公众号、企业微信群的运营，或者培养业务人员在个人微信号进行推广。通过微信公众平台，企业也可以打造具有特色的企业号，与特定群体进行全方位的沟通和互动。

2. 微博

微博随着国外媒体平台——推特的发展而兴起，是一个通过关注机制分享简短实时信息的广播式社交网络平台，网络上很多最新动态都是通过微博分享的。目前，微博不仅允许发布短消息，还允许发布长文章与音视频等内容。

微博的用户数量非常大，发布信息和传播信息的速度都非常快，微博博主通过每天更新微博内容，发布粉丝感兴趣的话题，与粉丝保持良好的交流互动，培养起坚实的粉丝基础。如果微博博主拥有数量庞大的粉丝群，则发布的信息可以在短时间内传达给更多其他用户，甚至达到爆炸式的"病毒"推广效果。因此不论是企业还是个人，都选择将微博作为主要营销平台之一。

3. 问答平台

> **小常识**
>
> 与百度知道类似的还有基于搜狗搜索引擎的搜狗问问、基于360搜索引擎的360问答等。

知识问答是新媒体营销的常见表现形式，其对应的营销平台有很多，如百度知道、知乎、在行等。问答平台营销是一种以内容质量获取粉丝的营销方式，其内容在搜索引擎中可以获得较高的权重，能够获得较好的排名，具有较为精准的营销效果。同时，由于问答平台注重知识和经验的分享与传播，可以帮助个人和企业获得良好的口碑。

1）百度知道

百度知道是由百度搜索引擎自主研发的，基于搜索的互动式知识问答分享平台。在该平台中，用户可以根据自身的需求有针对性地提出问题；同时，这些答案又将作为搜索结果，满足有相同或类似问题的用户的需求。百度知道不仅可以通过回答问题分享经验与知识，还能在企业的专属问题页面中发布企业的具体业务范围，通过其专属的广告位增加企业曝光度，以便定位更加精确的消费群体，并形成转化。

2）知乎

知乎是一个网络问答社区，用户可以在知乎上提出问题，或与其他人分享知识、经验和见解。知乎用户通常有各自的标签，具有相似标签的人可以围绕某一个共同感兴趣的话题进行讨论，也可以关注其他与自己兴趣一致的人。在知乎上，用户可以通过知识的解答、生产和分享，构建具有很高价值的人际关系网，通过交流的方式建立信任，从而打造个人品牌。

3）在行

在行是由北京我最在行信息技术有限公司开发的一个分享知识与技能的问答平台。它在传统面对面咨询的方式上进行了优化与改进，用户可线上填写需求，自由选择获得答案的方式，如一对一面谈、远程通话、小班组团课或个性化定制服务等。在在行平台进行营销需要成为行家或顾问，以专家的身份进行知识营销，从而带动线上、线下的产品升级，成功打造自己的品牌。

4）分答

分答是提供语音付费问答服务的平台，用户可在该平台中设置擅长的领域和付费问答价格，对问题感兴趣的用户可付费查看，答案将以一段 60 秒的语音进行回答。目前，分答已融合在在行平台中，可以通过在行微信公众号或在行一点 App 查看。图 2-2 的"60 秒内语音"即分答如今的展现方式。分答主要通过语音的形式与用户交流，从而建立自己的品牌，形成口碑。

初创公司没钱没人没资源，怎样选择合适的平台做营销？说说你的看法。

 这里有众多的"答主"
您可以付费向他们提问

 60秒内语音
有偿回答他人问题

 任何人只要花1元
就可以偷听别人的回答

 偷听费用
将由提问者和回答者平分

图 2-2 分答

4. 社区论坛

在社区论坛中聚集了大量的潜在用户，在其中进行营销可以引流、聚集人气，是活动或品牌推广的不错选择，如百度贴吧、豆瓣等都是较为常见的社区论坛。其中，百度贴吧基于百度搜索引擎，用户数量庞大，营销价值较大，适合进行产品引流与推广；豆瓣则以提供图书、电影、音乐的推荐、评论和价格比较，以及城市独特的文化生活为主，其内容的可信度更高，更适合进行品牌的累积与建设，图2-3为豆瓣论坛的首页。

图2-3 豆瓣

5. 视频平台

视频平台可以更直观地向用户传达产品或品牌信息，更好地进行内容的融合。同时，视频平台的弹幕还提供了与用户进行互动的功能，更方便地获得用户的反馈信息。腾讯视频、哔哩哔哩等都是目前较为典型的视频网站，图2-4为腾讯视频平台贴片广告。

图2-4 腾讯视频

2.1.4 提供用户服务

经过前面的定位可以基本确定企业面向的目标用户，但这并不代表用户定位已经结束。企业要在用户心中树立其独特的形象，还要根据产品和用户的需求做好产品服务定位，即不仅让企业选择目标用户，还要让目标用户主动选择企业。那么，怎样通过营销表现为用户服务呢？首先，要充分了解自己所在行业的情况，了解自身产品的特点，再根据这些内容有针对性地进行用户的产品服务定位，将服务定位在目标用户更加偏好的那些方面，让目标用户感受到企业的服务与他们的需求是一致的，从而提高用户的认同感和忠诚感。例如，老年手机用户大多视力和听力下降，所以要突出产品音量大、按键大、可手写等特点；针对青少年手机用户，则要突出智能、高清、双卡、大容量等优势。其次，要从目标用户需求的角度体现服务的差异化，突出与竞争对手的差异，最终打造属于自己的特色服务，在用户心中形成独特的烙印。例如，在微信公众号中可以根据企业或产品的特点设置个性化的功能菜单。

课程思政

> 我们应该时刻以马克思主义人民观为指导，树立正确的服务思想、强烈的服务意识，即以满足用户需求为出发点，为用户提供个性化、定制化服务，真正做到以人为本，注重人的生命与价值，将人置于至尊至重的地位。这样不仅有助于提高企业产品或服务质量、品牌价值及社会影响力，而且有助于大幅提升社会整体利益。正如张岱年先生所说："中国文化有两个基本精神，具有高度的理论价值，一是'以人为本'，一是'以和为贵'。"后者是为前者服务的，也是前者的自然要求。

案例 2-1

插座学院精准定位

2.2 新媒体内容定位

社会化媒体的诞生改变了信息传播的方式，对于企业而言，传统媒体时代依靠传播平台进行营销的方法逐步被淘汰，转而发展为通过提供目标用户感兴趣的内容，与用户建立良好的关系，从而达到提高营销效果的目的。内容营销的出发点是用户，当企业进行了用户定位后，就需要进一步进行营销内容的定位，让营销深入用户心中，提高营销效果。

> **小思考**
> 什么是新媒体内容营销？新媒体内容的表现形式有哪些？

在新媒体营销中，内容的表现形式、信息载体和传播方式多种多样，新媒体营销人员应该首先掌握内容营销的概念，并做好内容的定位，以使打造出的"内容性"产品真正迎合用户的需求和喜好。

2.2.1 内容营销的概念

随着互联网技术和信息技术的快速发展，人们的网络行为习惯渐渐发生了变化，从最初的被动接受商家信息，到如今主动通过各种媒体渠道获取内容，用户对网上信息的真实性有了更多的考量，分辨信息质量的能力更是得到了显著提升。在这种环境下，内容营销逐渐兴起，并成为影响用户购物行为的主要因素。

内容营销是现在主流的营销方式，可以将图片、文字、视频和音乐等元素以内容的形式呈现出来，使其成为用户可以消费的信息。例如，淘宝头条和京东快报的内容营销就较为典型，它们通过文章的形式将需要营销的内容转化为有价值的服务，剖析和满足目标用户的需求，进而吸引用户点击、阅读，吸引用户购买。同时，这种内容的表达方式可以在企业与用户之间建立强有力的互动，为企业品牌与形象的树立提供更直接的途径。

传统的营销模式习惯于直接展示产品，并通过重复品牌的形式吸引用户；内容营销打破了传统营销的固有模式，企业首先需要了解用户想了解的信息，然后针对这类信息进行主动且专业的解答，通过帮助用户解决实际问题的方式培养用户对品牌的信任度，最后顺理成章地引导用户购买产品。

比如欧莱雅为了提供更多用户渴望了解的内容和价值，创建了"内容工厂"，为美妆爱好者不断推送各种美妆教程，为美宝莲、契尔氏等美容品牌的产品提供实时的、本地的共享内容。欧莱雅对干货视频、美妆教程，以及社交媒体上的照片进行视觉和文本内容的创造，并与著名视频网站 YouTube 进行密切合作，继续创建更多与品牌相关的内容。每当推出新产品时，欧莱雅就会制作相应的产品视频教程，这样不仅传递了产品的用法，更展示了如何利用产品打造一个完美的造型，进一步满足了用户的搜索需求，吸引了大批对美妆内容感兴趣的粉丝。

2.2.2 内容的表现形式

新媒体营销的内容表现形式非常丰富与多样化，文字、图片、视频、音频等元素都是常见的内容表现形式，这些元素具有不同的表现力与特点，可以充分呈现新媒体营销内容，下面分别对其进行介绍。

1. 文字

文字是内容信息最直观的表达，可以准确传递内容的核心价值，不容易使用户产生理解错误。同时，文字的表现手法多样，不同的写作方法可以带来不同的营销效果，可以快速吸引用户的注意并引起用户的共鸣。标题、短微博、长文章等形式的新媒体营销就常采用纯文字的形式进行展示，图 2-5 为一篇名为《我们在追求一种什么样的快？》的纯文字文章。

长文章一般字数较多，篇幅较长，此时要注意文字描述准确，用语简洁，每个段落的文字不要太长，以用户方便阅读为宜。大篇幅的文字很容易引发用户的阅读疲劳及反感，因此除了专业性较强或需要提供较多文字说明的内容，一般不建议采用大段的文字说明。

2. 图片

图片比文字具有更强的视觉冲击力，可在展示内容的同时给予用户一定的想象空间。新媒体营销中的图片内容可以全部是图片，也可以将文字融入图片，使图片既能更鲜明地表达主题，又能快速提升用户的阅读体验。但要注意，文字在图片中所占比例以及文字的大小要适宜，以保证用户查看图片时文字内容能清晰展示且不遮挡图片。微信公众号中的封面图、电商中的宣传推广图就常采用图文结合形式展示信息，如图 2-6 所示。

OnePlus 6 | 我们在追求一种什么样的快?

正如你们知道的那样，OnePlus 6将在不久之后上市，它将搭载高通迄今最强处理器——骁龙845,并将带来8GB内存+ 256GB闪存的豪华版本（这点好像还没有正式公布吧）。

每次发布一款新品，我们都会回归原点询问自己：什么是更好的用户体验？什么是用户在实际使用过程中最在乎的？我们思考人和手机的关系，分析行业发展的趋势，我们也做很多用户分析，最后我们意识到：用户想要的，其实是更轻松、更高效、更自由的使用体验，这也是OnePlus一直追求的“无负担”使用体验。

如今手机功能在变得更强大，却没有真正变得更智能。相反，很多时候，我们的一部分生活却被智能手机绑架了，比如长时间沉浸在社交网络上的疲惫，手机因系统过多而造成的软件和信息干扰，不停弹出的广告，并没有让大家的生活变得更轻松。

我们追求“无负担的用户体验”，是因为：我们除了在思考如何成为这个行业里做安卓旗舰产品最好的厂商，还能给大家带来什么不一样的价值。

我们认为“无负担”的意思是应该让用户感到自由，在使用过程中不用在意其他东西。在基础体验上，手机的反应能如你所想，不被任何卡顿或者不流畅打扰；在设计上，没有浮夸的、不以解决问题为目的的炫技；在手感上，完美地契合手掌，即便在长时间的使用之后，你双手也不会感觉疲惫；当你需要它时，可以给你所想，如果你暂时不需要它，你甚至感觉不到它的存在。

而在这个过程中，我们发现快速流畅稳定的基础体验，几乎贯穿在我们追求无负担体验的全过程。

我们真正想给用户的也是一种“无负担感”的快，一种让你不被打扰的快。快并不只是一两个场景或者应用下启动和加载速度快，就算是快了，我相信大部分手机厂商都能扔出一两个场景和加载速度很快的数据，但这并不是快的全部。如果人一天使用手机6个小时，那这6个小时，用户对快的感受应该是一种全流程的快，这中间当你已经切换了上千个画面，同时加载了几十个应用，你依然不会因某个画面卡顿或者某个场景变慢而被打扰，而确保这千分之一的变卡或者变慢不要发生，就是OnePlus追求的无负担的快，这也是我们对快所设立的全新标准。

要实现这样的高标准，按照我们一贯的旗舰机传统，OnePlus6 上依然选择了当下最顶级的配置：高通骁龙845+8GB+ 256GB。

选择一个最高的配置其实并不难，真正难的是让所做的选择变得对普通用户有更大的实际价值，在OnePlus的开发团队里，我们专门有个为此存在的团队——叫“快稳省”团队，我们会用一套针对旗舰配置的标准调校新品，因为我们的产品线只做旗舰机，所以我们的系统调校也可以很专注，可以只考虑如何发挥旗舰机的最强功能。

每一款新产品的上市，快稳省团队要确保我们的各项体验都能做到同时期上市产品里最快，并且这种快是持续稳定的。大型手机游戏是挑战手机性能快慢的最高标准，目前我们已经在这一块做到了绝对的领先。这也是很多用户用了OnePlus手机后，一致的评价：轻快、流畅！

很大程度上，用户对快的感知是不可逆的，一旦感受过更快的速度，就无法再忍受之前的速度，我们在快这条路上的追求自然也是无止境的，而这也是我们想为用户提供“无负担”使用体验的必然使命。

Never Settle

Pete

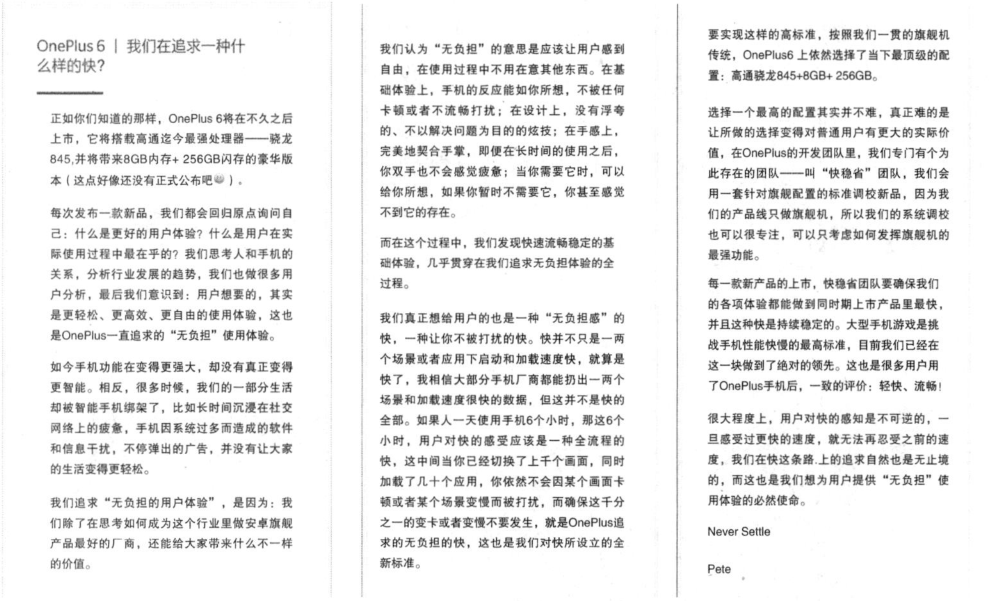

图 2-5　文字内容

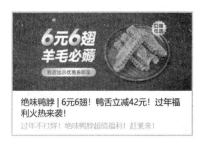

图 2-6　图片内容

3. 视频

与文字、图片等较传统的内容相比，视频是目前较为主流的新媒体内容表现形式，它能够更加生动、形象地展现内容，具有很强的即视感和吸引力，能增加用户对营销内容的信任。在使用视频作为新媒体内容的表现形式时，可以直接拍摄内容信息，也可以对视频进行编辑，但要保证视频内容的真实性，不能为了营销效果并接虚假视频片段。李子柒就是以视频方式进行新媒体营销的典型代表，其视频内容定位于美食，通过微博这个新媒体平台获得了大量粉丝与人气，如图 2-7 所示。

> **小常识**
>
> 图片有不同的表现方式，如动图、长图、九宫格图等，可根据需要选择合适的表现方式进行内容展示。

4. 音频

除了文本、图片和视频，音频也是常用的新媒体营销内容表现形式。音频具有很强的亲和力，能够快速拉近与用户的距离，可以让用户感到亲切，从而加强互动。但音频在收录过程中可能由于外界的干扰使信息收录不完整，影响用户对信息的接收，导致错失重要的内容。因此，以音频方式进行新媒体营销时，要保证录音环境没有噪声，要吐字清晰、语速适当、用语简明，以让用户容易理解和接受为重点。图 2-8 为微信公众号"峰声"推送的内容，其在开始以一段 4 分 56 秒的语音进行说明。

图 2-7　李子柒微博页面

图 2-8　峰声 4 分 56 秒语音说明

小常识

图片、视频和音频等内容形式会产生较多的流量，当用户没有足够的网络流量时可能会放弃阅读内容，因此还应合理控制内容的大小。

综合以上几种新媒体内容的表现形式可以发现，不同的表现元素有各自的优缺点，新媒体运营人员可以综合利用不同的表现形式，集合多种形式的特点，减少用户阅读内容时的疲劳感和枯燥乏味。但需要注意，并非必须将每种表现形式都集中在同一篇内容中，要合理搭配各种内容元素，尽量为用户带来一种极致的阅读体验。

微课：内容定位的原则

2.2.3　内容定位的原则

内容定位可以帮助新媒体运营人员确定运营的方向。进行内容定位时要遵守以下几个原则。

1. 内容风格要统一

内容要与企业产品或品牌的定位相符合，即保持内容风格、用语等的统一，提升内容的专业性，提高用户的阅读体验。

2. 内容输出频率要高

内容输出频率是指内容的持续生产能力，即内容从构思到成品所需要花费的时间、精力、成本等是否可以支持内容在某一个频率内持续展现给用户。特别是刚开始做新媒体运营时，内容输出的频率是非常重要的。如果推出内容的时间比竞争对手长，更新频率低，那将不具备竞争优势。当已经有了稳定的用户群，并能保证稳定的自传播时，可以慢慢降低内容输出的频率。

3. 内容要满足用户需求

内容定位要从用户需求的角度进行考虑。运营人员要从用户的需求中挖掘痛点，再将相关内容展示给用户，以打动用户。如某品牌通过对目标用户需求进行分析，发现用户对某款键盘产品的需求较大，运营人员根据该需求修改文案，并制作了美观、卖点突出的海报宣传产品，获得了广大用户的喜爱，短时间内产品销量暴增。

■ 课程思政

> 新媒体时代，我们可以发现能够影响时代、影响社会、反映一个民族人文情怀的营销方式正在崛起，如今很多品牌已不沉迷于个人小我的情绪呻吟，而是借助时代之势，用能够引起共鸣、凝聚人心、聚拢新的消费族群的营销方式进行营销。
>
> 如今，中华民族整体的自信心在增强，民族实力更不容小觑。正所谓时势造英雄，优秀的内容营销正在洞察时代的走向，营销方式也迎来了新时代的转折。

4. 内容要符合营销目的

营销目的不同，内容写作的方向就不同，所需呈现给用户的内容侧重点也不同。如果以广告分成为目的，那么内容要注重阅读量，可结合热点、娱乐等信息确定内容写作方向；如果以个人品牌建设为目的，那么要注重内容的质量与专业性，以累积个人口碑；如果以销售产品为目的，那么要注重引流和转化，要选择能够直接引导到产品链接页面的营销平台，并在内容中突出目标用户的痛点或可以获得的好处。

5. 内容要贴合运营人员的能力

内容创作与运营人员的能力密切相关，如果没有对内容的策划、写作和整合能力，即使有再好的创意也无法呈现出来。同时，运营人员也要明确自己的优势，如资源优势、写作能力等，尽量利用自己的优势进行内容定位，只有这样才能创作出更好的内容。

2.2.4 内容定位的过程

新媒体内容营销区别于传统的产品营销，通常需要以内容为载体进行市场推广，加快品牌传播，增加产品销售。运营人员要实现内容营销，全面、灵活、准确、流行的内容基础和营销策略必不可少。

1. 圈定目标人群

圈定目标人群是指圈定具有重要价值的用户群体。原则上，一个产品的目标用户范围通常会比较广，如面向婴幼儿的无刺激产品，同时会受到很多女性的青睐。而在这个大范围的用户群体中，并不是每一位用户都能为企业创造价值，用户对产品的接受度、了解度都会影响产品的最终销售情况。企业不可能在每一位可能的用户身上都投入成本,因此需要圈定核心目标用户,尽可能缩小投入范围,解析核心目标用户的消费方式、消费习惯和消费心理,挖掘他们的痛点,针对核心目标用户制定运营策略,提高运营的精准度。

2. 找到合适的运营方式

不同的产品和品牌、不同的营销目的、不同的营销途径通常都会有各自适合的营销方式。例如,很多知识型自媒体喜欢通过出书、发布热门文章的方式进行推广;一些名人喜欢通过演讲、直播的方式进行宣传;很多网络红人喜欢通过拍视频的方式进行营销;等等。营销方式的选择并没有固定的标准,只要该营销方式可以更恰当、更完整地对营销内容进行表达,或者该营销方式是自己比较擅长的,就可以针对所选择的营销方式进行专门的内容策划。

3. 寻找合适的媒介

一个好的内容必须依靠好的媒介和渠道进行推广和传播,让更多用户发现和关注,才能实现真正的营销价值,这时,营销媒介和渠道就显得格外重要。新媒体为内容营销提供了非常广阔的平台,每一个平台都有各自的特点和优势,企业可以根据具体的营销策略选择适合的平台或者全平台进行推广。此外,企业还可以借助有影响力的人力因素进行推广,如自由撰稿人、合作伙伴的推广渠道、行业意见领袖、高人气达人、忠实且优质的粉丝等。

4. 策划和包装内容

现在很多成功的营销案例看似"无心插柳",其实大多是经过一系列的策划和包装"制造"出来的,因此策划和包装内容是内容运营中非常重要的一环。好内容需要好宣传,适当地在不同时间段反复宣传和包装内容,可以有效增加内容传播的范围,同时保持内容在目标用户中的曝光度。

5. 打造内容亮点

内容运营的核心是打造亮点,创造更多的品牌或产品价值。运营人员在进行内容运营的过程中,往往难以保证每一个内容推广的亮点都会产生效果,但依然要将亮点作为内容运营的重点。内容亮点一般围绕关键词、价值、品牌、用户4个因素进行打造。

1)关键词

能被用户关注和搜索的内容才有机会发挥价值,因此关键词在内容中具有重要的意义。如果用户读完推送的内容后,能够记住推送者重点传达的关键词,那么这个内容推送就是成功的。

2)价值

价值包含很多方面,如推送内容的价值、品牌的价值、产品的价值等。目前,产品类型、产品价格、销售渠道等同质化现象非常严重,普通用户难以准确区分看上去十分相似的产品,因此运营人员要通过内容将运营的价值凸显出来,让自己的产品或品牌从同类竞争者中脱颖而出。

3)品牌

现在的新媒体运营逐渐向品牌化的方向发展,品牌可以有效提升用户对产品的辨识度、接受度和忠诚度。品牌化的产品更容易被大众接受，因此运营人员开展内容营销时要有意识地树立和宣传品牌，设计自己的风格，打造个性化品牌。

4）用户

用户是运营的中心，拥有用户才能实现最终的效果。想要拥有用户，就要了解用户，学会挖掘用户的痛点，为他们提供他们真正需要的信息。因此，很多内容运营都是站在用户的立场、从用户的角度出发进行内容策划的。

6. 设计便捷的转化入口

不管是文字、图片、音频还是视频，任何优质的内容在推出时都需要一个方便用户行动的入口，如快速关注、直接购买、了解更多、收藏、转发等，让用户可以及时通过简单便捷的入口对所接收的信息进行转化。一般来说，用户刚接收信息的时候是转化的最佳时刻，时间间隔越长，入口操作越复杂，实现用户转化的可能性就越低。

由于内容的发布渠道很多，每个渠道都有不同的入口和功能，因此运营人员可以选择合适的渠道进行内容的营销和发布，也可以自己制作方便用户转化的二维码或导向链接等。

> **小常识**
>
> 内容营销需要企业进行长期的坚持和沉淀，要将"内容"这个观念深入用户的心中，甚至让用户形成对品牌的固有印象，因此必须培养好的内容营销习惯。企业要坚持更新，创造更多优质的内容，持续向用户分享有价值的信息。

7. 追踪和反馈效果

一般来说，衡量内容的质量和效果可以参考内容制作效率、内容传播范围、内容传播次数、内容转化率等指标，根据各项指标的实际数值对内容的效果进行评价和判断，再对表现不佳的指标进行优化改善，从而获取更大的运营价值。

2.2.5 内容定位的误区

新媒体时代是一个信息泛滥的时代，要在众多信息中脱颖而出，快速吸引用户点击阅读，就要避免内容定位的一些误区。

1. 内容没有新意

新媒体环境下，人们获取信息的方式更加多样和自由，用户可以自由选择想要阅读的内容，如果营销内容与其他商家雷同，没有新意和实用价值，用户是不会点击阅读的。可以从内容的标题、正文描述、写作手法等方面与竞争对手形成差异化，以吸引用户的注意力。例如，在众多的美食视频营销中，微博博主李子柒通过别具一格的古风美食视频在基本饱和的美食视频市场闯出一条路，快速站稳脚跟并吸引了一大批热爱古风和美食的用户。

2. 推送信息过多

新媒体时代的信息具有碎片化的特点，用户一般会在零碎时间阅读信息，这些时间大多是比较短暂的，若推送过多的信息，力图以"狂轰滥炸"的形式征服用户，是极不可取的。过多地推送信息反而可能招致用户的反感，使他们产生逆反心理，以致不仅不会阅读信息，甚至可能会直接取消关注所订阅的信息。

> **小思考**
> 根据你的理解，列出新媒体运营中内容定位的步骤与核心环节。

3. 广告植入生硬

新媒体环境下的广告植入与传统媒体的硬广告不同，由于用户随时都能看到各种广告信息，对广告产生抵触心理，因此内容中的广告植入要有技巧，要从用户的角度进行考虑，选择用户容易接受的方式植入广告。

案例 2-2

小糊涂仙营销回归初心，以家国情怀，致敬美好时代

技能实训

【实训题目】

新媒体用户与内容定位。

【实训目标】

（1）能够通过教师讲解、案例讨论掌握相应知识点。

（2）能够初步认知新媒体用户与内容定位。

（3）能够形成初步的独立思考能力。

（4）能够培养初步的自主学习能力。

【实训内容与要求】

（1）由教师介绍实训的目的、方式、要求，调动学生参加实训的积极性。

（2）由教师布置模拟实训题目，题目如下：

假如你是某汽车企业的新媒体运营人员，现在正值企业 10 周年庆典，若以企业周年庆为主题进行运营，应如何进行平台定位？

（3）由教师介绍新媒体用户与内容定位的相关案例及讨论的话题。

（4）所有同学相互评议，教师点评、总结。

【实训成果与检测】

1. 成果要求

（1）提交案例讨论记录：教学分组按 3~5 名学生一组，设组长 1 人、记录员 1 人，每组必须有小组讨论、工作分工的详细记录，作为成绩考核的依据。

（2）能够在规定的时间内完成相关的讨论，学习团队合作方式，撰写文字小结。

2. 评价标准

（1）上课时积极与老师配合，积极思考、发言。

（2）认真阅读案例，积极参加小组讨论，分析问题思路较宽。案例分析基本完整，能结合所学理论知识解答问题。

（3）团队配合较好，积极参与小组活动，分工合作较好。

思考与练习

1. 名词解释

（1）用户属性。

（2）用户画像。

（3）内容营销。

（4）目标人群。

（5）内容输出频率。

2. 简答题

（1）简述影响用户行为的因素。

（2）请说明新媒体营销的内容表现形式。

（3）简述内容定位的原则。

（4）请说明内容定位的过程。

（5）请说明如何打造内容亮点。

第 3 章

微信营销与运营

【学习目标】

（1）了解微信的营销价值；
（2）掌握微信企业号运营；
（3）掌握微信个人号运营；
（4）掌握微信小程序的运营策略。

【思维导图】

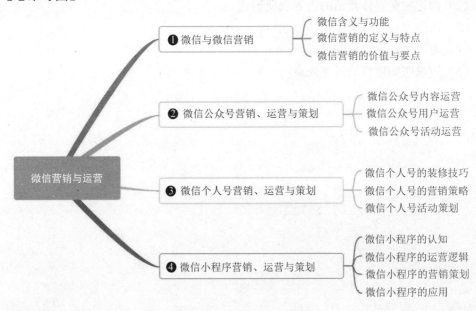

【导入案例】

支付宝微信公众号运营

支付宝微信公众号的运营具有非常典型的微信运营特征。支付宝微信公众号的账号直接以其品牌名称"支付宝"命名，账号头像则使用品牌标志（logo），塑造了统一的、便于用户识别的支付宝公众号品牌形象。

当用户关注支付宝微信公众号后，公众号会自动回复用户"山无棱，天地合，都不许取关！"其菜单栏以"故事会""新服务""天下无贼"表现其个性化，如图 3-1 所示。这充分体现了支付宝微信公众号个性化、人格化、幽默风趣的风格定位，与其他严肃的、中规中矩的微信公众号产生了差异，更加符合当前新媒体环境下用户对个性化的追求。

进行推送内容的运营时，支付宝微信公众号在保持其个性化、幽默风趣定位的基础上，也不乏与用户的真实情感交流。图 3-2 的两篇推文，第一篇《这件事必须今天做》的主要内容是告知用户积分兑换事宜，并通过贴心的提醒引起用户的共鸣，加深用户与支付宝的情感；第二篇《网络一线牵，珍惜这段缘》则以温暖的语言风格吸引更多用户的关注，并进行其"年账单"的推广。

图 3-1　支付宝微信公众号　　　　图 3-2　支付宝微信公众号内容的运营

支付宝微信公众号的运营是一种场景化社交运营，倡导熟人社交，即支付宝将用户当作朋友，而不是冷冰冰的陌生人，通过自身个性化的定位与互动手段加深用户对支付宝品牌人格化的印象，拉近用户与品牌的距离，更好地实现了用户和品牌的连接。

杜杜. 163 法则创始人吴群学：最经典的八大微信营销案例[EB/OL].（2018-11-28）. https://www.sohu.com/a/278309418_100243162.有改动.

▲ **辩证思考**：分析以上案例内容，讨论并思考微信营销有哪些技巧。

分析提示：除了微信公众号，微信个人号也是微信运营的主要阵地。与微信公众号广泛的用户群体相比，微信个人号主要针对朋友圈，但二者要实现良好的运营，都需要通过微信的及时性、个性化和互动性等优势维系已有用户，巩固用户对品牌的忠诚度，以不断扩大影响力，让老用户带来新用户。

3.1　微信与微信营销

微信已经渗透人们的生活和工作，这也让微信从一个沟通工具升级成一个"生态圈"。

企业或个人利用微信朋友圈推广产品，获得收益；利用微信订阅号传播理念，推广品牌；利用微信平台提供服务，吸引用户；等等。

3.1.1 微信的含义与功能

现如今微信的使用越来越频繁，从聊天到创业，微信逐渐成为人们生活中不可或缺的一部分。

1. 微信的含义

微信（WeChat）是腾讯公司于 2011 年 1 月 21 日推出的一款为智能终端提供即时通信服务的免费应用程序，由张小龙所带领的腾讯广州研发中心产品团队打造。用户可以在手机、平板计算机和个人计算机等设备上快速利用微信发送语音、视频、图片和文字。微信与同类聊天工具相比，更具有时效性，更为强大，且平台的局限性较小。只要安装了微信，就可以随时随地畅聊。

> **小常识**
>
> 自媒体时代，促使校园主流文化发展欣欣向荣、社会舆论风清气正的关键在于牢牢掌控话语权，主动发出大量具有先进性、代表性的声音，以社会主义核心价值观引领舆论导向，引导大学生对正确、积极和健康的信息喜闻乐见，不为刺耳的"噪声""杂音"所迷。

有的人说，微信是通信工具，可以发短信、语音和视频；有的人说，微信是交友工具，通过"摇一摇""附近"等功能可以认识各种各样的人；有的人说，微信是移动钱包，买东西方便又省钱；还有的人说，微信就是一个 App，打车、订餐、预约……用起来超级省事。当然，这些说法都没错。但是，综合来看，以上只是将微信当作一种"生活用品"，用以解决一些琐碎的事情。而对于想通过微信赚钱的人来说，就要将目光穿透这些表面，深入认识微信的内涵。

微信现在不仅仅是单纯的聊天工具，更是一种全新的生活方式，给人们的生活带来了很多便捷之处。微信不仅在国内风靡，因拥有二十多种语言功能，其在海外的地位也节节飞升。目前，微信已覆盖两百多个国家和地区，有着非常巨大的影响力。大量数据都在表明，微信时代已经来临。

2. 微信的功能

微信作为目前覆盖率最高的移动应用，其功能还在不断演化和拓展中，并且已在多个方面建立起生态壁垒。从不同的角度，对微信的功能可以有不同的理解。

1）微信的核心功能

从微信的核心功能角度看，微信生态的核心内容主要包括微信对话、群、朋友圈，公众号，企业微信，微信支付，小程序，看一看，微信短视频；等等。

（1）微信对话、群、朋友圈。社交功能是微信的核心和根基。微信通过对话、群及朋友圈建立起较封闭的社交环境，私密性较好，用户之间必须通过验证才能建立起社交关系。

这一点与微博截然不同，微博是开放式社交，任何人都可以关注任何人。所以微信更偏重熟人社交。

微信的熟人社交功能让其具有超强的社交黏性。通过精炼的产品设计，微信能够方便地进行文字、语音、视频对话；微信群的 100 人自动进群和 500 人上限功能，让群聊能保持较长周期的生命力；朋友圈较私密的评论和点赞机制，让互动活跃度能保持较旺盛的生命力。微信的社交功能因其较克制的产品理念，减轻了用户社交的压力，也因此让微信成为最重要的社交工具。

（2）公众号。公众号通常指订阅号和服务号，是微信为个人创作者、企业和机构提供的内容创作和服务平台。使用者可以通过公众号发布内容、提供服务，从而吸引关注者，实现用户转化。公众号目前已成为重要的自媒体平台、企业服务平台和媒体政务平台。

自媒体作者可以通过公众号进行内容创作，积累关注者和流量，并把流量转化为收入。企业可以通过公众号进行品牌宣传、用户管理和产品销售等，完成企业营销的全流程。媒体可以通过公众号发布新闻资讯，触达更多互联网用户。政府机构可以利用公众号更便捷地提供公共事务服务。

（3）企业微信。企业微信是微信为企业提供的专业办公管理工具。企业微信能与个人微信打通，让企业实现高效办公和管理。企业微信预设打卡、审批等 OA 应用，并提供丰富的第三方应用供企业选择，其还支持 API 接入自有应用、微信聊天记录转发、通信录管理、视频会议等。

（4）微信支付。微信支付作为微信的基础设施建设，是微信生态的重要一环。微信支付通过"红包大战"功能迅速普及，完成了互联网用户线上支付习惯的培养，并打通了用户的线上金融体系。微信支付的普及为微信生态圈的建设提供了关键保障，让微信成为中国移动支付市场的核心参与者。

（5）小程序。小程序是微信内的轻应用，可以理解为微信内不用下载的 App。因其具有无须安装、触手可及、用完即走的优点，再加上自带社交属性，在微信生态内发展迅速。小程序在高频次消费和连接线上与线下的场景中有强烈的使用需求，在使用过程中较易产生曝光、流量和消费。目前小程序在游戏、电商、餐饮、教育等领域应用广泛。

（6）看一看。看一看是微信近两年着力推广的新的流量入口。在之前的版本中，看一看的内容只是大数据推荐的资讯信息流，但资讯内容质量参差不齐，对用户的吸引力有限。微信 7.0 对看一看功能进行了升级，展示信息默认为好友在公众号里点"好看"的文章，而原来的信息流内容则展示在"精选"里。

（7）微信短视频。随着抖音、快手等短视频应用的风靡，微信 7.0 也新增了短视频功能，用户可以在个人主页通过下拉方式拍摄短视频，并可以为视频添加音乐、字幕等。以此方式发布的短视频在微信群、朋友圈等处会有提醒，好友查看后可以点赞。微信朋友圈原来可以发布 10 秒小视频，但因视频不可编辑，视频质量整体较低。微信短视频功能的推出，是对朋友圈小视频的补充，同时也方便跟随火热的短视频大势，以更符合用户需求的可编辑视频形式，助力微信社交内容的多样化。

以上内容是微信已经发展成熟或还在不断完善的功能，代表了微信建立的不同方向的生态。从整体来说，微信已成为超级 App，包含了社交、资讯、购物、游戏、服务、支付等方方面面。微信以其强大的产品能力,成为人们日常生活中不可或缺的一部分。

2)微信的营销功能

从营销者的角度来看,微信是一个拥有多重"身份"的"人",了解它的多面性,有助于更好地掌握微信营销的技巧。

(1)微信是企业的"形象代表"。对于企业来说,微信的主要任务就是彰显企业品牌文化。有时候,它还要站在官方立场发布一些重要决策,因此要以庄重、正式等基调为主,避免哗众取宠。

(2)微信是企业的"公关代表"。微信除了承担向客户推送产品信息、与同行合作互推、开展营销活动等任务,还可以在企业遇到突发事件时担任"公关代表",及时采取有效的应对措施。因此,营销者要具备敏锐的市场洞察力、强大的执行能力,这样才能充分发挥微信的公关价值。

(3)微信是得力的"行销专员"。微信能够实现发布广告、扩大产品宣传等营销目的。鉴于此,营销者可以借助微信平台展开多种营销活动。

(4)微信是企业的"售后服务专员"。利用微信的功能,营销者可以解决客户的问题、搜集客户反馈等;还可以通过微信平台建立良好的客户关系,这对企业的长远发展具有重要意义。

(5)微信是企业的"行政部经理"。微信对传播企业文化具有重要影响。另外,营销者也可以借助企业周年等特殊日子开展营销活动,使客户主动融入企业文化。

(6)微信是企业的"数据管理员"。微信可以为企业建立客户数据库。营销者可以对后台数据进行统计分析,维系现有客户并发掘潜在客户,打造庞大的客户群。

(7)微信是企业的"客座讲师"。微信能够凭借精彩的评论分析,为企业吸引一大批关注者。此外,营销者若能在微信平台上分享一些企业、品牌背后鲜为人知的小故事,那么不仅能让品牌形象深入人心,还可以增加客户的黏度。

这些都是微信潜在的营销"身份",也是其基本营销功能的体现。用营销者的眼光看待微信,那么在移动互联网日益发展的今天,微信将成为培养客户、抢占市场的得力助手和低成本营销的利器。

3.1.2 微信营销的定义与特点

伴随着微信的火热发展,兴起了一种网络营销方式——微信营销。微信营销是网络经济时代企业或个人营销模式的一种。微信不存在距离的限制,用户注册微信后,可与添加成功的"通讯录"中的"朋友"建立联系,用户可订阅自己所需的信息,企业或个人通过提供用户需要的信息推广自己的产品,从而实现点对点的营销。

1. 微信营销的定义

微信营销是以微信为传播媒介的营销方式,其主要目标群体是广大的微信用户,结合了线上的病毒式营销和线下的广播式营销模式进行营销。微信营销主要体现在以安卓系统、苹果系统的手机或者平板计算机中的移动客户端进行的区域定位营销,企业通过微信公众平台展示企业微官网、微会员、微推送、微支付、微活动,已经形成了一种主流的线上线下微信互动营销方式。

2. 微信营销的特点

1）点对点精准营销

微信拥有庞大的用户群，借助移动终端、天然的社交和位置定位等优势，每个信息都是可以推送的，能够让每个个体都有机会接收到这个信息，继而帮助商家实现点对点精准化营销。

2）营销形式灵活多样

微信营销方式众多，主要得益于微信软件丰富的功能，摇一摇、附近、二维码、公众平台和开放平台都可以成为微信营销的途径。

> **小常识**
>
> 无论何时，我们都应该用客观的心态看待新事物的发展，根据自身的实际情况理性分析利弊。可以从以下方面判断是否适合进行微信营销。
> （1）微信会不会提高产品购买率？
> （2）微信能不能增加老客户的忠诚度，同时带来新客户？
> （3）微信会不会简化运营流程，节约成本？
> （4）微信能不能完善客户管理机制，有效改善运营体系？
> （5）微信会不会增加品牌宣传力度？
> 可以说，只要其中一个问题的答案是肯定的，就能够进行微信营销。

3）强关系的机遇

微信的点对点产品形态注定了其能够通过互动的形式将普通关系发展成强关系，从而产生更大的价值。互动可以是解答疑惑，可以是讲故事，甚至可以是普通聊天，企业可以用一切形式与消费者形成朋友关系，赢得消费者的信任。

4）病毒式营销

病毒式营销是一种建立在用户关系上的、利用口口相传实现品牌传播目的的营销模式。微信用户数量急剧增加，形成了规模庞大的交友圈。利用这一特点，营销人员在自己的公众平台上给关注用户提供足够有价值的资讯和服务，在关注者中形成良好的口碑，塑造良好的品牌形象。关注者会成为所关注品牌的忠实粉丝，并在自己的朋友圈里向其好友推荐品牌，以帮助品牌营销人员实现品牌营销的目的。

> **小常识**
>
> 对于用户来说，好的营销工具很重要的一点就是全能。怎么做才能满足不同场合、不同行业、不同情景的营销需求？这是每个营销工具的产品经理都需要思考的问题。

对于微信营销来说，需要企业一步一步地构建稳固的粉丝群体。微信的价值是稳步实现的，投机取巧只会失去未来的市场。只有经过用心构建的微信营销，才能为企业带来巨大的商业空间。可以假设，企业微信的粉丝都是企业最忠实的拥护者，他们对企业的关注就是希望企业能够为其提供最具价值的产品，而这些经过选择的粉丝，在传统营销中是很难获得的，这就是微信营销的价值所在。

3.1.3 微信营销的价值与要点

1. 微信营销的价值

微信具备较高的营销价值,这意味着微信有非常强大的商业营销功能与潜力。首先,其信息传播成本低廉,用户针对性强。其次,微信具有较好的互动性,能实现企业与员工、用户之间的互动。再次,微信支持传播内容的多媒体化,兼容图片、文字、声音、动画、视频、H5页面等多种媒体形式。微信的优势众多,个人和企业可以对其有效利用,从而为用户传递有价值的信息,提高营销的效果。

1)创建稳固的客户群

在移动互联网时代,"互动"是营销的必要手段,只有和客户建立关系,了解客户的需求,营销之路才能走得长远。众所周知,微信走的就是"社交工具"的路线。这一基本功能恰好体现了它最大的营销价值:真正实现与客户一对一沟通,而且私密性极强。营销者若能够合理运用这一功能,完全可以通过微信创建稳固的客户群,为自己奠定坚实的营销基础。

2)主动营销

微信营销消除了客户对传单营销和被动营销的反感。很多客户对广告和营销具有抵触心理,而微信营销主要是通过建立特定的信息传播形式,并确定传播对象后才实施推广的,在产品的推广过程中,由于受众多对此类产品感兴趣,具有主动性,因此不会引起反感,这种关系在产品的推广中更加高效与实用。

3)品牌传播

微信营销的到达率高、曝光率高。借助智能手机的社交和位置定位等功能,企业可以通过微信将每一条信息推送给手机终端用户,能够让每个拥有手机的人都能接收到信息,从而实现100%的到达率。微信平台可以使企业在短时间内提高知名度、关注度,为企业提供与用户进行直接沟通的渠道。例如,通过一对一的沟通,企业对用户提出的不同问题进行有针对性的解答。这种互动式沟通不仅有效地帮助用户解决了问题,也使企业短时间内在用户心目中树立了良好的形象,从而提高了企业的知名度。

4)裂变效应

微信的社交分享功能使用户在朋友圈分享的内容可以向所有微信朋友展现,用户间的相互转发形成裂变效应。微信的裂变效应是以强关系营销为基础的一种扩散式传播,当一个用户在微信上发布信息时,他的微信朋友是能够看到的,而若该朋友选择转发,那么该朋友的微信朋友又能看到,这一定点扩散式转发所产生的影响不可估量。例如,当某一位用户接受并认可企业推送的某一条信息时,他可能会转发并进一步将其分享到自己的朋友圈,这样他的微信朋友就可以看到这一信息,同样,如果他的这些朋友也认可这一信息,也会将其转发到自己的朋友圈,让更多的朋友看到。以此类推,通过一级一级的转发分享,信息在短时间内裂变传播。一般来说,一条具有较大商业价值的信息能够在较短时间内传播给不同层次的受众。

对于营销者来说,只有将产品信息在更大范围推广出去,才能够达到理想效果,驱动微信用户购买产品。比如一条信息通过人际传播的推动,通过朋友间的互相分享,传播速度极快,也许会在短时间内被转发几千次,完全符合广告广泛传播的特点,可在一定程度上增强宣传效应,提高营销效果。

5) 抢占市场份额

信息的快速传递有利于企业抢占市场份额。相比于宣传单、海报等传统宣传手段,作为即时通信工具的微信,其营销的时效性更强,它充分利用大众的闲散时间,实现了碎片营销。因为微信满足人们随时随地使用的功能要求,方便用户利用时间,所以企业利用微信开展促销等活动完全符合消费者使用手机的习惯,也最大化地利用了手机用户的各种零散时间。例如,商家在市场营销活动中,利用微信进行信息的传播,对营销活动予以配合,就能够更加成功地推广产品。再者,商家可以通过开展用户转发微信即可兑换积分、用户根据转发资料换取礼品等活动,将产品销售信息进行更为广泛的宣传,以便更多消费者获取信息,产生购买欲望,从而将产品推销出去。

6) 客户实时沟通

商家使用微信能够很轻松地与潜在客户进行互动,且不受时间与空间的限制。当客户使用微信平台进行咨询时,不论是人工微信客服还是微信后台的快捷回复,都能实现实时沟通,提高信息交流的互动性,这样能够更好、更及时地对客户的疑问进行解答,促进成交。同时,这种交流方式也大大减少了商家和客户之间的距离感,让彼此之间的沟通更近了一步,更像"老朋友"之间进行沟通,减弱了商业气息,更容易获取客户的信赖。微信营销方式攻克了传统营销方式被时间、地点、设施所束缚的难题。

7) 开发新客户

微信通过绑定 QQ 号码、手机号码的方式将朋友都聚集在一个圈子中。同时,其还通过推荐"可能认识的人"扩大朋友圈,此外,微信也可以通过"附近"功能、扫二维码、"摇一摇"功能、用户相互推荐等将陌生人吸纳进来,商家可以凭此不断添加关注者,快速开发新客户。除此之外,商家也可以通过公众号和朋友圈定期进行产品推广,挖掘潜在客户。采用轻松活泼的方式推介产品,往往更能引起客户的关注。

8) 低投入、高收益

广告向来是营销过程中不可或缺的一环,其费用往往很大。有时候广告虽然做得好,但是推广效果和收益并不理想,而微信则消除了这一弊端。在微信上有多种广告形式供选择,如文字、图片、图文混搭、视频、语音等,只要消耗一点流量,商家就可以将这些广告精准地投放到用户的手机上,用最少的投入实现最高的广告曝光率。不仅如此,微信简单实用的功能还大大降低了技术要求,让大众也能轻松实现低投入和高收益。

2. 微信营销的要点

微信营销带来了移动互联网时代的营销革命,它凭借广阔的发展空间、强互动的信息交流以及方便实用的顾客体验让营销者尝到了甜头。有了微信的助力,很多企业的业绩都会在短时间内快速翻番。微信营销的传播率很高,影响很大,传播面广,传播时间快……它所传送的信息和发送的短信一样,可以直接到达用户手机,用户可百分之百地看到这些信息。因此，企业在进行微信营销的时候，切记不可盲目，要遵循技巧，为用户提供价值，而非简单地吸引人的眼球。

1）内容为王，结合企业特点做好内容定位，提高用户的黏性

任何竞争，如果要赢，就一定要避免与强大的对手在同一领域做同样的事。在没有绝对优势的情况下，特点就是最大的筹码。

企业开始进行微信营销之前，首先，应做好企业定位，一个有特点的企业才具有吸引精准客户群体的特质，进而针对这个客户群体所进行的营销才有可能成为有效营销。其次，内容的定位应该既能够从企业的特点出发，又能够从用户的角度考虑——因为微信不是为企业服务的，而是为用户服务的，这一点很重要。用户只有从企业的微信中获得想要的东西，才会更加忠实于企业，使企业的营销在潜移默化中实现。

因此，向用户推荐有价值的内容，让每一次推送都能够被欣然接受，这就是我们所说的"内容为王"。

2）内容推送避免狂轰滥炸

对于微信与微博，用户订阅的优势在于自由取舍。目前很多微信推送都采取每日一次的频次，而大多数用户都不可能实现对一个订阅号的每日一读，因此还需要重视推送时间、频率和形式等。

（1）关于推送时间：推送时间要固定，时间固定了，粉丝才会形成阅读习惯。目前，许多公众号都会从下午开始，在晚上八点之前发送信息，而且目前微信已经取消了发送信息时的提示音，用户可以在闲暇时间查看信息，而不是只要被提示就要去看，这样就不会产生逆反心理。

（2）关于推送频率：建议一周不要超过四次，每日一推一般很难保证内容的精确策划，而低质量的内容高频次地出现在用户那里，很有可能使用户取消对账户的关注；当然，内容太少了用户也会觉得无趣，因此，把握好度很重要。

（3）关于推送形式：建议推送形式多样化。微信内容不一定都是图文专题式才好看，也可以选择一些短小精彩的纯文本形式与图文专题进行穿插，关键在于内容能够引发读者的思考或者共鸣，形成良好的互动效果。这样既能实现与用户的互动，也有助于更好地了解用户，实现更好的内容策划。

3）沟通是灵魂

> **小思考**
>
> 初创公司没钱、没人、没资源，怎样选择合适的平台做营销？说说你的看法。

微信是一个沟通的平台，互动是必不可少的。微信公众号要适时地进行人工互动，而不是简单地自动回复。有很多用户会主动与其关注的公众号互动，如果多次收不到回复，一般就会取消关注。因此，沟通是微信营销的灵魂。

4）建立丰富易查的关键词回复系统

微信消息太多，有些内容就会被覆盖，因此有一个丰富易查的关键词回复系统是非常重要的。这一功能可以方便用户查找所需要的信息，增强互动性。

5）线上与线下相结合

线上与线下活动相结合可以培养粉丝的忠诚度，同时也可以让这些公众平台更接地气，真实而富有亲和力。

案例 3-1

王老吉《我的回家路》

3.2 微信公众号营销、运营与策划

微信公众号是在微信公众平台上申请的应用账号，微信公众平台是腾讯公司开发的功能模块，是当今新媒体营销宣传的常用平台。通过微信公众平台，个人和企业都可以打造自己专属的特色公众号，在公众号上可以通过文字、图片、语音、视频等形式，与特定群体进行全方位的沟通和互动。

小思考

怎样设置自己的微信公众号？

微信公众平台为营销提供了方便，但是优质的营销效果离不开公众号的良好运营，只有在某一行业中有热度、有影响力的公众号才具有真正的营销价值。

3.2.1 微信公众号内容运营

微信公众号的内容运营主要是指通过图片、文字、音频、视频等形式，采用创作、采集、编辑等手段生产内容来满足用户的需求，达到吸引并留住用户、为产品或品牌带来商业转化的目的。

1. 内容产出模式

微信公众号的内容产出主要有以下 3 种模式。

1）原创

原创即独立完成的创作，而非改编、翻译、注释、整理他人已有创作而产生的作品。能够持续输出原创内容的微信公众号是很不容易的，需要运营者在不同的选题下创作新的内容。正因为如此，微信公众平台很早就推出了原创保护机制。如今，各内容平台流量之争的思路也已经落点到对优质原创者的争夺。

2）转载

能够写出高质量原创内容的运营者是少数，很多微信公众号运营者会选择转载一些与自己定位相关的内容，这种模式也是可取的，但是要学会用正确的流程进行转载。

如果该微信公众号中已经注明了明确的转载格式，那么按照要求即可转载。如果没有

找到转载声明,可以在微信公众号的后台或者评论区留言,说明转载需求,等待回复。

如果想要转载的内容没有注明作者,可以通过百度、搜狗等平台搜索关键词,查找作者的微博、知乎、微信等联系方式,争取得到授权,这是对原创作者的尊重,更是一个新媒体运营者的操守,也是为避免版权纠纷而提前消除隐患的行为。

获得转载授权后,自己的微信公众号会在通知中心收到消息提醒。

3)约稿

约稿和转载的区别在于:转载是把内容创作者已经创作完成的文章或其他形式的作品直接进行发布传播,而约稿是内容创作者根据运营团队提出的创作要求完成原创文章或其他形式的作品。

如果运营团队自身不具备某个类别的内容创作能力,可以主动邀请擅长创作该内容的创作者进行约稿,类似于杂志社找特约专栏作者进行约稿。为了促成合作,要说明合作可以为对方提供的价值,如对作者的曝光、稿酬的提升等。达成合作后,可以签署正式的合作协议,以此约束双方履行合作事项。

2. 内容创作技巧

1)选题发散技巧

要想获得源源不断的内容选题灵感,有以下7个常用的方法。

(1)用户需求分析法。用户需求分析法是指通过客服、销售等经常与用户一线接触的岗位人员收集用户高频的困惑、诉求、咨询,如表3-1所示。

表3-1 收集用户需求

有哪些相关困惑	有哪些相关诉求	有哪些相关咨询

表3-1所示为内容的前端需求,选题的灵感应以这些需求为出发点,按表3-2中提示的选题形式创作内容。

表3-2 不同选题形式举例

选 题 形 式	举 例
行业新闻	行业内的热点消息
深度解读	能抓住用户眼球的干货
名家视点	邀请名家就某些事情发表观点
达人专栏	就某一主题进行专栏连载
活动消息	给订阅者活动福利或优惠
在线调查	了解用户对某些话题的看法
在线访谈	在线和用户进行深度互动
产品推介	向用户介绍产品
企业文化	丰富有趣的企业内部文化可以吸引更多人才加入
生活技巧	有趣实用的技巧背后是要刺激用户对产品的兴趣

（2）搜索查询法。搜索查询法是指在知乎、百度知道、百度经验等平台上搜索相关的关键词，查看关注度、热度较高的相关问题，获取选题灵感。

（3）九宫格思考法。九宫格思考法即曼陀罗思考法，是一种图形化的思考和记录方法，其被系统化利用之后，成为很好的计划、思考工具，运营者利用它可应对学习与工作中的各项疑惑，开发创意，使灵感不断涌出。

例如，要做一个关于美食的微信公众号，在九宫格中把“美食”作为关键词放在中间，向外扩展 8 个联想到的词。填写时不要受任何限制，可以发动集体的力量，甚至可以把九宫格周围八个格子的想法继续向外扩散，这样一来，通过这 8 个关键词可以联想到更多的关键词，从这些关键词可以延伸出很多有趣的选题。

不同主题还可以进行碰撞，如这个美食定位的账号要做与西安相关的选题，就先以“美食”和“西安”为中心分别画一个九宫格，如图 3-3 所示。然后随意从“美食”的九宫格中挑选一个词，再随意从“西安”的九宫格中挑选一个词，将两个词碰撞结合出一个新的选题。例如，利用“小吃”和“丝绸之路”可以创作出《沿着丝绸之路的小吃大全》的选题；利用“食谱”和“秦始皇”可以创作出《秦始皇的食谱》的选题。

舌尖上的中国	食谱	妈妈做的菜
营养	**美食**	火锅
减肥	小吃	甜点

秦始皇	历史	兵马俑
丝绸之路	**西安**	西安交大
阿房宫	秦腔	大唐芙蓉园

图 3-3　九宫格思考法

（4）横向、纵向、深向延伸借鉴法。如果看到一篇阅读量很高的文章，想借鉴其思路，获取灵感，可以从横向、深向、纵向 3 个维度进行延伸扩展。

① 横向：同类型的、类似的选题。

② 深向：对同选题的继续深挖，以便创作出更具深度和高度的内容。

③ 纵向：与其他选题碰撞，以便找到另外的跨界角度。

例如，有一篇名为《目录页万能设计公式，任何 PPT 都适用》的爆款文章，如果以这篇文章为借鉴对象，可以向以下选题延伸。

横向延伸——《封面页万能设计公式》《转场页万能设计公式》《结束页万能设计公式》等。

深向延伸——《如何制作学术风目录页》等。

纵向延伸——《跟网站学目录页设计的公式》《从地铁海报学目录设计的万能公式》等。

（5）话题搭载法。广义的话题包括新闻、热点信息，具有未知性和爆发性。运营者要借势突发话题进行营销，需要具备迅速反应、迅速执行的能力。

由于热点新闻具有超高的话题关注度，是天然的传播载体，因此一旦发生了引起公众关注的事件，就会引发各品牌的营销狂欢，也成就了不少经典案例。新闻经常是突发的，而追热点做营销拼的就是速度，这也给运营者带来了时刻都得工作的烦恼。

"蹭热点"一般来说要从产品的功效、历史、竞争对手、代言人、合作伙伴等寻找角度与热点新闻契合，这就要求运营者熟悉查找热点的渠道。常用的渠道有百度搜索风云榜、新浪微博热门话题榜、搜狗微信搜索以及凤凰网、网易新闻、今日头条、一点资讯等新闻类门户网站。"蹭热点"时不能牵强附会，更不能低俗投机。

（6）时间地图选题法。一个合格的运营者需要制作属于自己的节假日话题地图。节假日包括法定节假日、国际纪念日、民俗节假日、本地文化节等，在相应的日期后写好常规的结合手法、选题规划，不但可以备不时之需，还可作为新人上岗的第一手培训资料。

（7）团队作战法。粉丝量级比较大的新媒体品牌的内容通常不是一个人完成的，而是团队作战的结果，如秋叶PPT在微信公众号的推文就是由团队成员共同创作完成的。

在一个体系下进行团队协作，运营者应经常总结写作技巧，结合成员各自擅长的方面，将写作任务进行合理分工，从而提升成员的写作能力，达到持续创作输出的目的。

在团队创作过程中，遇到阅读量大、传播量广的文章要及时存档，建立选题范例库。一方面，方便内容运营者及时查阅和互相学习；另一方面，由于运营者存在一定的流动性，一个新人想要快速熟悉企业的内容运营，就需要在短时间内看到每一种选题的范例和注意事项，存档文章可以作为一手资料。

2）内容创作类型

确定了选题，接下来就要确定具体的推送类型。目前常见的类型有以下7种。

（1）教程型。这类文章的作用是教会用户某一种技能或解决某一个问题，主打实用价值。好的教程型文章会得到用户自发的转发和收藏，并吸引用户长期关注该账号。例如，职场类公众号"秋叶PPT"每周都会发布关于PPT、Word、Excel等办公软件技能操作的教程型文章。

（2）故事型。故事型文章一般以叙述见长。小说类、传记类、报道类、历史类等内容经常使用讲故事的方式吸引用户，一般用诙谐幽默的讲解方式更能引起用户的点赞与转发。故事型文章的常见题材为历史人物和事件，或者当下社会知名人物的成长经历、组织机构的发展壮大、文化流行的起源和发展过程等。

（3）观点型。观点型文章就是通过文章向用户传递自己的观点、评价、态度，一般具有鲜明的立场和个人风格，涵盖面比较广泛，从对新闻事件的解读，到对热门电影的评论，再到对商业经济的看法等，这也是大多数自媒体主要的内容创作类型。一般这类文章结合热点引起的话题效应会被广泛传播，有一定粉丝基数的自媒体人发布观点型文章会更容易引起用户讨论和转发。所以，观点型也是追热点最常见的一种内容类型。

（4）整合型。与观点型文章传递个人立场和价值观不同，整合型文章没有明显的主观判断，更多的是搜集并整理某一类与主题相关的内容。这种类型的文章常用于推荐类内容，如推荐假期书单、电影清单，以及家居百货、服饰鞋包、化妆护肤等物品。此外，还有一些内容是对诗歌名句、名言警句等的搜集分类。

（5）广告型。广告型文章的目的很明显，即广而告之，促进用户产生购买、报名、转发等行为，以此达到盈利或者传播的目的。目前比较常见的广告型文章有两种，一种被称为"硬广"，另一种被称为"软广"。其中，"硬广"一般是纯粹介绍产品或者优惠信息的，而"软广"要结合某一种类型的载体，如教程或故事，巧妙地将广告植入文章。

（6）UGC型。用户生成内容（user generated content，UGC）的本质是促使用户真实地表达情感并与他人进行交互。UGC型文章主要是引导用户输出内容，需要内容运营者制造话题，抛出容易产生共鸣、能引发讨论的问题，引导用户在评论区进行留言讨论，而用户查看此类型的文章也主要是看其后的留言而不是内容本身。有的账号经过精心运营，甚至可以打造出"评论比内容更精彩"的效果。

（7）资讯型。资讯型文章一般是向用户传达某个信息，这类文章在企业、机构、学校、部门类的账号中比较常见。这些账号主体发布的资讯型内容一般是关于活动介绍、事件通知及政策传达的。

值得注意的是，在对一个创作内容进行类型划分时，不总是只有固定的一种类型，有可能同时涵盖两种类型，如有的教程型内容在讲解案例或介绍产品时植入了和品牌相关的信息，这样的内容既是教程型的，又是广告型的。

3）素材制作技巧

确定内容的选题和类型后，接下来开始收集、整理素材，为后面的排版做准备。素材的收集和整理有以下常用技巧。

（1）建立自己的素材库。在编辑微信图文的时候，有些运营者可能习惯了临时写内容、找配图、找背景音乐和视频，但是这样找素材每次都会浪费很多时间，所以最好认真建立自己的素材库。

一些高频使用的素材库还可以建在微信后台，特别是常用的图片，可以在微信后台的素材库里建立常用图片分组，这样在使用时无须每次上传便可以直接从素材库导入。

（2）常见的素材收集网站。常用的高清图片收集网站有LibreStock、花瓣、站酷、全景。常见的GIF动图收集网站有Giphy、堆糖、狐图、Golden Wolf等。

常用的内容收集网站有搜狗微信搜索、新榜（这两个网站会提供微信热搜文章，也会有热点推荐，在根据热点写文章时可以搜索借鉴）等。同时，还可以去微博、简书、豆瓣等网站搜索文字类素材，可以去今日头条、网易新闻等网站搜索新闻热点。这里需提醒的是，如果图片、文字等素材涉及版权问题，要注意其使用说明。

（3）常见的素材制作工具。微信官方对原创内容的保护力度越来越大。微信公众号运营者使用素材时也应该尊重版权。要合理地使用素材，有些素材完全免费，有些素材使用时需要标注来源，有些素材是允许个人和非商业使用的，运营者需要遵循相关的协议。

为了规避风险，寻找素材不如创造素材，如拍摄是创造图片素材的一个好方法，运营者使用自己拍摄的图片无须担心版权问题。现在的图片后期处理工具很强大，甚至用手机就可完成精美的图片拍摄和处理。常用的素材制作工具有PPT、画图、美图秀秀、创客贴等。

4）内容策划清单

综合以上讲解，可以得到如表3-3所示的内容策划清单，运营者可以在正式创作内容前勾选或填写，确定大致的创作方向，做到心中有数，减少返工风险。

5）建立检查机制

内容创作并不是制作完内容就结束了，还要进行检查，尤其是检查内容中是否有错别字。运营者可以组建"检查团"，团队成员一起检查内容有没有错误、疏漏，也可以组建一个集思广益的"智囊团",在确定选题、选标题的时候发挥群体智慧,进行头脑风暴。

表3-3 内容策划清单

选题	需求分析	用户有哪些困惑?		
		用户有哪些诉求?		
		用户有哪些咨询?		
	搜索查询	知乎		
		百度知道		
		百度经验		
		百度指数		
		……		
	曼陀罗思考法			
	爆文借鉴	横向延伸		
		纵向延伸		
		深向延伸		
		常规	热门电影	
			重大赛事	
			产品发布会	
			……	
		突发	新闻热点	
	时间地图选题法	节假日/纪念日		
	团队作战法	建立选题范例库		
类型		教程型		
		故事型		
		观点型		
		整合型		
		广告型		
		UGC型		
		资讯型		
		其他型		
形式		音频		
		文字		
		图片		
		视频		
		图文		
素材	图片类	截图		
		相片		
		GIF		
	多媒体类	音频		
		视频		

续表

素 材	文件类	文档	
		文件	
		……	
方 式		原创	
		转载	
		约稿	

3. 内容传播技巧

微信内容传播常用的技巧有以下几种。

1）通过优化标题提高打开率

（1）抛出问题。抛出问题不是简单地将陈述句变成疑问句，而是发现用户隐藏的真正需求，在问句中暗示文章内容可以为用户解决什么问题。在高点击率的标题中，"什么""如何""为什么"等都是高频词，如《职场新人必读：为什么老员工不会来教我？》。

（2）结合热点。结合热点就是利用名人效应、热点新闻引起用户兴趣。

（3）对号入座。用户能够通过与标题相关的词语对号入座，如《PPT高手必备的10个神器，你知道几个？》。

（4）善用数字。除了从用户心理出发，在标题的修饰上，还可以用数字来增加标题的吸引力，如《90%营销人写文案前犯的第一个错误》就比《大多数营销人写文案前都会犯的错误》更加直接、明确、吸引人。常见的"必备的十大网站""必读的100本书""必会的20个技巧"这一类标题，一般能吸引大量用户。

（5）利用符号。这里的符号并不是指标点符号，而是指具有鲜明指向性的人名、事物名等，如《互联网企业都盯上了人工智能》换成《苹果、谷歌、阿里巴巴……都盯上了人工智能》之后，表达变得更清晰、明确。

（6）巧设悬念。如果文章要点在标题里已经全部讲清楚了，用户查看文章的欲望就会大大降低，所以可以留点儿悬念，如标题《国际足联世界杯冠军德国：认真是一种可怕的力量》改成《德国人！只因简单的两个字，便拥有可怕的力量》，用户就会有强烈的好奇心。因此，一篇文章的标题要设置"好奇心的缺口"营造悬念，激发用户强烈的兴趣。

无论采用哪种方式优化标题，都要谨记不要变成"标题党"，不要让标题与内容不符。

2）通过换位思考提升转发率

微信公众号内容并不是有趣、实用、温情这些简单的标签可以概括的，能否引起用户转发的关键是内容能不能体现转发者的境界和品位，也就是说，能不能提高转发者本人的格调或态度，这才是用户转发的主要动力。因为用户在社交媒体上总是把自己构建为自己希望成为的人，每一次转发都是为了接近自己所期望的那个形象。

因此，转发与评论、点赞、收藏是有本质不同的，其核心是可以帮助用户进行"形象补充"，用户通过所转发的内容向外界展示自己的兴趣爱好、价值观、世界观，或者借助所转发的内容表达自己的观点、立场和态度。

很多在朋友圈中"刷屏"的文章往往说出了用户一直以来想说的内容。因此，运营者在写文章的时候，要尝试站在用户的角度想一想：如果我是用户，我为什么转发？这篇内容可以帮助我表达什么?

3)通过无缝嵌入链接提高阅读量

嵌入链接指的是在文章中合适的地方利用超链接功能插入往期优质文章链接,通过吸引用户点击超链接提高其他文章的阅读量,这样可以在文章之间建立链接,产生联动效应,从而提升阅读量。

4)通过朋友圈矩阵提升阅读量

每一个微信个人号都相当于一个有成百上千个真实粉丝的微博账号,一旦一篇文章被拥有大量好友的微信个人号转发了,如果微信好友有交集,这篇文章就能在微信好友的朋友圈中"刷屏"。一旦一篇文章开始反复地出现在用户的朋友圈中,哪怕用户一开始并不准备看它,但是看到朋友圈里面反复出现这篇文章,标题也非常吸引人,就会忍不住点开,如果发现文章质量还不错,就会继续转发。其实很多爆款文章都是通过有众多微信好友的微信个人号转发到朋友圈,从而不断传播的。这些拥有大量好友的微信个人号有以下来源?

(1)与外部资源交换。外部资源指的是其他微信公众号运营者、小范围内有知名度并且微信好友达到几千人的微信个人号拥有者。对于这样的微信个人号,运营者要有意识地去结交,甚至建立微信群组,当对方需要转载特定文章传播内容的时候,主动帮他转发到朋友圈,达到相互传播的目的。逐渐形成朋友圈矩阵。

(2)有意识地为微信个人号"增粉"。与外部资源交换的弊端是:大家所处的专业领域不同,有些人覆盖的人群很可能并非微信公众号的目标人群,这就会造成无效传播。同时,若这些微信个人号没有足够的利益驱动,统一进行转发的难度较大。

如果在运营微信公众号的同时,有意识地给内部人员的微信个人号"增粉",这样建立的内部转发朋友圈矩阵的用户覆盖会更精准。假设有一场500人的分享,那么通过一次活动就可以让一个运营者的微信个人账号好友数增加500人,开展10次这样的活动,微信好友就可以达到5000。除此以外,还可以通过在微信公众号的关注语、文章中留下运营者的微信个人号实现快速"增粉"。

因此,在运营微信公众号的时候,不仅要关注服务用户,也要注重对内部运营者的培养。要扶持内部运营者,帮助他们打造微信个人号,形成稳定的朋友圈矩阵。

5)通过社群运营提升阅读量

除了可以通过朋友圈转发提升阅读量,还可以通过将文章链接转发到微信群、QQ群的方式,让群内的用户点击阅读、转发以提升阅读量。为了让群内转发更加有效,可以通过发红包的形式提高当前群的活跃度,让用户关注转发的文章。

3.2.2 微信公众号用户运营

微信公众号运营的价值取决于用户数量和用户价值。用户运营的工作主要分为拉新、促活、留存和转化。拉新就是我们常说的"增粉",也就是增加用户量。后三者则是为了提升用户价值,促活是让留下来的用户活跃起来,留存是把新增的用户持续留下来,转化则是让用户付费,实现营收。

> **小常识**
>
> 现在有些公众号有评论的功能,运营者必须好好地利用,这个功能是提高与粉丝之间黏度的最好方式。有了评论功能以后,用户可以对一个内容发表自己的评价,这就很好地形成互动。

1. 获取微信公众号的目标用户

1)了解用户聚集区域

一般来说,可以通过以下几个平台或方法寻找微信公众号的目标用户。

微课:获取微信公众号的目标用户

(1)已建新媒体平台。企业官方网站、官方微博等区域会聚集很多精准的用户。

(2)用户属性相同的大体量公众号。可以寻找与目标用户重合度高且用户数量多的微信公众号进行合作。

(3)其他新媒体平台。真正熟悉新媒体运营的人都知道,要扩大影响力,在明确用户画像之后,多渠道覆盖进而获取大量用户是必经之路。

(4)地域聚合属性。如果用户群体具有地域聚合属性,一定不能忽略线下推广。例如,校园的学生群体具备地域聚合属性,所以秋叶团队积极开展线下讲座,提升在学生群体中的影响力,来参加讲座的学生更容易被转化成新的用户。

2)获取新用户的三大方向

知道了目标用户的聚集区域,接下来就要采取一系列运营手段进行"增粉"了。获取新用户采取的运营手段主要有以下3个。

(1)流量。直接通过导流获取用户。例如,购买微信广点通,在其他微信公众号中投放广告或者合作、投稿、互推。运营者最重要的工作就是知道自己需要什么样的用户,能吸引用户的载体是什么,只有这样才能优化导流的各环节,提高转化率。

(2)挖掘。微信生态中有大量可以聚集某一特征人群的方法,如通过线上主题微课将潜在用户挖掘出来聚集在一起,进而导入微信公众号。例如,微信公众号"运营研究社"在获取前1000名用户时,就曾经在其他微信公众号的社群做了相关经验分享,一场分享下来吸引了300个用户。另外,每一个人都有社交范围,运营者要善于挖掘老用户背后的用户群,在运营过程中通过策略让老用户通过一些裂变营销方式不断引进新用户。

(3)利益。直接通过利益引导用户关注或引导老用户带动新用户关注。例如,关注领取礼包或邀请好友关注可以获得课程免费名额、产品打折优惠等。

3)增加用户数量的八大实操技巧

(1)通过已建平台引流。早期的很多微信公众号之所以能够很快拥有大量订阅用户,是因为它们基本上都是通过之前建立起来的新媒体平台进行推广的,如官方网站、官方微博、知乎等。

(2)通过内部引导用户关注。所谓"内部",指的是图文内部环节设置,最常见的是在图文的开头和结尾提醒用户关注。另外,关键词回复、好评用户反馈、设置关注后留言等都是通过内部引导用户关注的有效方法。

（3）通过原创吸引用户。微信公众号在声明文章为原创后，如果将文章授权给其他微信公众号推送，可以在底部显示文章来源，用户点击可直接查看原创者的微信公众号，很多喜欢该文章风格的用户会沿着这个路径去关注原创者。

（4）通过场景增加用户数量。侧重服务的微信公众号，要结合业务场景为用户提供应用服务，用服务需求场景增加用户数量；侧重内容的微信公众号，要结合内容定位，培养用户习惯，用阅读习惯场景增加用户数量。

（5）通过老用户获取新用户。通过老用户获取新用户的方法主要有拼团和裂变两种。很多微信公众号在举办课程或卖产品的时候，都会设置一个"拼团价"，如三人拼团可以享受折扣，目的是让老用户在购买时可以带上新用户。裂变的一种方式是群裂变，用户通过扫码进入"预备群"，事先设置好的机器人发一段文字，告知用户如果想获取资源，需要先将一段文字和带二维码的海报分享到朋友圈或几百人的微信群，并且规定至少保留多少时间。朋友圈或微信群的人看到海报，进而扫码关注微信公众号，重复上述流程，形成裂变传播。

（6）通过活动增加用户数量。运营者找到聚焦区域并在明确满足用户需求方式的情况下进行利益引导，如用简历模板吸引求职大学生的关注，用母婴用品吸引妈妈的关注。

（7）通过合作增加用户数量。"互推加粉"是微信平台禁止的行为，但禁止的是以利益交换为前提、有恶意营销性质的微信公众号的互推行为。如果运营者在文章相关内容中诚意推荐或者在微信公众号矩阵之间趣味联动，则并不违规。

（8）通过外部导流。通过内部增加用户数量比较缓慢，大多数微信公众号增加用户数量的渠道是通过外部导流。常见的外部导流渠道主要有腾讯社交广告、门户类平台、论坛类平台、问答类平台、文库、网盘类平台、视频类平台、电子书平台、线上微课、直播、线下活动广告等。

2. 提高用户活跃度

微信公众号的用户数量增加之后，运营者必须采取运营手段提高用户的活跃度和黏性，也就是"促活"。常见的促活手段有以下几种。

1）签到和打卡

签到和打卡是许多微信公众号都会采用的运营手段。每日签到、打卡可以有效地提高用户活跃度和微信公众号中文章的打开率。

2）用户生成内容

用户生成内容既可以减轻微信公众号运营者的原创压力，又可以提高用户的参与度，满足用户的表达欲望。

3）回复评论

好的回复可以加强运营者与用户的联系，提高用户的参与热情。当用户看到有趣的回复时，会觉得这个微信公众号很有意思，从而增加对微信公众号的好感。有些微信公众号会在留言区为用户答疑解惑，让用户感到被尊重和重视，从而提升用户黏性。

4）建立用户社交

让用户与用户互动起来，能够满足用户的社交需求，本质上是一种社群社交。

5）奖励促活

一些微信公众号为了鼓励用户留言、生产内容，会给用户一定的奖励。例如，一些微信公众号经常在图文结尾处附上福利信息，鼓励用户留言，表示会在其中挑选出较为用心的用户送出礼物。

6）个人号促活

让用户添加运营者的私人微信，可以拉近用户与运营者的距离。只要运营者用心运营微信公众号，在微信公众号分享一些让用户觉得有用、有趣的内容，与用户互动，就能够增强用户对运营者的好感和信任感，提升用户对微信公众号的黏性。

7）星标促活

一个用户关注的微信公众号可能有几十甚至上百个。与普通公众号相比，星标公众号由于位于订阅号会话列表的顶端，用户打开其文章的概率会更高。此外，星标微信公众号，在订阅号消息列表中进行展示时，头条文章会以大图显示，与非星标公众号的小图相比更具视觉冲击力，也能提高用户打开文章的概率。

3. 持续留住用户

大部分用户很难对一个微信公众号保持长期关注。为了让用户对微信公众号保持长久的注意力，运营者除了创作好的内容，还要考虑服务、活动、社群等因素。

1）服务——用户需要哪些功能

有些用户关注一个微信公众号，并不是因为对它的内容有多大的兴趣，而是看中它提供的服务可以满足自己的需求。运营者做好用户画像，就可以了解用户具体有哪些需求，从而通过提供服务满足他们的需求，也吸引更多类似的用户来关注。

因为微信公众号的应用场景是根据原本用户或线下用户的需求设计的，不同的微信公众号所面对的用户不同，而用户需求不同，所以应用场景一般也不同。

例如，微信公众号"招商银行信用卡"的应用场景是根据招商银行信用卡用户在使用信用卡过程中的业务需求设计的；微信公众号"招商银行"的应用场景是根据招商银行一卡通用户在使用招商银行储蓄卡过程中的业务需求设计的，它们的应用场景是不一样的。

■ 课程思政

> 企业微信公众号充分掌握服务对象的实际需求，在坚持和弘扬社会主义核心价值观的前提下，深入用户日常生活，深度挖掘素材，写出用户喜闻乐见、易于共鸣的文章。同时结合企业特色和地域特色，树立优秀人物典型，充分发挥企业的示范效应。在微信号众多并且趋于同质化的情况下，内容丰富且突出特色、形式多样且符合阅读习惯是提高微信公众号吸引力的关键。

2）活动——给用户设计什么活动

为了增加用户数量或提高用户活跃度，微信公众号需要举办一些活动。有些微信公众号举办活动之后，虽然用户数量增加很快，但是用户流失也很快。因此，在举办活动的时候，运营者要考虑用户的留存问题，并通过一些运营手段减少用户流失。在做活动的时候，运营者要对微信公众号定位和用户属性有清晰的认识，要保证活动刺激的需求与产品满足的需求一致。例如，一个读书类型的微信公众号要做增加用户数量的活动，"送书""送Kindle"的用户留存率会较高。如果采用"送简历模板"等活动，虽然也有吸引力，但是吸引到的用户不精准，后续不可避免地造成相对更多的用户流失。

3）社群——承载用户的终极容器

网络营销的本质是要做容器，能直接产生经济行为的叫强容器，能间接产生经济行为的叫弱容器。例如，售卖产品的App就是强容器，很多微信公众号开设了微信商城，就是希望对接弱容器流量到强容器中进行销售。现在流行的社群运营也是一种强容器。微博、微信可以把潜在用户聚集起来，不过不管吸引多少潜在用户，其本质上只是一个导购路径，用户很难沉淀，运营人员创作的内容再好，在用户眼里也依旧是广告，是营销，这就是弱容器。

在强容器中，社群成员提出的问题、得到的解答、对产品的咨询等都是天然的、毫无广告痕迹的、较为真实的口碑。口碑就是广告，加上群体效应，会引起用户的冲动消费。

4. 实现用户消费转化

留存下来的用户只是流量，要创造价值，就必须把流量转化为收益。要实现消费转化，应注意以下几个方面。

1）了解用户的关注周期

一个用户持续关注一个微信公众号的周期一般为三个月，即微信公众号真实用户数量="铁杆"用户数量+最近三个月新增用户数量。

大部分微信公众号的"铁杆"用户不会太多，所以一个微信公众号的商业价值基本取决于其最近三个月新增用户的数量，而不是原始累积的用户数量，因为经过一定的周期后，原来的很多用户由于审美疲劳或内容趋同，渐渐地对该微信公众号失去兴趣。

2）掌握实现用户付费转化的技巧

要实现用户的付费转化，本质上需要提高用户的信任度，具体方法有内容转化、口碑转化、限时优惠转化、福利转化和社群转化。

（1）内容转化。例如，微信公众号"秋叶PPT"每天推送的文章末尾都会链接到与文章主题相关的课程进行导购。这不是最快、最直接的方式，但是长期下来，也可以保证较为稳定的用户付费转化率。而且，这种方式能够让用户感受到企业的内容和课程是有干货的，可以提高用户的信任度。

（2）口碑转化。对于用户来说，就算运营者把产品夸得天花乱坠，他们也会心存疑虑，认为是运营者"王婆卖瓜"。但如果有已经使用过产品的用户的评价，效果就完全不同了。使用过产品的用户与运营者没有利益关系，用户的信任程度会增加。口碑转化常见的方式有两种：一是直接在文章中加入使用过产品的用户的评价；二是直接让使用过产品的用户写文章，展示因为使用产品而获得的好处。

（3）限时优惠转化。"双十一""6·18"等电商活动创造高销售额的主要原因是优惠期间用户购买产品价格便宜，而且给用户考虑的时间很少，可以带动用户的冲动消费。

微信公众号的运营上也是同样的道理。常见的限时优惠有"限时打折""阶梯涨价"等。

（4）福利转化。在销售产品的时候赠送用户一些额外的福利，会让用户觉得物超所值，增加用户的付费意愿。

（5）社群转化。运营者将用户引导到社群，并在社群中与用户进行互动，会在无形中提高用户对运营者和产品的信任程度。此外，将用户引流到社群，能够更有针对性、更精细化地进行营销，甚至可以对用户进行一对一转化。随着移动互联网的发展及社群经济的崛起，目前用于社群营销的平台也逐渐增多，如知识星球、饭团等。

3）提高转化率

提高转化率的关键是简化流程，减少每一步跳转所带来的用户流失。广告营销行业有一个很成熟的分析模型——漏斗模型，通过该模型，运营者能够很直观地感觉到转化过程中每一步的损失，如图3-4所示。

> **小常识**
>
> 微信表情包营销。表情包本质上属于一种流行文化。依托于社交和网络的不断发展，人们之间的交流方式也出现了相应的改变，由最早的文字沟通到开始使用一些简单的符号、表情包，逐步演变为日益多元化的表情文化，使用一些自制的、有流行元素的图片进行沟通。

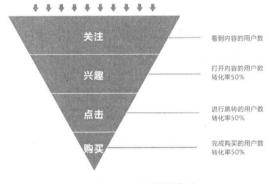

图3-4　转化率模型

根据漏斗模型，运营者可以模拟用户打开一篇微信公众号文章并完成购买的过程。假设把每一步的转化率设想为50%（真实情况下，每一步的转化率远远低于50%），可以得出最终的转化率为 50%×50%×50%=12.5%。也就是说，哪怕每一步都有50%的转化率，每1000个人阅读内容，也只有125个人完成购买。

为了减少用户流失，运营者需要精简流程，如在购买环节出现点击跳转链接加载过慢、购买步骤烦琐等情况，用户可能会放弃购买。

3.2.3 微信公众号活动运营

活动运营指需要运营者在一定时间内提升相关运营指标的、有目的的运营行为，涉及活动设计、资源确认、宣传推广、过程跟踪、效果评估、活动复盘等一系列流程。

1. 活动准备阶段

1) 活动目的

活动目的是活动策划的起点,是微信公众号运营者想要通过活动达成的最终效果。只有明确活动目的,才能保证后续实施过程不偏离初衷,有助于运营者利用现有的资源完成运营指标。

具体的活动目的需要根据实际情况确定,如果微信公众号刚起步,可以通过做活动增加曝光量,吸引用户关注;如果微信公众号已经具备一定的用户基数,可以通过做活动增强用户的黏性,保持用户活跃度,等到时机成熟,再通过一定的商业模式促使用户转化,促进产品销售;等等。

运营者在做活动前要想清楚 3 个问题:为什么要做活动?做什么样的活动?预计要达到什么样的效果?

2) 活动主题

活动主题就是常说的活动策划的"点子"。一个好的主题是活动的灵魂。活动主题是为了达成活动目的而制定的。确定主题以后,宣传就有了着力点,接下来的一系列活动都应以活动主题为线索,围绕活动主题展开活动与交流。在微信公众号活动中,活动主题往往直接体现在推文标题中。

3) 目标人群

运营者确定活动目的和活动主题之后,需要着手分析活动的目标人群,即哪些人更有可能参与此次或系列活动。对于不同的人群,运营者能引起他们参与的"兴奋点"是不一样的,如妈妈们一般特别喜欢分享关于孩子的事情,所以类似"最萌宝宝投票"之类的活动虽然老套,但对她们一般是有吸引力的。

4) 活动切入点

确定了活动的目标人群后,还要思考活动该从哪些角度切入。例如,结合时间节点、时事热点、基于产品本身的策划或者基于用户的需求和兴趣点等进行切入。

5) 活动形式

微信公众号的活动形式是指活动具体的创意表现形式,主要有投票、好友邀请、发红包、留言抽奖、答题猜谜、征文征稿、有奖调研等。

(1) 投票。投票一般是比赛制,通过设计物质或精神方面的奖励,吸引用户报名参加,然后利用微信公众平台自带的投票功能进行计票,根据最终票数决定获奖者,如"萌娃"比赛、员工评比、十佳歌手人气评选、最喜爱的老师等活动。

(2) 好友邀请。用户参与活动时,在活动页面输入个人信息,或直接通过"点击查看"的方式进入具体活动页面,用户想赢取奖品,就需要转发活动内容至朋友圈或微信群邀请好友助力。为了提高助力者的积极性,也可以让参加助力的好友抽奖,通过报名用户和其众多好友的关注和转发,达到为微信公众号"吸粉"或为其他平台引流的目的。

(3) 发红包。发红包是聚集人气的有效手段,也是对订阅用户的一种福利,有助于增强用户黏性。运营者一般会提前预告发红包类活动,并在活动周期的某个时间点发红包,用户可以通过在支付宝口令红包中输入口令内容,或者直接通过与微信平台相关的功能(如微信小程序）获取现金。为了控制成本，一般红包数量有限，抢完即止。

（4）留言抽奖。运营者根据当下热点、近期活动、时间节点等，准备一个互动话题，让用户在活动时间到微信公众号推文的留言区留言互动，运营者通过随机抽选或按点赞数排名等规则选取中奖用户。这种方式简单易行，可控性强，只要话题互动性足够强，用户的参与热情一般会比较高。

（5）答题猜谜。这类活动形式主要包括两种：第一种是运营者通过文字、图片或视频构筑谜题，用户将答案发送到微信公众号后台参与互动；第二种是运营者告知用户回复某些关键词，用户回复后可能得到运营者之前在微信公众号后台设置好的"彩蛋"。设置这类活动时要注意，谜题不能太难，否则参与门槛太高，用户容易产生挫败感。

（6）征文征稿。征文征稿的活动形式一般是微信公众号运营者设定主题，让用户进行创作。用户创作的内容可以在微信公众号中进行发布和推广，同时运营者会给予优秀作者一定的奖励。这类活动的参与门槛较高，适合用户质量和用户黏性较高的微信公众号。

（7）有奖调研。有奖调研的活动形式往往是运营者根据微信公众号的定位，有时需要结合合作方的需求，利用问卷星等第三方工具设置好调查问卷，号召用户参与并填写信息，然后通过随机抽取的方式选取中奖用户。这类活动形式可以激发用户的参与热情，增强其对微信公众号的黏性。

微信公众号的活动形式还有很多，并不局限于上述提到的方式，运营者平时可多留意、多积累，看到好的活动形式时积极思考如何才能为我所用。

6）活动设计

运营者设计活动流程时，既要考虑用户参与活动的便利性，又要考虑与幕后团队的协调沟通。

（1）针对参与用户。如果活动的有效时间、参与规则或抽奖的各种规则不清晰，用户就无法参与活动。常见的活动设计需要包括以下几方面内容。

① 参与方式：如点击"阅读原文"直达活动页面、在微信公众号后台回复某关键词、直接在留言区留言等。

② 活动时间：写清楚活动的时间区间，最好具体到分，可以用加粗、颜色提示等形式突出内容。

③ 奖项设置：明确设几个奖项、奖项的名称、奖品的获取方式等。运营者选择的活动奖品要切中用户需求，也要考虑活动预算，活动奖品最好能与活动主题产生关联。此外，获奖概率的设置要合理，概率过小，用户缺少参与热情，概率过大，获取用户成本太高。

④ 评奖规则：根据用户的思考路径，一步步引导用户完成设置好的活动。

⑤ 奖项公布：说明获奖名单公布的时间及领取奖品的时间。活动结束之后，运营者可以在微信公众号公布获奖名单，并且可以通过录制抽奖实况的视频等证明这是一个公正、透明的活动。

⑥ 领取方式：虚拟奖品可直接发放到获奖用户的微信钱包或卡券包，实体奖品需要获奖用户到线下实体店兑换，运营者应说明奖品是否包邮，等等。

⑦ 特别声明：防作弊说明、必要的活动提示。

运营者在设计活动流程的过程中，还需要注意：参与门槛要低、凸显用户利益、规则要容易理解、流程操作要简单。另外，微信公众平台一直重点打击诱导关注、诱导分享、欺诈等行为，为了更好地遵守微信公众平台的行为规范，运营者平时应多留意微信公众平台官方发布的相关说明。

（2）针对幕后团队。活动运营往往不是一个人就能完成的事情，策划一次活动可能会涉及设计、文案、开发、客服、财务等相关人员。

①设计：策划一场活动，往往需要专业的设计师设计活动页面。好的设计一方面有助于表达活动主题，吸引目标用户参与；另一方面有助于提升用户体验，并塑造品牌形象。

②文案：活动的标题怎样才能吸引用户，活动的方式怎样才会让用户一目了然，这些都是需要文案人员认真思考的内容。

③开发：微信公众平台官方只提供基础的信息编辑和信息推送功能，但大部分微信公众号活动会涉及特定的功能开发，需要专业的程序员或第三方接口参与制作，以实现微信公众号的个性化功能，支持活动的开展。跟开发人员沟通时，运营者要做到对活动页面的要求清晰、风险点清晰、监测指标清晰。

④客服：运营者可以在活动开始前给客服准备一份详细、标准的常见问题解答文档，帮助客服熟悉活动规则，以使客服能够快速解除用户在参与活动过程中产生的困惑。

⑤财务：微信公众号活动的顺利进行离不开资金和物质的支持，如奖品、宣传推广等，这就需要和公司的财务人员沟通。跟财务人员沟通时，运营者要做到对活动的成本预估清晰，对活动的收益效果明了。

运营者在进行人员安排时，一定要想清楚每件事情的负责人是谁，具体什么时候开始，什么时候结束。执行时可利用图表的形式让项目事项、预计时间和进展更清晰直观。

需要注意的是，运营者要尽可能地给相关负责人留出充足的准备时间，避免临时产生的大量工作让大家手忙脚乱甚至心生不满，从而不利于活动的开展。

7）活动预估

（1）活动成本预估。活动成本预估即活动预算，指活动开展过程中的各项费用，如宣传成本、单个用户获取成本、活动奖励成本等，运营者必须根据实际情况进行具体、详细的计算，并用清晰明了的形式列出。一般活动成本预估包含微信公众号日常维护费用、微信公众号推广费用和活动实施费用3部分。

（2）活动效果预估。不管是什么类型的活动，都需要运营者做一个保守的效果预估。无论是写在活动方案中反馈给企业管理者，还是控制预算，这都是非常有价值的参考指标。大体的预估流程是：运营者先核算大概有多少曝光量，然后按照以往经验估算保守的转化比例，进而预估活动效果。

（3）活动风险预估。活动上线前，运营者一般还要给出一份风险控制方案，即活动的后备方案。运营者需要把每一次的活动风险降到最低，这就需要未雨绸缪，列出活动可能会出现的风险点，根据每个风险点给出对应的备选方案。风险点主要从技术、推广、法律、微信规则、作弊漏洞等方面考虑。

8）推广渠道

活动效果如何，推广渠道也非常重要，运营者要在活动开展前将推广渠道确定好。活动的推广渠道一般分为站内渠道和站外渠道。站内渠道主要指产品的介绍和推送等，站外渠道主要指资源互换、媒体或商家合作、名人推广等。运营者可以将现有渠道进行整理，确定活动的目标人群后，结合自身已有资源及预算，评估各个渠道的推广策略，然后选择适合的渠道进行推广。

此外，推广时间和推广渠道是密不可分的。运营者确定渠道后，要根据渠道用户活跃时间进行推送。

2. 活动执行阶段

1）活动测试

活动上线前一定要进行测试，测试人群可以是公司内部员工。运营者不要想当然地认为用户都会按照自己之前设计的流程参与活动，不要等到活动开展起来后才发现功能开发不足、引导不足、链接错误等诸多问题，否则，导致的后果要么是接到用户大量的咨询和投诉，要么是用户直接退出活动，或者用户卡在某个环节，从而导致整个活动失败。

2）活动预热

活动上线前的预热造势也是非常有必要的，因为这涉及活动信息能否准确、及时地传递给目标用户。告知是一切活动执行的先行条件，而预热就是常用的告知手段。例如，线上活动可以通过海报、文章推送等形式提前告知用户活动的上线时间。

除此以外，预热还可以提高用户的预期值。活动设计得再好，如果活动的宣传没做好，那么效果一般还是会很差。预热可以延长活动期，提高活动参与人数，让更多的用户知道此次活动的时间、流程，以及参加活动能获得什么好处。在预热期间，运营者要及时发现问题并调整活动方案，尽量减少活动失误。

3）活动监控

活动上线后，运营者的主要职责便是监控活动效果，看活动是否符合预期。监控内容主要包括活动相关数据和用户反馈。

（1）数据。对于微信公众号的线上活动（在不涉及线下活动的情况下），运营者需要在活动过程中随时查看活动的曝光量、转发量及用户回复情况。

运营者要对数据波动情况有心理预期，明确数据波动的正常范围。如果超出波动范围，出现异常情况，运营者需要及时追查具体原因，给出应对方案。

（2）反馈。反馈主要指用户在微信公众号后台的留言。在活动进行过程中，参与用户经常会提出一些问题，此时就需要客服人员对这些问题进行回复。运营者要注意收集活动过程中的用户反馈和讨论、重要截图等资料，这些不仅可以为最后的活动复盘做准备，而且可以用于二次传播，提高整个活动的价值。

运营者要关注活动的发展，关注用户参与的状态，改善活动过程的细节，保证活动的正常进行，并且要擅于发现活动中的亮点，找到活动中的人、事作为"爆点"并进行推广宣传。如果活动中出现一些优质的用户，可以额外借势作为单点推广。

4）公布结果

公布活动结果时可以参考以下方法。

（1）简单说明活动的参与情况，满足用户的好奇心。

（2）说明领取奖品时的注意事项。

（3）可以通过录屏的方式记录产生获奖用户的过程，避免用户对活动公平性产生疑虑。

（4）感谢所有用户的参与，鼓励未中奖的用户继续关注微信公众号。

公布活动结果时还需要注意以下问题。

（1）公布活动结果的受众用户要和活动上线时的受众用户一致，确保参与此次活动的获奖者和未中奖者都能看到活动结果。

（2）提供用户申诉和询问的渠道，以开放的态度面对后续可能出现的问题。

（3）尽量做到透明和公正，严格按照活动规则执行活动和公布结果。公布结果时，可以列出每一位获奖用户的微信头像、微信ID、获得的奖项。不要有任何歧义和隐瞒，这关系到企业在用户心中的信用度。

（4）写一篇针对整个活动的答谢文章，对活动进行再次传播。这也是活动运营中非常重要的一环，且具有很高的品牌价值。

3. 活动结束之后

活动结束后，运营者要对活动进行分析，总结经验。

1）用户追踪

（1）获奖用户。运营者发出奖品后，可以鼓励获奖用户收到奖品后主动"晒单"。"晒单"不仅可以让获奖用户得到进一步的满足感，还能让更多用户看到奖品，扩大活动的影响力。如果是系列活动，可能会吸引更多的用户参与活动。

（2）未获奖用户。运营者可以联系未获奖的用户，感谢他们对此次或系列活动的支持，让用户感受到被重视，也可以给用户推荐下一次活动。

（3）优质用户。运营者要及时整理积累的优质用户资源，并进行专门的维护；发掘优质用户并进行重点培养，和他们保持联系，为未来的活动蓄势，为微信公众号之后推出的产品带来好的转化率。

2）数据统计

运营者要把数据统计和一开始的活动目标、活动预估结合起来，只有这样才能对微信公众号活动进行最有利的统计和评估。如果活动的目的主要是吸引用户关注微信公众号，那么运营者就要重点分析活动期间增加的新用户数据及新用户是通过什么途径关注公众号的。

除了利用微信公众平台自带的功能，运营者还可以通过第三方工具（如金数据、问卷星等）对数据进行统计。

衡量活动效果的数据指标主要有图文阅读次数、分享转发次数、原文阅读次数、留言互动人数、活动参与人数、用户关注人数、销售业绩、投资回报率等。

3）活动复盘

完成一次活动后，运营者一定要对活动的背景、目标、取得的效果、不足之处进行全面细致的活动复盘。只有对整个活动过程进行细致的梳理、分析、总结，才能得出宝贵的经验，形成标准化的操作流程，为之后的活动奠定良好的基础。进行活动复盘时，运营者最好根据不同的对象进行有针对性的分析总结。

> **小常识**
>
> 一份完整的活动复盘报告通常包含以下内容。
> （1）结果陈述：活动效果是否达到预期。
> （2）过程分析：详细分析活动的各个环节和数据。
> （3）经验总结：值得借鉴和需要改进的地方。
> （4）后续计划：此次活动可以对后续工作形成哪些指导。

（1）针对自己。一方面，对这段时间的工作进行总结；另一方面，思考在活动执行过程中自己出现的问题，包括做事方法、人际沟通、细节处理等，从而提升自己的工作能力。

（2）针对上级领导和部门同事。通过活动复盘的形式汇报此次活动的最终收益情况。上级领导需要通过最终结果评判运营者的工作是否到位，项目每一步的进展是否达到预期；部门同事则可以通过学习改善自己的工作，如果部门有新人加入，每次的活动复盘还可作为新人入职的宝贵学习材料，帮助其快速开展工作。

3.3 微信个人号营销、运营与策划

微信个人号已经成为移动互联网时代每个人对外展示自己的一张名片。用户通常会以号主的昵称、头像、个性签名、地区、状态以及朋友圈封面图为依据，判断号主的个性与偏好，以及是否值得进一步交往。因此，做好微信个人号的设计和运营很有必要。

3.3.1 微信个人号的装修技巧

微信个人号如同一个人的微名片，别人通过观察一个人的微信昵称、头像、签名以及封面判断这可能是一个怎样的人，进而决定是否和这个人接触，所以做好微信个人号的"装修"是很有必要的。微信个人号的装修包括昵称、头像、微信号、个性签名、地区、朋友圈封面6个细节。

1. 互联网中的个人商标——昵称

一个好的昵称不仅方便传播，还有助于提高知名度。通常在起昵称的时候要遵循简单、真实、好记的原则，切忌用生僻字，或用非主流昵称，在昵称前面加图标，经常改名，昵称里加电话号码。

创建微信昵称时需要注意：一是昵称与职业相匹配；二是建议使用自己的名字，不需要添加任何修饰。可以采用"职业+名字"的昵称格式，如斑马阅读小袁班主任，如图3-5所示。

微信昵称还可以和产品相结合。销售方在朋友圈推送产品信息的时间可能不是购买者产生实际需求的时间，若销售方微信昵称难以记忆，当购买者有实际需求时却很难准确找到销售方，此时，销售方很有可能错失良机。如果销售方将微信昵称改为和产品相关的名字，则会极大地提高购买者的搜索体验。比如一个叫李金龙的人在微信朋友圈销售房产，

其微信昵称可改为置业顾问李金龙,如图 3-6 所示。

> **小 常 识**
>
> 建议采用所从事的行业的名称或者姓名,不建议用英文名,也不要用一些复杂的字或者以 A 开头,有些名字当中还带有符号、花朵、高跟鞋、口红等,甚至还有人用 AAAA 开头。别人看到这样的名字,一般都不会有好感。

图 3-5　斑马阅读小袁班主任微信号

图 3-6　置业顾问李金龙微信号

2. 社区网络中的第一印象——头像

在微信这个社交平台里,微信头像可以为自己代言,是能让别人记住并关注的重要标识之一。在设置头像时,要让看到自己微信头像的人产生好感,特别是潜在客户;要让看到自己微信头像的人快速记住。头像要大气、阳光、积极、正能量;不要用大家都在用的头像,最好是独一无二的;不要频繁改动头像(修改后建议群发消息,告知朋友已改头像)。

头像是个人形象的第一视觉展示。因此,在设置头像时,建议用本人的真实照片,且最好是面带微笑的。微笑的人具有感染力,别人会更愿意与其交流谈心,继而建立信任感。

1)设置好的头像的优势

(1)易让人信任:真实的人物形象会更让人觉得可信任。

(2)好友通过率高:一个有气质、有个人魅力的人,更容易被加为好友。

2)设置头像的原则

(1)营销型微信的头像宜用本人的真实照片。

(2)头像宜和所做的职业相关(最好有企业背景),如图 3-7 所示。

图 3-7　微信头像

(3)可以修饰但不要过度。

> **小常识**
>
> 头像最忌：不相关、性别不分、低俗、暴力。
> 头像技巧：尽量用自己的照片（清晰、正式、好看、协调）或者用动漫人物形象。头像要跟产品或本人相关联。

3. 微信生态中的身份 ID——微信号

（1）优秀微信号的特点：好记、好识别、好输入。微信号是微信唯一的 ID，所以微信号如果不好记、不好拼（如难记忆的字母组、不明意义的数字长串、有短杠或下画线的微信号），就会带来一些麻烦。

（2）微信号的设置建议：拼音、关联、系列化。例如，采用名称全拼音，微信号尽量与自己的微信昵称或相关名称保持一致；绑定手机号，将手机号关联自己的微信，让别人可以通过手机号找到微信号；采用系列化命名，如果有多个微信号，可以进行系列化设置，方便矩阵化运营，如"全拼+01""全拼+02"等。

4. 我为自己代言——个性签名

签名可以让好友简单明了地对你进行了解，同时加深印象。要告诉好友你是做什么的，能给他带来什么好处，还可以表达个性、情感、特长，等等。一切能够体现的都可以展示。个性签名是一个重要的标签，签名内容的好坏影响别人是否会产生兴趣或对发的内容有需求。

> **小思考**
>
> 结合自身实际，谈谈自己的微信头像及个性签名设置的原因。

设计个性鲜明的签名需遵守以下几个原则。

（1）要讲清楚自己是干什么的。
（2）要讲清楚自己的特长和优势。
（3）最好融入数字。
（4）可加入提示信息，多使用领袖词汇。

个性签名能够反映一个人所从事的职业和思维状态，可以彰显个人魅力以及个性。所以要选择具有正能量、引人入胜的语句或座右铭，积极向上的励志语录等作为签名，这样更能吸引人关注，如图 3-8 所示。

5. 远在天边还是近在眼前——地区

在很多人的介绍里，所在地区是国外地名，除非有特殊需求或与产品相关，否则不要把地区设置得那么远，因为会让用户感觉不踏实。

> **小思考**
>
> 结合自身实际，谈谈自己的微信朋友圈封面设置的初衷。

6. 每个人都有自己的"秀场"——朋友圈封面

当被陌生人添加为好友时，大多数人有一个共同的反应，就是打开对方的朋友圈看一看。当怀着好奇心点开此人的朋友圈时，首先映入眼帘的就是朋友圈封面。对于一块如此宝贵的"广告位"，

> **小常识**
>
> 朋友圈封面是微商广告界面的"最大屏幕",每一个翻看朋友圈的人都会看到它。因此,必须对其进行充分利用。

一定不能浪费。朋友圈封面设置得好有助于增加信任度,让人觉得你更专业、更有实力和更有亲和力。

朋友圈封面在最醒目、最黄金的位置,会被别人第一时间看到,相当于网站的首页广告位。朋友圈封面一定要好好设计,要大气,能够吸引人,让别人看到就有一种信赖感,也可以放置一些重要信息,让人一目了然,如图3-9所示。

图 3-8 个性签名

图 3-9 个性签名及朋友圈封面设置

3.3.2 微信个人号的营销策略

随着自媒体应用的普及,用户可以通过微信个人号进行自我展示,实现社会价值甚至经济价值。因此,如何进行微信个人号营销就变得至关重要。

1. 个人微信号引流

微信营销的基础是有粉丝,要做好新营销环境下的微信营销,吸引足够多的粉丝是关键。

1)导入通讯录好友,批量添加

微信好友最直接的一个来源就是原有的好友圈,好友的联系方式一般都会沉淀在通讯录中。微信支持用户导入通讯录好友,只需点击"添加朋友"→"手机联系人",就可以添加手机通讯录中开通微信的朋友了。不过,能够通过手机号码搜到微信的前提是用户在"设置"→"朋友权限""添加我的方式"中开启"手机号",所以如果想被别人通过手机号码搜索到,必须开启这个设置。

2)扫二维码加好友,简单高效

加好友还可以通过扫描二维码完成。可以在"我"→"我的二维码"中调出自己微信的二维码，也可以在"添加朋友"页面单击二维码小图标调出自己微信的二维码。另外，可以在名片上附上自己的微信二维码，以方便别人添加。

> **小常识**
>
> KTV服务人员、卖保险的、房产中介、做保健之类的人最容易加人成功，只要你擅长交流，就可以把他们变成你的销售渠道。千万别小瞧这类人的交际圈和口才，他们有你不具备的销售能力，如果有他们的加入，你的销售工作更容易开展了。

3）微信"发现"，发现新的朋友

微信的"发现"页面有"附近"等随机添加陌生人为好友的功能。点击"附近"就可以显示附近正在使用微信的人，点击页面右上角的"…"还可以对这些人进行筛选。

案例 3-2

"附近的人"成功营销案例

4）多社交平台引流，汇聚一堂

可以在其他社交平台，如微博、QQ、知乎、美拍等留下自己的微信号，只要你乐于互动，喜欢分享，有趣有料，就会有很多人想进一步认识你，进而通过微信号加你为好友。

5）信任代理推荐，分享影响力

如果能够借助有一定名气、威望的人推荐，或者借助朋友的口碑推广，通过信任代理的方式，就可以快速吸引很多用户的关注。不过要特别注意，如果自身没有内涵和价值，即使加了很多好友，也会留不住，无法带来转化，还会损害推荐人的信誉。

6）通过社群加好友，精准快速

社群是一个非常好的加好友的入口。怎么寻找有价值的社群呢？下面介绍三种方法。

（1）搜索。直接使用相关关键词查找相关的群，如在百度网站搜索"××微信群""××交流群"等关键词，或者搜索知名艺人或核心人物的微博、论坛账号等。

（2）线下活动。通过线下活动可以加入很多相关社群或认识很多人，继而通过在群或这些人的引荐认识更多相关的人。想要多参加线下活动，一方面，可以多关注相关的信息平台，如小米社区就有专门的板块，分区域发布相关线下活动的地点、联系方式等，还有很多微博账号也会发布相关信息；另一方面，可以自行发起某主题的线下活动，如在豆瓣上发布同城活动。

（3）自建社群。自建社群是指通过自己建立微信群，将相关专业的朋友聚在一起，吸引其他用户主动加入，这个方法与自身的专业度、影响力息息相关。

7）软文推广，借载体四处扩散

创作文章或者引用好文章时，在文章中巧妙地加入自己的微信号或微信二维码，然后发布到微信公众号、博客、各大与产品相关的论坛和贴吧等。这也是见效较快、加好友较精准、好友黏度较高的一种方法。

8）线下引流，重视每一个用户

如果有机会，多参加一些同学聚会、同行聚会、线下论坛、行业交流等线下活动，参加的时候多和其他人交流，建立关系，通过这种方式添加的好友黏度也较高。如果本身有实体店铺，就不要浪费线下的资源与优势，一定要想方设法地让来店里的客户留下联系方式，让客户关注你的微信个人号。

9）公众号引流，反哺微信个人号

如果已经运营了微信公众号，积累了一定的用户，可以考虑将微信公众号上的用户引流到微信个人号并加为好友。微信公众号每天推送信息的次数有限，而且加上订阅号折叠等原因，打开率一直在下降，因此不妨考虑通过微信个人号与用户产生连接与信息覆盖，效果会更佳。目前，大部分微信公众号会主动在自动回复、文章末尾等处留下编辑或者相关运营者的微信个人号，如果微信公众号本身质量不错，引流的效果也会很好。

10）有奖活动，简单且有效

利用奖品激发别人推荐的方式见效较快，一些有创意的活动甚至可以起到意想不到的效果。例如，集赞有奖活动，由于参与者需要朋友点赞，因此会将相关信息发布到朋友圈，或者发动自己身边的朋友添加活动发起人的微信个人号。

2. 用微信建立信任

加好友只是营销的开始，要实现交易转化，靠的不是好友数量多，而是做一个值得别人信任的人。

1）好友申请，认真撰写申请语

撰写申请语主要有找到桥梁、表明身份和说清目的3个思路。

（1）找到桥梁。通过朋友推荐添加好友时，一般会顺利地通过验证，这是因为有充当中间桥梁的牵线人担保。当一个人与另一个人有相同的朋友、相同的背景、相同的社群时，彼此就会拉近距离，也容易产生信任。

（2）表明身份。如果双方之间没有交集，可以在表明自己身份的同时，用自己的企业或品牌为自己增加印象分，且企业或品牌越出名越容易通过验证。

（3）说清目的。陌生人申请添加别人为好友一般都带有一定的目的性，因此在申请验证的时候要用简练的语言说清楚目的，这样有助于通过验证。

2）信息备注，就是做人脉管理

点开好友的主页，点击"备注和标签"，打开"设置备注和标签"页面，可以添加或修改好友的备注名、标签、电话号码、描述，也可以个性化地备注上好友的姓名、地域、行业、个人特征等信息。将好友的相片或者你们的合影设置为当前聊天的背景，以加强对好友的记忆。

3）精心分组，沟通高效又精准

一般来说，分组的方法主要有备注分组法、标签分组法、重点星标法和VIP置顶法。

（1）备注分组法。给同一个组别的人添加同一个备注前缀，自然就形成了一个组。这样备注后不但地域、公司、学校等重要信息在昵称上一目了然，还可以起到给同一群体好友分组的作用。每个人都可以为自己设计一套独有的命名体系来为好友分类。

（2）标签分组法。通过设置标签，将不同的好友放在不同的标签下，点开不同的标签即可看到不同的分类。添加标签有助于在某些需求下快速筛选需要的人，也有助于在发朋友圈时定向精准发布。另外，在标签中点击"添加成员"和"从群里导入"也是很高效的分组方法。

（3）重点星标法。对于一些需要高频率联系的好友，可以将其设为星标朋友，星标朋友会出现在通讯录的最前面，这样只要点开通讯录就可以快速找到。

（4）VIP置顶法。对于特别重要的人或客户，可以设置"置顶聊天"，具体方法如图3-10所示。

图3-10　VIP置顶法

4）把握自我介绍的黄金三分钟

通过验证后要及时向对方做自我介绍。那么，如何介绍自己呢？

（1）简明扼要，不卑不亢。如果与对方之前已有交集，那么直接打招呼即可；如果对方是陌生人，就需要有一个得体的自我介绍。自我介绍切忌过长，用简明的文字阐明重点即可，一段不要超过100字。

（2）通过朋友圈了解对方。为了使自己的自我介绍更出彩，可以快速翻阅对方的朋友圈，看看对方的兴趣、爱好、特征，还可以查看对方朋友圈的评论和点赞，看是否能找到共同好友。以共同点作为开场，有助于双方更快地进入熟悉状态，这个技巧对于线下客户见面尤为实用。

（3）准备几条常用的自我介绍语。准备几条常用的自我介绍语并保存在手机的备忘录中，需要使用的时候直接引用，然后对局部进行有针对性的修改，这样既省事，速度也较快。

5）互动得体，有格调

很多人的微信加了大量好友，但是平时几乎没有互动交流，能够想起互动的时候就是要发广告的时候。如何正确优雅地进行互动呢？

（1）不要群发。一般情况下尽可能不用或少用群发功能，因为每用一次都是对自己信誉和好感的"透支"。可以先写一个文案，然后进行局部修改，最后带着对方的称谓一一单独发送，这样做的效果远远好于群发。

（2）杜绝骚扰。群发消息的行为很容易让用户反感，特别是不断群发各种广告等会对用户形成骚扰，势必会引起用户反感，导致被用户删除或举报。

（3）红包先行。在表达谢意、节日问候、生日祝福、咨询问题的时候，不妨随手发一个红包,这样可以给别人留下深刻的印象。

(4)评论点赞。别人在朋友圈发布内容后,及时地评论和点赞是很好的互动方式。

(5)慎求转发、点赞、投票。别人喜欢你的内容,自然就会转发;不喜欢,迫使对方转发就成了关系绑架。若平时几乎没有互动,就要求对方投票、点赞,这是很不礼貌的行为。即使双方关系很好,也不要过度要求别人转发,否则关系就会失去平衡,自己会处于被动地位。

(6)多平台覆盖。互动的平台有很多,可以由一个点慢慢延伸到其他的平台。只要在多个平台都能看到关于你的信息,用户就会对你产生熟悉感,所以要做好情感营销,要用合理恰当的方式做到信息交叉覆盖,利用多平台产生联动效应。

6)加入社群,在群体中做连接

心理学上有很多与群体相关的研究,如"羊群效应",它是指人一般都有一种从众心理,而从众心理很容易导致盲从。例如,看到排队人群,有人就会想"队伍排这么长,是不是商家在搞促销?我不买是不是就吃亏了?"可以利用这一点进行营销。用社群作为纽带的好处就是可以进行一对多的互动,群体的氛围会相互影响,进而促进购买转化。

7)形象专业,效果才好

不论懂得多少营销技巧,专业才是最好的方法。当一个人成为个人品牌的时候,其产品在无形中就会加分,对个人专业性的信任会延伸到对产品的信任。从某种意义上讲,微信营销中卖的不只是产品,更是本人的信誉。

要时刻谨记,自己是一个专业信息的分享者,而不是某个产品的推广者。一个人能解决别人多少个问题。就会收获别人回馈的多少个赞誉。

> **小常识**
>
> 微信基本社交礼仪主要体现在以下方面。
> (1)未经对方允许不要将其微信名片推送给他人;
> (2)尽量不要用语音开启聊天;
> (3)有事说事,别问"在吗";
> (4)提问前要组织好语言;
> (5)内容较多时需进行简单排版;
> (6)发送文件前要询问对方是否方便;
> (7)记得表达谢意。

8)掌握微信礼仪,让你更受人喜爱

微信账号其实跟邮箱、手机号一样,都属于个人隐私。当你被垃圾邮件、骚扰电话、陌生人打扰的时候,就会体会到微信礼仪的重要性。了解微信基本社交礼仪不仅是为了让你变得更讨人喜欢、更容易获得帮助,而且是为了节省沟通成本、提高时间效率。

3.3.3 微信个人号活动策划

微信营销是现在最被关注的营销模式之一,加好友是微信营销的第一步,建立起信任感后,朋友圈中还需要有好的内容分享和活动吸引,将内容优化与营销技巧巧妙结合,才是微信营销的真谛。

1. 在朋友圈发布内容

在人际交往中，人们通过朋友圈恰当地向别人展示自己的形象，所以朋友圈形象管理非常重要。在朋友圈发布内容时，要慎用推销思维，如刚加好友就向其发广告，沟通第一句就是要求其转发，一入群就发布广告等都是没有礼貌、让人反感的做法。

1) 注意"软度"——广告不能太生硬

利用微信朋友圈进行营销，建议在朋友圈发布的内容 1/3 与业务有关，不要只做产品广告，还要穿插一些其他类型的内容，如写实用的文章、做免费分享等，要定期清理朋友圈，保留大家想看的内容。

有一种朋友圈内容的分配方式供参考：1/3 内容与社会、行业有关，如行业大新闻；1/3 内容与个人有关，如生活趣事、容易引起共鸣的事等；最后的 1/3 内容才是广告。

2) 注意频率——人人都反感"刷屏"

即使你的朋友圈广告很有效，也要注意自己发广告的频率。如果经常在朋友圈发广告"刷屏"，很可能被朋友"拉黑"，得不偿失。

3) 注意长度——注意阅读的场景

朋友圈是小屏阅读，大家一般都缺乏读长文的耐心，建议用较少的文字把内容写得轻松有趣，引发互动，吸引用户了解更多信息。不要把朋友圈当成展示的平台，引导好友评论、私聊、点开文章等才能创造真正的沟通机会。

4) 注意速度——碎片消费"拼冲动"

在选择过多的情况下，人们可能会因为对比选项耗费的精力过多而直接放弃做决策。朋友圈中的交易行为经常是碎片生活中一瞬间发生的，用户在有消费冲动的时候能最快做出购买决策。为了加快用户做出购买决策的速度，注意以下两点。

（1）精简产品品类、减少选择，杜绝"决策瘫痪"，这也是很多互联网公司做"爆款单品"的原因。

（2）客单价最好不要过高。产品的客单价最好不超过 200 元，因为 200 元是一个门槛，也可以称其为"试错成本"。客单价越高，试错成本就越高，用户购买的时候，考虑的因素就会越多。

5) 注意梯度——购买习惯需递进

潜在用户的付费意识、习惯是需要培养的，建议先小范围尝试再梯度变化，慢慢渗入。当用户愿意为一个低价位产品买单时，就有机会购买更多的产品。

6) 注意准度——对症下药有疗效

假如好友比较多，采取一定的策略可以大大提高受众人群的精准度，也避免了长期"刷屏"。

（1）按分组发布。在朋友圈发布广告时，可以选择公开或分组发布。分组发布可以选择指定的用户查看，方便更好地对意向用户进行产品宣传和推广，推荐合适的内容给合适的人。分组时可以运用用户分层运营思维管理微信好友。

① 陌生人：也即潜在用户，先互动成为熟人。

②潜在用户：维护好熟络的关系，持续发布优质内容，向一般用户转化。

③一般用户：至少成交过一单，需要更进一步稳固关系，如给予福利、奖励等，一方面可促成更多的交易，另一方面让其愿意为自己宣传。

④核心客户：会主动发朋友圈替自己宣传，应主动为其提供所需要的服务。

（2）按时间发布。一般来说，在朋友圈发布广告可以抓住以下四个黄金时间：7:00—9:00 是新一天的开始，多数人在上班路上，信息需求量大；11:30—13:30 是人们吃饭、午休时间，玩手机的概率大；18:00—19:00 是人们在下班路上的时间，很多人会浏览信息；22:00 以后，很多人会在睡前玩手机，此时也是发布广告的好时机。当然，更佳的手段是在产品所对应的目标用户的活跃时间段发布广告。

（3）使用提醒功能。注意使用"@"提醒功能，以提醒强目标用户。注意，不要每条信息都提醒，而是有重要信息时才提醒。

7）注意风度——感知也许要大于事实

每个人在工作和生活中都有心态不好的时刻，但如果把这些负面情绪宣泄到朋友圈，别人看到可能会对你有不好的印象，你再去做推广，就容易遭到别人下意识的拒绝。因此，在朋友圈发布这类内容时可以将其设为私密内容，不要将负面情绪带给他人。在互联网上，朋友圈里的你也许就是真实的你，感知可能大于事实。

8）注意黏度——有黏度才有关注

如果有一些认可你的用户朋友，那么在朋友圈里要想办法设计一些互动，如主动在发布内容时提醒他们进行互动，当然互动的内容一定要有趣，可以给他们意外的惊喜或者实在的福利，加深彼此之间的认可度，从而创造更多的产品成交机会。另外，注意互动时要及时回复，慎用统一回复，以显示诚意。

9）注意尺度——凡事有度才有得

凡事都要有度，得有分寸。朋友圈内容一旦把握不好分寸，就可能适得其反，特别是自夸没有底线、跟风转发谣言、内容过于敏感等。其中，通过发布低俗趣味、敏感话题博取人们眼球的做法是不可取的。

> **小常识**
>
> 坚决不能发的三种朋友圈内容：
> （1）内容低俗的，不能发。
> （2）阴暗不堪的，不能发。
> （3）炫耀卖弄的，不能发。

10）注意角度——向各个角度推广

真正的高手会非常巧妙地将生活化的信息与自己的产品无缝连接起来。生活中真实的、有趣的内容都会成为微信内容运营中的亮点。

朋友圈推广做得好的人一般会利用一根主线把不同角度的内容串起来，在朋友圈中发布的内容或许多而杂，只要主线不乱，就能达到预期目的。

11）注意热度——找到载体促推广

每天都会有热点新闻、热传段子和视频或者一些巧妙的营销活动出现。作为运营者，不要总把这些当作热闹看，要善于联系自己，多问自己"如果我的产品与这个热点结合，可以怎么做？""如果这个形式换作我的产品，可以怎么做？"……尝试让自己的产品与热点产生交错、碰撞，就有可能产生很多想法和创意，让流传的每一个段子、每一个热点都可以为自己所用。将热点作为传播的载体，你的内容就会"插上翅膀"，引爆朋友圈。

12）注意深度——深挖专业是正道

能够把专业性做到极致，也可以获得丰厚的回报。例如，做专业的服务（如 PPT 制作培训），首先要把自己树立成这方面的专家，还要偶尔在朋友圈分享相关的有深度的文章，解答一些问题，专业性强才是最有力的名片。所以对于运营者来说，自己就是品牌。很多人没有使用特别的技巧也可以做得很好，是因为他们在某一方面的专业性很强。

2. 在朋友圈做活动

如果微信朋友圈有足够多的好友，可以利用朋友圈策划活动，让大家参与并主动转发到自己的朋友圈，基于社交能量去传播。

如果想在微信朋友圈上策划一场微活动，并且让活动取得一定成效，需要进行系统策划。

1）活动形式

（1）转发。通过奖品福利促使微信好友转发，基于传播结果获得一定的回报。

（2）集赞。集赞活动包括集赞获取礼物、集赞定向发红包、集赞抵现金或送代金券等。

（3）试用。例如，购买 A 产品可免费试用 B 产品，用户只需要填写一份试用报告，反馈试用效果即可退还邮费。或者只需支付邮费和填写试用报告，即可领取一定金额的代金券，下次购买产品时使用。

（4）筛选。说明一定要求，请满足要求的人点赞，由此筛选自己需要的人群，进行进一步的安排。

（5）引流。通过朋友圈活动获取的奖品需要到线下店铺或其他平台领取，从而实现引流。

（6）互动。举办朋友圈活动的目的是提高用户的活跃度，常见的互动有以下几种形式。

① 顺序互动。根据点赞的顺序进行互动，由于点赞的人不知道自己是第几个点赞的，所以会有期待感。

▌课程思政

微信个人号运营要秉持"分享、互助"的理念，以平等、宽容和尊重的态度面向用户，"以情动人、以理服人"，让用户从情感上受到触动，引发共鸣，从而为其在现实中付诸实践创造基础。

② 点赞活动。点赞数量等同于另一个行为的数量，如多点赞一个，就多读一本书等。这既是一种互动，又是自己兴趣爱好的一种展现。

③ 点名接龙。例如，冰桶挑战、微笑挑战、A4 腰挑战、锁骨挑战等，都曾经刷爆朋友圈。

④ 互动游戏。运营者如果有一定的技术，可以将互动游戏做成有趣的 H5 形式。例如，秋叶团队设计了互动游戏《相识多年，你对我了解多少》，用户可以在其中设置题目，然后转到朋友圈里测试好友对自己的熟悉程度。秋叶团队还在题目中巧妙地植入了广告，以

达到宣传目的。

2）活动预热

在开展朋友圈活动前，最好能提前在朋友圈预热，如可以提前 1~3 天在朋友圈预告，先采用神秘的方式告知，再在活动前一天进一步透露，预告时告知活动内容、活动时间、参与方式，最好还要公布奖品，因为这是吸引用户参与的重点。

在活动正式开始前的一两个小时尤其要重点预热，以达到一个好的宣传效果。预热时要积极和用户进行互动，让他们对活动产生兴趣，互动时还要保持一定的神秘感，给用户留下一些期待的空间。当然，活动预告除了在朋友圈推广，还可以在微信群、QQ 群、微博、QQ 空间等平台推广，以达到更好的效果。

3）活动公布

经过预热和宣传，朋友圈活动已具有一定热度。要想提高用户的参与热情，在活动公布的时候要注意以下几点。

（1）主题要鲜明。活动必须有主题，如"评论就有奖""三八节美丽专场"等，让用户一看就知道是什么活动，以及有什么好处。

（2）内容要简洁。在朋友圈发布活动信息时要言简意赅，建议控制在 150 字以内，这样内容可以完整显示，否则影响阅读体验。

（3）流程要简单。在朋友圈开展活动不能太复杂，参与和评选都要尽量简单，因为很少有人愿意花太多精力参与复杂的活动。

（4）时机要斟酌。在目标人群大量在线且有空闲时间的时间段发布朋友圈活动信息效果会更好。例如，在 21:00 以后发布活动信息，在线人数多，"刷屏"时间充足，而且如果活动受欢迎，会产生二次扩散传播。

4）活动监测

活动开始后，要随时关注用户的参与情况和反馈意见，如活动是否有问题、流程是否顺畅、用户参与度是否很高等，要根据实际情况进行调整和应对。

最好在活动开展前制定几套应对方案，以防出现意外情况。

5）活动总结

（1）效果评估。不论是为了促销还是互动，活动开始之后要时刻注意目标的实现效果，如果不满意，要思考是不是可以及时补救；如果效果超出预期，要思考是不是趁着活动热度再来一轮。

> **小常识**
>
> 微信营销和互联网营销其实是互通的，要懂得如何分析精准用户群体，通过哪些平台吸引用户群体的关注，再维护好与客户的基本关系，分析用户的需求。微信营销需要的就是参与感、存在感、价值感。

（2）复盘总结。活动结束后要对整个过程进行复盘总结，及时总结经验和教训，为以后举办活动积累经验，单纯做活动只能叫经历，只有经过总结、改进之后才能变成经验，经历多不代表经验多，一个人不是活动做得越多经验就越多，也许他只是不断机械重复地做一件事而已。

> **案例 3-3**
>
> 零售之王"玩转"家庭主妇群
>
>

3.4 微信小程序营销、运营与策划

微信创始人张小龙将微信小程序的特点总结为"即用即走,触手可及"。首先是"即用即走",即无须安装便可以直接使用,用完后当它不存在即可;其次是"触手可及",比如我们看到一盏灯,想要控制它,只需要用智能手机对着它扫一下即可。

3.4.1 微信小程序的认知

微信小程序于2017年1月9日正式上线,成功跻身各媒体科技版头条,引爆了话题热点。为何微信小程序的上线会受到如此广泛的关注?其原因有两点,一是微信小程序上线的时机选择得较好,微信小程序上线之时正值iPhone发布十周年之际,彰显了腾讯的致敬之意,是腾讯的又一次创新尝试;二是"小程序"这一概念自提出以来就备受关注,外界认为其将"革App之命",将引导很多行业实现创新。

无论微信生态有多丰富,其商业价值有多大,都离不开庞大用户群体的支持。因此,微信将"用户体验"奉为圭臬,时刻秉持"以用户为中心"的价值观。

1. 微信小程序简介

"微信之父"张小龙曾经解释:小程序是一种不需要下载安装即可使用的应用,它实现了应用"触手可及"的梦想,用户扫一扫(二维码)或者搜一下(关键词)即可打开应用。微信小程序体现了"用完即走"的理念,用户不用担心是否安装太多应用的问题。有了微信小程序,应用将无处不在,随时可用,且无须安装与卸载。

小程序、订阅号、服务号、企业微信(企业号)属于微信公众平台的四大生态体系,它们面向不同的用户群体,应用于不同的方向。小程序具有出色的用户使用体验,可以在微信内被便捷地获取和传播;订阅号为媒体和个人提供一种新的信息传播方式,构建信息发布者与浏览者之间更好的沟通与管理模式;服务号为企业和组织提供更强大的服务与用户管理能力,帮助企业快速实现全新的公众号服务平台;企业微信(企业号)为企业提供专业的通信工具、丰富的办公应用与应用程序接口,助力企业高效沟通与办公。

2. 微信小程序应用场景的特点

微信小程序对用户来说是一种"小应用",重点在"小",主要体现在以下两个方面。

1）简单的业务逻辑

简单是指应用本身的业务逻辑并不复杂。例如，出行类应用"滴滴青桔"，如图 3-11 所示。用户通过扫描二维码就可以实现租车，该应用的业务逻辑非常简单，服务时间很短暂，"扫完即走"。此外，各类 O2O（线上到线下）API，如家政服务、订餐类应用、天气预报类应用，都符合"简单"这个特性。不过，对于业务复杂的应用，无论从功能实现上还是从用户体验上，小程序都不如原生 App。

2）低频度的使用场景

低频度是小程序使用场景的另一个特点。例如，提供在线购买电影票服务的小程序"猫眼电影"如图 3-12 所示，用户对该应用的使用频度不是很高，没有必要在手机中安装一个单独功能的 App。如果某种应用的使用频度很高，如社交类的 QQ，社区类的百度贴吧、知乎，金融类的支付宝，等等，则原生 App 提供给用户的服务效果更好。

根据目前的统计，小程序主要以商务服务、电子商务和餐饮服务类居多，小程序还覆盖了媒体、工具、教育、房地产、旅游、娱乐等行业领域，如图 3-13 和图 3-14 所示。

图 3-11 滴滴青桔

图 3-12 "猫眼电影"小程序

图 3-13 "京东购物"小程序

图 3-14 "京天到家"小程序

根据我国首家提供小程序价值评估的第三方机构——阿拉丁指数统计，截至 2022 年 1 月 31 日，排名前 8 位的小程序关注指数，如图 3-15 所示。

微信小程序的应用市场是随着用户需求的变化而改变的，随着微信小程序的不断升级，将来会有越来越多的小程序出现，我们的生活将会变得更加便捷和多彩。

3. 微信小程序的优势

1）成本低

对于商家而言，有效利用互联网可以增加销售额。传统的商家会在电商平台上开设店铺，但这也意味着被平台抽成，而很多电商平台也通过流量"绑架"商家，每年"吃掉"商家大量的利润。但小程序就不同了，小程序具有开发成本低、周期短等特征，而且微信官方已经严格制定了小程序设计规范，商户仅需要将服务的框架做出来，再套用小程序设计规范即可。

图 3-15　阿拉丁小程序排行榜

利用小程序可瓜分微信内超十亿的活跃用户，而利用小程序卖产品不会被微信平台抽成与限流，降低了获客成本，让积累自有用户成为可能。

2）媲美 App 的流畅体验

虽然小程序借鉴了前端开发技术，但小程序能通过微信获得与原生 App 相似的权限（包括缓存、硬件唤醒等），从而解决了前端应用常见的加载时间长、卡顿、视觉变形等问题，让小程序拥有与原生 App 不相上下的流畅体验。

另外，小程序具有统一的开发框架和专门的开发语言，能大大减少开发中的漏洞，提高了应用的稳定性，减少了维护成本，提升了用户体验。

3）更多的曝光机会

2017 年年末，微信团队突然开放了一个小程序入口——小程序任务栏，所有苹果和安卓用户的微信升级到最新版之后，在微信主界面下拉即可出现小程序任务栏，大大方便了用户使用小程序。

除了这个"超级入口"，微信小程序的入口还有很多，如搜一搜、小程序码、历史列表、聊天小程序、附近的小程序、公众号相关入口等，为商家提供了各类接触客人的机会。而这些机会和资源都是免费开放给商户的，商户只要合理使用这些机会和资源，就能利用小程序让自己的品牌和商品、门店获得更多的曝光机会。

4）更高的打开率

微信具有超十亿的月活跃用户，比中国网民都多，这意味着有相当一部分人至少拥有两个活跃的微信账号。人们在日常生活中已经离不开微信，早在几年前朋友圈微商盛行时我们就知道，微信是强关系的社交应用，在微信里触客很大程度上已经解决了部分信任问题，然后通过不断的分享、产品广告轰炸，就能快速完成订单。

现在，小程序比微商更厉害，小程序能充分利用公众号、服务信息、附近的小程序等渠道，帮助每一个商户推广自己的商品和服务。

5）更高的用户留存率

虽然小程序上线之初喊出的口号是"用完即走"，但实际上，只要用户使用了小程序，商户就可以通过微信"服务消息"向用户推送优惠券、活动等，进而实现流量召回和唤醒用户。

除此之外,用户使用了小程序之后,该小程序会自动出现在"最近使用的小程序"列表中,用户在主界面下拉即可访问最近使用的小程序。而且,如果用户觉得小程序所提供的服务有价值和意义,可能会将其置顶或发送到桌面,二次打开率极高,提升了用户留存率。

6)支付操作更方便

小程序基于微信而存在,因而使用微信支付非常方便,不需要跳转任何 App 就能直接达成。根据"每多一次跳转就会流失 20%~30%的用户"的规律,直接达成支付是最好的,其减少了支付者的犹豫成本和犹豫时间,成交率也自然会有所提升。

7)方便管理

微信小程序集会员礼遇、购物记录、售后维修、门店信息等服务于一体,可为品牌会员提供更好的服务体验,更便于商家进行管理。

3.4.2 微信小程序的运营逻辑

微课:微信小程序的运营逻辑

运营逻辑指的是运营工作中需要把握的思维规律,是运营工作的核心。小程序的运营逻辑是"产品为王",运营者的工作重点是进行有效的产品策划。

1. 聚焦产品本身,符合官方理念

微信官方对小程序的设计理念表述为:"微信团队一直致力于将微信打造成一个强大的、全方位的服务工具。在此基础上,我们推出了微信小程序这个产品,提供给微信小程序的开发者在微信内搭建和实现特定服务、功能的平台。"

同时,微信官方对小程序开发者的建议是:"我们希望你提交的微信小程序能够符合微信团队一直以来的价值观,那就是一切以用户价值为依归,让创造发挥价值,好的产品是用完即走,以及让商业化存在于无形之中。"

换言之,微信官方希望小程序开发者聚焦产品本身,开发出对用户有用而非哗众取宠的小程序。

2. 策划优质产品,提升推广效果

小程序上线后,运营者需要通过微信群、微信公众号以及线下广告等形式进行全方位推广。影响推广效果的因素主要包括以下两个。

(1)覆盖人群。小程序推广所覆盖的人群越多,进入小程序的用户就越多。

(2)产品本身。产品的用户体验越好,进入小程序的用户留存率越高。

在这两个因素中,产品本身对推广效果的影响较大。如果没有对产品进行周密策划,用户进入小程序后极有可能直接关闭。即使推广获得的流量大、覆盖人群广,也会由于用户体验不好而浪费流量。

3. 引入社交设计，促进用户传播

由于小程序是一款基于微信平台的产品，而微信具有很强的社交属性，因此运营者可以通过小程序的功能设计和玩法策划，使用户主动分享与传播。

基于以上原因，运营者必须在"产品为王"的运营逻辑下，策划出让用户叫好的小程序。

3.4.3 微信小程序的营销策划

小程序是一种基于场景的轻应用，所以很适合借助某个特定场景或事件进行传播，其推广思路也可以遵循互联网产品的事件推广顺序，即研究平台规则、借助场景推广、激发用户传播。下面对借助场景推广和激发用户传播进行详细介绍。

1. 借助场景推广

运营者需要分析用户的应用场景，结合场景进行产品推广方式的设计，使产品友好地出现在用户面前。小程序的推广需要围绕场景做好以下两方面的工作。

（1）研究用户的微信使用习惯。由于小程序是基于微信的一款产品，因此需要分析用户在使用微信聊天、阅读、支付、游戏时的细节场景，找到小程序的线上最佳切入方式。

（2）分析用户的线下场景。运营者需要分析用户聚会、旅行、开会、学习等场景，尝试通过这些常见场景引出小程序，如图3-16所示。

图3-16 微信小程序的应用场景

2. 激发用户传播

场景推广需要运营者不断尝试新的创意并吸引用户关注，但过度依赖场景推广，会增加运营团队的人力成本，而且推广效果会随着竞品增多及推广周期变长而减弱。因此，需要尝试让用户在场景体验后自发参与产品推广，从而进一步提高产品的用户数量。

（1）用户传播有助于减少推广的人力投入。不论是线下推广还是线上推广，都需要运营团队相关人员参与，而用户传播无须新增人力，直接依靠用户力量即可完成。

（2）用户传播有助于降低推广的广告支出。不论是微信朋友圈广告还是线下广告，运营者都需要支出大量的广告费用，而用户传播可以大大减少这部分费用。

（3）用户传播有利于提升用户的认可度。多数小程序由于缺乏用户认可，被用户打开的频率极低。如果小程序运营者将一部分广告费用回馈给用户，鼓励用户使用并分享给好友，会得到更多用户的认可，提高用户忠诚度。

案例 3-4

武汉市首个社会治理微信小程序上线

3.4.4 微信小程序的应用

企业开发微信小程序，其实有很多好处。小程序可以让用户快速进入各种现实场景，很多用小程序专注客户服务的企业都最大限度地增强了用户的黏度与二次转化，并且取得了相当满意的效果。而小程序对于今天的电商平台来说，也是一个营销与拉新的利器，不但节省了流量，而且能更好地开发新客户，既可以维护老客户，又可以让其进行二次、三次的转化成交，意义巨大。

1. 拉新

小程序的一个核心价值就是拉新，企业拥有新的用户相当于企业拥有新的血液。那么，企业应该如何利用小程序进行拉新呢？

1）分享

将小程序分享到群，分享给好友，做海报把二维码分享到朋友圈，等等，都是社交平台最传统的传播方法。

2）优惠活动

优惠活动中应用较多的是社交立减金，它是应电商小程序之于微信社交生态而破土的重要一环，在内测阶段就已经帮蘑菇街、拼多多等众多电商小程序提高了获利能力。

3）互动

聊天小程序是群聊或与好友聊天中所出现小程序的快捷入口，配合打通群 IP 的工具类小程序可以促进活跃用户的重复使用。

4）App 分享

App 可以分享对应的小程序卡片到微信，用户点开后即可进入小程序。例如，在携程 App 中点击"好友帮抢票"分享到微信，好友点击卡片后便会跳转至帮好友加速抢票的小程序页面。

5) 公众号推送消息

企业在公众号的内容营销中，可以将小程序镶嵌在文中，文章每获取一个新用户，小程序就有机会获取一个新用户，而消息的每一次推送都是在让用户逐渐形成对小程序的依赖。

> **小常识**
>
> 企业怎样使用小程序以达到最大的盈利呢？
>
> 1．社群、社交的快速裂变
>
> 微信有一个其他产品无法比拟的优势，那就是有庞大的用户群体。依托于微信的社交属性，企业可以通过社群、社交的流量来完成交易。同时，可以通过将小程序的单件产品、活动等发到用户群中，鼓励用户再次分享，达到快速裂变的目的。
>
> 2．拉新促活
>
> 传统电商中的活动在小程序中同样适用，如小程序推出的拼团玩法、集奖玩法、砍价玩法、买赠玩法等；而小程序的社交立减金，即用户在小程序内购物，付款成功后，可以获得购物"立减金"，同样可以为企业带来大量的新用户，而新用户的购买转化率也在提高。
>
> 3．快速的交易转化
>
> 小程序作为一个快速成交平台，可以通过活动或其他媒介的方式，对用户进行冲动性、刺激性消费的引导，从而达到快速转化的效果。当用户想再次购买产品时，可以通过微信快速地找到使用过的小程序，在微信中即可完成二次转化。
>
> 4．附近的小程序直达到店
>
> 很多企业使用小程序，没有做到物尽其用。微信其实希望利用小程序和其他功能让用户再次走出去，投入线下，形成更多服务、活动、娱乐、就餐、购物等社交生活场景，为门店商家提供重大利好。企业通过附近的小程序就可以让新客户直接上门，实现转化，这是比较便捷的一种方式。

案例 3-5

"天天练口语"小程序

2．转化

小程序轻量化的特征能给用户购物带来更好的体验，此外，其易接入、能力迭代快、跨平台的开发特性，对开发者来说，也意味着更低的开发成本以及更好的购物服务。企业如何利用小程序转化用户，以体现其真正价值呢？

1）小程序+购物，打通线上线下产业服务链

很多企业将小程序做成购物单页或者商城，通过分享、活动营销让用户关注，以数据

分析、订阅消息、客户服务等方式进行后续服务，实现二次转化。

2）微信公众平台，内容营销转化

小程序可以利用公众号策划与其调性相近的内容，以此作为营销手段，凭借优质的内容吸引用户，让用户产生消费欲望，达到导购的效果。这可以帮助商家实现从内容到购买力的转化。

3）附近的小程序，可以让陌生人更快成为新客户

例如，若想吃饭，可以打开附近的小程序搜索美食，也可以进入小程序，去附近相应的餐厅就餐。小程序可以帮助企业将用户更快地转化为新客户。

案例 3-6

"京东购物"小程序

3. 裂变用户

小程序的功能多、能量大，那么企业如何用小程序实现真正的裂变，以获取更大的价值呢？

（1）用优惠活动鼓励已有用户邀请新用户，可以让用户量快速达到裂变效果。

（2）社群扩散。运营商可以在已有的社群中同步通知，让用户自主扩散，也可引导用户扩散后，凭截图领取小礼物，逐步将流量引到小程序，达到用户的裂变。

（3）利用微信的社交属性，如玩转立减金、分享优惠券等形式快速达到裂变效果。

案例 3-7

"贝壳房屋估价"小程序

4. 小程序直达店铺的技巧

微信小程序为商家开通了四十多个流量入口，多个主流量入口都可以触达小程序店铺。直达店铺可采用以下方法。

（1）线下扫码。用户通过线下扫描二维码进入店铺，这是微信官方主推的入口方式。

（2）把带小程序二维码的图片分享到朋友圈，好友识别即可进入。

（3）转发分享。将小程序分享到微信群，群内用户便可以轻松打开并进入。

（4）公众号推送文章或视频，自定义设置推广的图片的引导文字，用户点击即可直接进入。

（5）目标用户搜索附近的小程序，看到后即可直接进入。

案例3-8

"万达电影+"小程序

技能实训

【实训题目】

微信营销与运营。

【实训目标】

（1）能够通过教师讲解、案例讨论掌握相应知识点。

（2）能够初步学会微信营销与运营。

（3）能够形成初步的独立思考能力。

（4）能够培养初步的自主学习能力。

【实训内容与要求】

（1）由教师介绍实训的目的、方式、要求，调动学生参加实训的积极性。

（2）由教师布置模拟实训题目，题目如下：

通过学习本章知识，对下列问题展开讨论与练习，在巩固所学知识的同时，拓宽视野，进一步提高自己的能力。

① 添加微信好友并进行好友的管理与维护，然后通过朋友圈发布运营内容。

② 开通一个微信公众号并设置其名称、头像、简介，添加粉丝。

③ 根据开通的微信公众号的定位，写作并发送推文，在推文中植入广告。

（3）由教师介绍微信营销与运营的相关案例及讨论的话题。

（4）各位同学进行微信公众号推文拟写，并发布至班级群。

（5）所有同学相互评议，教师点评、总结。

【实训成果与检测】

1. 成果要求

（1）提交案例讨论记录：教学分组按3~5名学生一组，设组长1人、记录员1人，每组必须有小组讨论、工作分工的详细记录，以作为成绩考核的依据。

（2）能够在规定的时间内完成相关的讨论，学习团队合作方式，撰写文字小结。

2. 评价标准

（1）上课时积极与老师配合，积极思考、发言。

（2）认真阅读案例，积极参加小组讨论，分析问题思路较宽。案例分析基本完整，能结合所学理论知识解答问题。

（3）团队配合较好，积极参与小组活动，分工合作较好。

思考与练习

1. 名词解释

（1）微信营销。

（2）病毒式营销。

（3）原创。

（4）服务号。

（5）运营逻辑。

2. 简答题

（1）简述微信的价值。

（2）简述什么是微信个人公众号。

（3）简述小程序的特征。

（4）简述微信小程序的优势。

（5）请说明约稿和转载的区别。

第 4 章

社群营销与运营

【学习目标】

（1）初步认识社群，并掌握社群的构成；
（2）掌握社群营销的内涵、流程；
（3）掌握构建社群营销的方法；
（4）熟悉社群平台的运营；
（5）学会社群营销的活动策划。

【思维导图】

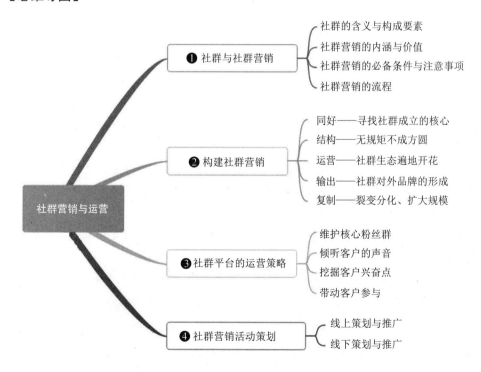

【导入案例】

从 G-SHOCK 看企业如何打造小众品牌

电子、厚重、笨拙，与通常腕表背道而驰的特性让 G-SHOCK（卡西欧）在诞生之初并不受人待见；潜水、防震防磁、电波校准，加上有针对性的硬、酷、个性营销，却让 G-SHOCK 在上市之后的二十年在小众市场赢得一批爱得死去活来的忠实粉丝。

那么，G-SHOCK 是怎样通过聚焦专业圈子，将自己打造成一个小众领袖品牌的呢？

1. 定位精准

G-SHOCK 将营销关键词定在音乐、时尚、运动、潮流四个方面，尤其与街头文化、极限运动、潮流音乐领域的特质接近，这三个领域都属于较为专业且关注的人比较少的领域。

G-SHOCK 的营销人员通过对消费人群的分析，发现购买人群主要是对街头文化、艺术等较为感兴趣的年轻群体，于是便采用了粉丝营销策略，即先让最时尚的人成为 G-SHOCK 的代言人，再由他们去影响自己的粉丝。例如，G-SHOCK 在美国选择了阿姆、贾斯汀·比伯当代言人，并让他们在多种场合下佩戴 G-SHOCK 腕表，影响粉丝去购买。最终结果是 G-SHOCK 的用户忠诚度和复购率都很高。

2. 选择合适的代言人

G-SHOCK 在代言人的选择上，更关注小众圈子。一是因为代言费用相对较低，二是因为可以形成较深的合作关系。

比如，G-SHOCK 和 Eric Haze（著名涂鸦大师）合作。涂鸦是个很小众的圈子，关注涂鸦这种艺术的人一定是很有个性、很有思想的人，这和 G-SHOCK 的主张不谋而合。在合作前，涂鸦圈的人对这个品牌并不了解，但 Eric Haze 跨界设计 G-SHOCK 25 周年 logo 的事件，将 G-SHOCK 带入了涂鸦圈，开拓了其在涂鸦圈的小众市场。

再如，和国际职业街头滑板运动家 Stevie Williams 的合作，使 G-SHOCK 加强了和整个滑板界的合作，并为滑板品牌 DGK 推出了限量版。

G-SHOCK 在和一些小众明星合作的同时，拓展了曝光领域，发展了新用户。

3. 注重品牌传播

在品牌传播方面，G-SHOCK 一般会要求合作代言人以视频的方式呈现其生活方式和艺术形态，当然这种生活方式又和其所代表的文化相关。这种视频短片更具感染力，更容易让粉丝产生兴趣，加深对品牌的理解。

在线上，G-SHOCK 一般通过软文、视频的方式在特定的社群里传播，以免费和付费相结合的方式达到营销目的。

在线下，G-SHOCK 会在门店举办活动，如周年纪念和新品发布等，给店铺带去人气。

资料来源：小众腕表如何成功[EB/OL].（2019-09-19）.https://www.wenmi.com/article/py325a02zcd7.html. 有改动.

↳ 辩证思考：分析以上内容，讨论并思考卡西欧 G-SHOCK 如何打造小众品牌。

分析提示：先锁定核心消费社群，再针对这个消费社群进行精准营销。"音乐、时尚、运动、潮流"是 G-SHOCK 在社群营销中锁定的四个方向，执行时做到精准、深入。

4.1 社群与社群营销

移动互联网和网络社交平台的不断发展为社群营销提供了广阔的天地。个人或群体通过社群将具有相同爱好、特征的目标用户聚集起来，形成一个共同的兴趣圈，然后通过社群进行产品或品牌的推广，促成最终消费，产生收益。

4.1.1 社群的含义与构成要素

自从有了"社群"，网友通过网络可以更加方便地找到有共同兴趣或者共同价值追求的群体组织。一批具有行业和社会影响力的"大咖"的加入，更是增添了社群组织的活力，吸引了更多的群成员。

1. 社群的含义

社群是基于一个点、一种需求或爱好把志同道合的人聚集在一起，形成的一种关系圈子。一个运营良好的社群应该拥有稳定的群体结构、一致的群体意识和行为规范，以及持续的互动关系。互联网的便利性让社群成员的沟通和信息的传达可以不受空间和距离的限制，这不仅方便了社群成员之间的沟通，也方便了运营者的管理。在社群中，社群成员之间可以通过交流了解彼此、培养感情；社群运营者可以通过发布指令、开展社群活动明确社群成员之间的分工协作，保持社群正常运转。

> **小思考**
> 你知道哪些比较成功的社群？你加入过社群吗？如果加入过，请介绍这个社群的基本信息。

2. 社群的构成

在搭建社群之前，首先要了解社群的构成。一个社群包括同好、结构、输出、运营、复制五个因素，想要搭建一个社群，也要基于这5个构成因素。

1）同好——社群成立的前提

社群构成的第一要素是同好，它是社群成立的前提条件。所谓"同好"，是对某种事物的共同认可行为。可以基于某一种产品，如苹果手机、锤子手机、小米手机；可以基于某一种标签，如星座、某明星的粉丝；可以基于某一种行为，如爱阅读；可以基于某一类三观，如"有种、有料、有趣"；也可以基于某一种空间，如某生活小区。

2）结构——决定社群能否存活

社群构成的第二要素是结构，它决定了社群能否存活。很多社群之所以很快走向沉寂，是因为最初就没有对社群的结构进行有效规划，这个结构包括组成成员、交流平台、加入原则、管理规范。这4个组成结构做得越好，社群的存活时间就越长。

（1）组成成员。发现、号召有同好的人抱团形成金字塔或者环形结构。最初的一批成员会对以后的社群产生巨大影响。

（2）交流平台。找到成员后，需要有一个聚集地作为日常交流的大本营，目前常见的有 QQ、微信、YY 等。

> **小常识**
>
> 组织架构就是社群内由不同的社群成员根据社群规则组成的社群框架，包括社群发起人、运营人员、管理人员、普通成员、组织人员、入群规则、奖惩制度等，是保证社群健康持续运营的重要因素。由于发展进程、规模、人数等的差异，不同社群的组织架构可能略有不同，如社群成立之初，它可能只有发起人、管理人员、运营人员、组织人员、社群规则等都需要后期进行补充。

（3）加入原则。有了元老成员，也建好了平台，慢慢就会有更多的人慕名而来，那么就要设置一定的筛选机制作为门槛，这样既可以保证人员质量，又可以让加入者由于加入不易而格外珍惜这个社群。

（4）管理规范。人越来越多后就必须有管理，一要设立管理员，二要不断完善群规。

3）输出——决定社群的价值

社群构成的第三要素是输出，它决定了社群的价值。所有的社群在成立之初都有一定的活跃度，但是若不能持续提供价值，群的活跃度就会慢慢下降，最后沦为广告群。没有足够价值的社群迟早会成为"鸡肋"，群成员和群主会选择退群或者解散群，也会有一些成员加入一个新的群或选择创建一个新群。

为了防止这种情况发生，好的社群一定要能够给群员提供稳定的服务输出，这才是群员加入该群并留在该群的决定因素。另外，还要衡量群员的输出成果，"全员开花"才能成就更好的社群。

4）运营——决定社群的寿命

社群构成的第四要素是运营，它决定了社群的寿命。未进行运营管理的社群很难有比较长的生命周期，一般来说，通过运营要建立"四感"。

> **小常识**
>
> 社群价值的输出是社群持续发展的重要手段。在进行社群运营时，可以通过邀请嘉宾、引导社群成员进行分享和交流、开展社群活动等方式向社群成员输出有价值的内容，以保持社群的活跃度，提升社群成员的归属感，帮助社群成员成长，促进社群的发展。

（1）仪式感，如加入社群要通过申请、入群要接受群规、行为要接受奖惩等，以保证社群运营规范。

（2）参与感，如通过有组织的讨论、分享等，保证成员在群内有话说、有事做、有收获。

（3）组织感，如通过对某主题事物的分工、协作、执行等保证社群的战斗力。

（4）归属感，如通过线上线下的互助、活动等保证社群的凝聚力。

5）复制——决定社群的规模

社群构成的第五大因素是复制，它决定了社群的规模。

由于社群的核心是情感归宿和价值认同，那么社群越大，情感分裂的可能性就越大。一个社群要想复制多个平行社群，形成巨大的规模，请先思考 3 个问题。

（1）是否已经构建好自组织？要考虑是否具备充足的人力、物力、财力。不能过于围绕中心展开，但也不能完全缺乏组织。

（2）是否已经组建了核心群？要有一定量的核心成员，他们可以作为社群的种子用户，引导社群往良性的方向发展。

（3）是否已经形成了亚文化？要形成社群沟通的亚文化，比如成员聊天的语气、表情风格一致。这是社群生命力的核心。

目前，新媒体运营获取流量的成本越来越高，部分企业花费了大量资金引流，运营效果却并不可观。而社群由大量喜好、价值观相同的社群成员组成，其运营成本相对较低，可以通过社群成员的口碑传播为社群带来更多用户。当社群发展到一定程度时，就可以从社群中挑选出管理人才，在他们的带领下创建子社群，通过复制已有社群的运营模式进行社群的裂变，最终扩大社群的规模。子社群的数量、质量也在一定程度上影响社群的发展。

> **小常识**
>
> **社群里需要哪些角色**
>
> 每个人在现实生活中都有自己的角色，而在社群中也不例外。社群中也有角色分配，每个不同性质的社群都会有不同的角色，大致分为以下3类。
>
> （1）组织者，也就是群主。一个好的社群要有一个优秀的群主，他了解社群成员的特点、需求及其拥有的能力和资源。群主应定时发布主题内容，组织社群里的人参与讨论，群主一般人脉广、会引导。
>
> （2）专家，也就是问题解决者。想要做成一件事，必须要有专业人员。社群中的人很多，关键人员其实只需要几位或者十几位，社群能够持续发展离不开他们。当新进社群的用户发问的时候，专家的回答能够让人安心地留下来，因为他的问题能够在社群中得到解决，如果他发现社群无法帮他解决问题，就会立即离开。
>
> （3）积极分子，也就是气氛活跃者。当社群中有一个话题发布后，大多数人都是观望的，这时候就需要有气氛活跃者。这个角色就像一根链条，也是一个榜样，吸引大家一起参与。很多社群在前期大家还不熟悉的情况下，未必有气氛活跃者。这就需要群主先来安排几个活跃者参与，也就是我们俗称的"托儿"等群内氛围渐渐做起来就不再需要这么做了。

4.1.2 社群营销的内涵与价值

在新媒体营销日趋活跃的当下，社群营销以其独特的功能特性和高度自主性，成为连接用户与品牌的最快方法。在竞争越来越激烈的商业世界中，如果想让品牌获得生存的更多机会，就需要利用好社群营销，为品牌推广打开另一扇窗。

1. 社群营销的内涵

社群营销以社群和社群经济为基础，通过微博、微信、社区等新媒体平台，将拥有共同需求的群体联系起来，进而推销自身产品或服务所形成的一种商业形态。社群营销主要依靠社群关系，营销人员可以通过开展各种社群活动，使成员之间形成共同的目标和持续的相互交往，形成共同的群体意识和规范，扩大社群的影响力，增加社群的规模，使社群不断发展。

> **小常识**
>
> 网络社群的概念是由于 Web2.0 的发展以及社交网络的应用才逐步流行起来的。从 SNS 发展的时间上推测，网络社群的概念大约出现在 2006 年前后，社群经济、分享经济等概念也是在同样的背景下逐渐被认识的，可见社群是以社交化为基础的。

社群运转的前提条件是社群成员的参与度高，创造力强，因此，定期进行社群成员的更替是很有必要的，如替换不能为社群产生价值的成员，添加更多愿意为社群创造价值的成员，以保持社群的活力，让社群更长久地运营下去。社群的资源丰富且多样，营销人员可以通过社群成员之间的交流、互动，激发成员的创造力、组织能力，促使产品、服务、功能进一步完善，最终促进社群的发展。因此，也可以说社群营销是通过社群的自生长、自消化、自复制能力实现运转，并以社群成员的创造能力为链条进行发展，从而实现最终营销目的的。

社群营销是在网络社区营销及社会化媒体营销基础上发展起来的、用户连接及交流更为紧密的网络营销方式。网络社群营销主要通过连接、沟通等方式实现用户价值，营销方式人性化，不仅受用户欢迎，还可能将用户变为继续传播者。

2. 社群营销的价值

社群营销的价值主要在以下 5 个方面。

1）感受品牌温度

品牌的树立是一个长期的过程，塑造的形象必须被周围大众广泛接受并长期认同，而社群的形态有助于品牌直接展示自身鲜明的个性和情感特征，让用户感受品牌的温度。

2）促进产品销售

无论是基于共同兴趣的学习型社群，还是基于个人需求的社群，聚集起来的用户都是对某类产品有兴趣的用户，社群活动能够激发人们的购买欲望，从而促进产品销售。

3）让分享更便捷

从经常在社群中"冒泡"的微商就可以看出，只要顺应了消费者的情感需求，抓住了那些愿意在社交网络上分享自己的购物体验和产品使用心得的消费者，就很容易取得营销的成功。可见，现在的消费者不仅需要好的产品，更需要好的服务和感情寄托。

4）提升传播速度

互联网技术的高速发展让信息传播突破了时间和空间的双重限制，变得速度更快、成本更低。在社群营销中，无论是企业还是消费者都更加关注速度，企业通过社群快速宣传自己的产品，消费者通过社群迅速获得产品的信息。

5）增加用户黏性

在传统的营销环境中，产品售出后，除了退换货，企业似乎和用户断了联系，而社群则是要"圈住"用户，把用户当成家人，让其更深度地参与企业产品的反馈升级以及品牌推广，从而主动为品牌推广助力。

由此可见，社群营销是符合当下时代特征的。在可预见的未来，社群营销将会成为一种趋势，继续发展下去。

4.1.3 社群营销的必备条件与注意事项

随着移动互联网的快速发展，基于互联网的通信方式逐渐普及，受地理空间限制的社群也得到发展并越来越火爆。在打造社群并进行营销时，需要进一步了解社群营销的必备条件和注意事项。

1. 社群营销的必备条件

社群营销是通过一系列营销手段，聚集一群人并促使他们保持活跃状态，使他们与产品、品牌产生更为频繁的交集。想要做好社群营销，可以从以下几方面着手。

1）健全社群运营机制

一个群体变得更聪明还是更愚蠢取决于互动的时空环境和机制等，而不是互动这个动作本身。因此，想要让成员的连接和汇聚产生群体智慧，最重要的是改善连接与汇聚的机制。

社群成员要有共同的价值观和责任感，同时构建社群的规范，通过制度、层级和角色进行成员区分，并通过权利和权益的不同分配、激励的干预和惩罚措施等影响和控制社群的集体行动，提升社群的认同感和执行力。

如何激发社群成员的智慧和能量？这就需要制定评价标准和激励机制。社群不同于企业组织，企业可以单纯地依靠利益来驱动，而社群还有很多其他成分，如人文情怀、使命追求、愿景等，因此，社群运营除了常规的利益奖惩，还需要有一套全新的运营机制。

> **小思考**
> 你加入的社群，其成员活跃吗？你认为该社群是如何保证成员活跃度的呢？

游戏化升级思维是个不错的体系，其核心是PK（对决），充分利用了人性中的攀比心。对于评价机制而言，它主要参照两个指标：参与度和贡献值。激励包括利益激励、荣誉激励和情感激励。以下为群体激励的两个关键因素。

（1）给出简单而清晰的目标，逐级实现。社群发展到一定阶段后，一定要将社群的成员按照贡献度与影响力划分等级，成员等级不同，权限也不同。

（2）每个人都清晰地知道自己的任务并努力完成任务。

2）保持社群的活跃度

创建社群之后，会面临保持社群活跃度的问题。那么怎样保持一个社群的活跃度呢？主要有4个方法。

（1）不断地重组和细分用户。社群的生命周期一般很短，正常运营情况下大概能维持一年左右。一年后则需要打乱社群，重新细分。

（2）以产品为导向，不断更新产品服务内容，刺激用户需求，如秋叶团队每隔一段时间都会更新课程内容就是基于这样的考虑。

（3）重点运营核心种子用户。一旦社群规模不断变大，运营者便会无暇顾及每一个社群成员，这就需要招募一批核心种子用户参与整个社群的运营。

（4）培养社群的亚文化和子品牌。这是最难做的，但是一旦做好就是最有价值的。要让社群形成自己独特的文化，并获得用户认可。

3）打造高效运营团队

社群用户保持了持续的忠诚度之后，接下来就要考虑如何打造一个高效的运营团队，概括起来主要有 3 种方法。

（1）去中心化管理：让社群形成自运转，运营人员只需制定正确的运营策略和方向。

（2）持续更新：保持运营团队的活力和执行力。线上运营人员可能是招募而来的，并不一定都是员工。如果是招募的志愿者，可能会因为其他的事情而耽误运营工作，这就需要吸引新的运营人员加入。

（3）稳定的沟通：这一点是非常重要的，总结、报告及培训是必不可少的。要对新加入的人员进行培训。每次会议纪要保证传达到每一个营销成员。

2. 社群营销的注意事项

在社群营销的过程中，要重点关注以下方面。

1）持续完善社群营销流程

要将工作逐步标准化，减少核心团队成员在产出比低的琐事上的精力耗费。一个社群随着规模的增加，需要细致总结一些工作方法，变成可以标准化操作的流程，这样就可以把一些非核心业务外包给其他人完成，既可以减轻核心成员的工作压力，也可以控制营销工作的质量。营销标准化梳理工作会随社群的扩大而持续进化。

> **小常识**
>
> 吸引成员加入的方式主要有三种：第一是不断发掘社群内部的种子用户；第二是增加品牌曝光度，可以通过持续输出干货内容或与重合度较高的机构或名人做活动来获取曝光机会；第三是要有完善的淘汰机制、奖惩制度，以保证整个团队的执行力和战斗力。

2）不要追求大而全的营销规模

所有的管理理论都强调把正确的人放在正确的位置，合理分工，尽量让成员做自己擅长的事。社群成员并不需要全部聚在一个群或是加入全部的在线聊天群，这样会对核心群员造成极大的信息过载负担。可以采用"核心群多讨论组"的运营模式。

3）建立情感连接

要逐步建立社群核心成员的情感联系。社群成员遇到困难时，要及时发现、私下沟通、发动社群资源帮助解决。所有的连接都应建立在关注对方真正的关切点上。

4）设置有弹性的组织架构

有些社群的核心成员是兼职人员或者志愿者，他们在本职工作和学习压力过大时只能退出。如果采用弹性的组织架构，本职工作忙的时候就到组织架构的休息区，不忙的时候就到组织架构的高速运转区，这样就能让成员有一个回旋的余地，而不是一忙起来就只能离开。

5）建立合理的回报机制

社群要能给核心成员提供一个清晰的发展规划，不断让团队成员去学习、提升自我，让其获得在管理、技能、专业知识及营销业绩等方面的提升。

社群创建初期,留住核心成员应靠成就感,不仅有物质回报,更要有精神上的回报,要让核心成员觉得自己的存在是有必要的,他所做的事情是有价值的,而且在组织里能够找到自己的定位,从而产生归属感。

一旦核心成员深度参与社群的运营,见证社群的成长,那么社群对于他们来说,就不仅仅是一个平台,而更像是自己的作品和陪伴自己的朋友,建立了这种深厚的感情,就不会轻易割舍。

当社群有了盈利能力,更需要一套清晰的奖惩和绩效考核制度,让付出有效劳动的成员有相对应的物质回报,让精神力量有物质基础的支撑。

6)及时清理不同频的人

对于核心成员,要秉承"疑人不用,用人不疑"的原则,要给人以足够的信任和尊重。真正的信任能调动核心人员发挥自己的主观能动性,增加其在社群的参与感。但是对于加入社群却没有真正认同社群核心价值观的人,或者加入社群更多是为了谋取个人利益的人,也要及时清理。

及时清理不同频的人,把内部矛盾从源头肃清,保持一致的价值观,反而能提高团队含金量。

7)提高社群品牌影响力

社群发展的根本目标在于平台本身逐步形成品牌影响力。努力运营好社群,不断让社群成员慎重考虑自己的每次决定,才是保持社群健康发展和实现社群营销盈利的正常节奏。

4.1.4 社群营销的流程

随着新媒体的发展,微信、微博等平台的竞争愈显激烈,因此,企业应吸引用户加入社群,通过社群打造产品或品牌的口碑,提高影响力。社群营销主要包括以下4个步骤。

1. 明确社群定位

做任何事情都应该先思考布局再行动,建立社群也一样。在建立社群前,应该想清楚为什么要做社群,社群的定位是什么。一般来说,社群定位可从价格、范围、品类、人群、规模等方面来思考。例如,建立某奢侈品品牌的社群,其定位就可以是高价、箱包、中端、大规模。此外,还可以从建立社群的目的的角度来对社群进行定位,如客户服务、人脉积累、品牌打造等。

2. 吸引精准用户

要想取得良好的运营效果,就必须吸引精准的目标用户,通过对目标用户基础信息、观念、环境的分析,了解目标用户。了解用户与社群定位是相辅相成的,既方便对社群进行定位,也有利于吸引精准的用户人群。

3. 维护用户活跃度

社群需要依靠社群成员之间的关系来发展壮大,因此用户的活跃度对社群也存在着影响。为增加凝聚力，提升用户活跃度，运营人员可通过线上和线下两种方式开展活动，如线上嘉宾、社群成员经验分享，线下节日、纪念日聚会等。

> **小常识**
>
> 随着社群经济的不断发展，社群数量越来越多，甚至出现了很多类型相似、定位相同的社群。在这种环境下，社群一定要有明显的个性标签，才能与其他同类型社群进行区分；将标签打造得具有社群的个性化特色，才能使社群从众多社群中脱颖而出。

4. 打造社群口碑

社群口碑的好坏影响着社群的宣传效果，拥有好产品、好内容、好服务的社群，其口碑经过积累、沉淀也会更好。因此，要打造良好的社群口碑，必须做好社群服务，让用户拥有更好的社群体验，在社群中感受到快乐并有所收获。

案例 4-1

700bike，骑行是一种生活

4.2　构建社群营销

移动互联网和网络社交平台的不断发展为社群营销提供了宽广的天地。个人或群体通过社群将具有相同爱好、特征的目标用户聚集起来，形成一个共同的兴趣圈，然后通过社群进行产品或品牌的推广，促成最终消费，产生收益。进行社群营销前，必须建立一个完整的社群，在拥有一定数量的粉丝后，再完善社群结构、管理，进行社群营销。在保证社群持续性输出能力时，不断为成员创造价值，使成员之间建立坚实的感情联系和信任关系，形成自运转、自循环的经济系统，让社群持续壮大，通过复制，分化出更多的社群。

4.2.1　同好——寻找社群成立的核心

运营者在社群"同好"主题之下要尽可能确立社群成员共同认同的价值观。社群成员有共同认同的价值观才能保持长期的连接。

1. 建立社群的目的

运营者要明确建立社群的目的，它是后续一切活动开展的初衷。如果一个社群的存在既能够满足社群成员的某种价值需求，又能够在满足需求的过程中给运营者带来一定的回报，就会形成一个良好的循环。一般来说，建立社群的常见目的有以下几种。

1）销售产品

某些人建立社群的目的是能够更好地售卖自己的产品。例如，有一个人通过建立社群分享绣花技巧，同时推销其淘宝小店。这种基于经济目标维护的社群更有可能生存下去，因为做好群成员的维护，就可以源源不断地获得老用户的满意和追加购买。

2）提供服务

某些人建立社群是为了提供服务。例如，在线教育平台要组织大量的学员群进行答疑服务，还可以通过微课在线分享知识；有的企业会建立社群与客户进行联系，以提供一些咨询服务。

3）拓展人脉

人脉型社群尤其要明确定位，每个人的需求是不同的，如果社群找不到定位，非常容易失败。例如，"正和岛"是企业家供需适配平台，它围绕创业者社群建立生态链，下面有很多细分的组织；"猫的剽悍江湖"的定位是"不断走出自己的舒适区，突破自己的认知领域，多跟优秀的陌生人做朋友，向他们学习"，所以该社群只招募陌生人。

4）聚集兴趣

基于读书、学习、跑步、艺术等爱好而聚在一起的成员形成的社群，其主要目的是吸引一批人共同维持兴趣，构建一个共同爱好者的小"圈子"。成长是需要同伴效应的，没有这个"同伴圈"，很多人就难以坚持，他们需要在一起相互激励，很多考研群就是基于这样的目的创建的。例如，Scalers Talk 成长会以"持续行动，学习成长"为目标，口译等技能的练习只是一个通向成长的手段，其核心是聚集一群价值认同者，一起完成更有意义的事情，并从中得到成长。

5）打造品牌

出于打造品牌的目的而组建的社群，旨在和用户建立更紧密的关系，实现在交易之外的情感连接。社群的规模大了，传播性就可以增强，对于品牌宣传就能起到积极作用。

但需要注意的是，不是所有品牌都容易和用户建立产品之外的情感连接，这跟品类以及沉淀是有直接关系的。例如，用户不会觉得用洗手液就代表什么生活方式，因为其功能性太强；而手机除了其功用，还是一种代表时尚、潮流的产品，用户对手机的关注度较高，可以讨论的话题较多，那么，社群就可以被快速建立。还有一些品牌，本身在用户群体中的口碑还没有建立起来，没有一定的品牌沉淀，想要构建社群也不容易。

6）树立影响力

企业可以借助社群更快地树立影响力。因为网络缺乏一定的真实接触，这种影响力往往能让新入群的成员相信群主的能量，形成对群主的信任，然后群主通过激励、分享干货、组织一些有新意的挑战活动鼓励群成员认同某种群体身份，最终借助群成员的规模和他们的影响力获得商业回报。

2. 社群的价值

社群自身必须有一定的功能，能给群成员带来一定的价值。社群的价值是基于能力构建的，而不是基于热情或者愿景。构建社群价值需要注意以下几个问题。

1）价值要尽可能抓住群成员的痛点

一旦偏离了同好定位，社群的运营方向自然也不会达到预期。要让社群的价值抓住群成员的痛点，就需要从以下两个维度思考：一方面是从社群发起人的角度出发——社群发起人为什么要建立这个社群？希望通过创办与运营社群得到什么？也就是前面讲到的要明确建群的目的；另一方面是从社群中群成员的角度出发——群成员为什么要加入这个社群？希望通过加入与参与社群得到什么？对于一个社群来说，聚集在一起的群成员必须有一个共同的强烈需求，社群必须能提供满足这一需求的服务。

■ 课程思政

社群必须能够输出价值，能够让社群成员获得价值，积极传递正能量，在价值和利益方面提供给成员幸福感。

2）价值要具体

社群的价值要具体，要让群成员看到价值何在。以一部分成长学习群为例，群成员在社群里面能接触到各行各业的专家，所以这个社群的价值非常明显，那就是群成员可以和各行各业的专家交流，感受他们的思维，学习他们的方法。

3）价值要有回报载体

图 4-1　社群价值的回报载体

社群既然应该为群成员提供价值，那就必须有一个能够产生经济回报的载体。例如，"罗辑思维"有自己的电商平台"得到商城"，如图 4-1 所示。同好的标签固然可以把有同类特质的用户快速聚集起来，但如果没有相匹配的回报载体满足群成员深层次的需求，这样的"同好"就会陷入组织一群人热闹，社群发起人什么回报都没有的窘境。

很多时候还没有想清楚把一群人聚集起来之后商业回报到底在哪个点产生，社群发起人就凭着一腔热情把社群建设起来。一旦运营的激情消退，那些缺乏运营的社群，要么沦为广告群，要么慢慢沉寂，社群成为一个空壳，不会再有价值。

一群人有共同的爱好极有可能买同样的服务或者产品，当购物话题在社群中被提起时还能带来从众购买效应。建设一个社群是需要付出巨大的时间成本和精力成本的，只凭兴趣爱好而不求回报地付出是不现实的，所以一个健康并能长久生存的社群是基于连接的"自生式"生态系统，它既能满足群成员的某种价值需求，又能给运营人员带来一定回报，只有这样才能形成一个良好的循环。

4）价值要有互惠互利的共生点

通过调研大量社群发展的案例可以看到，真正能长久存活下来且不用特别维持还能很活跃的社群，其成员之间逐步建立了互惠互利关系。

因为一个社群就算有回报载体，但如果仅仅是一个产品或服务销售群，群成员难免会对社群的商业化性质质疑。想打消群成员的疑虑其实并不容易，如果社群运营者和群成员之间的回报是相互的，那么社群的自运营生态便能真正建立起来。例如，秋叶PPT的核心群聚集了很多喜欢制作PPT的群成员，秋叶老师有需求的时候群成员会主动帮忙，秋叶老师有定制PPT的订单也会介绍、推荐群成员去挑战，群成员之间也经常打赏、分享彼此的好作品，互相帮助扩大个人品牌的影响力，这样的社群因为有了互利互惠的关系，价值自然就会显现出来。

3. 社群的表现形式

社群的表现形式主要有以下几种。

1）社群名称

社群名称是用户对社群的第一印象，是用户了解社群的首要途径。社群成员可以通过社群名称进行社群品牌的传播和宣传，吸引更多具有相同爱好和价值观的用户成为社群的新成员。设置社群名称是建设社群的首要任务，其方法主要有两种。

（1）根据社群的核心构建点来命名。社群的核心构建点是形成社群的主要因素，也是社群区别于其他社群的核心竞争力。例如，以社群灵魂人物为延伸来命名，如罗辑思维的"罗友会"等；以产品为延伸来命名，如小米手机的"米粉"群等；以服务为延伸来命名，如定位为健康社交的"员方瑜伽"等。这种以社群核心竞争力为延伸来命名的方法不容易让新用户识别，适合已经拥有大量粉丝的社群。

（2）根据目标用户的需求来命名。根据目标用户群体的需求，在社群名称中加入能够吸引用户的关键词，方便用户辨认和识别，如××健身交流社、××英语学习群等。

两种取名方法各有优缺点，可结合这两种方法来取名，既方便用户辨认，又能够突出其核心竞争力，如秋叶PPT等。需要注意的是，社群名称应遵循定位精准、适宜传播、简单明了的原则，切忌使用生疏冷僻词汇和宽泛词汇，切忌频繁改名。

2）社群口号

社群口号指社群用于宣传的广告口号或标语，可以是一句话或一个短语，最好能令人印象深刻，具有特殊意义。社群口号在社群营销过程中可以起到宣传品牌精神、反映社群定位、丰富成员联想、使社群名称和标识清晰的作用。一个好的社群口号应该能代表社群的价值观，能聚集同好，体现社群定位，方便用户记忆、传播，并体现社群的精神追求。社群口号的确定可从以下3个方面进行。

（1）功能特点。通过一句话来描述社群的功能或特点，简洁且直观，非常容易让用户理解，如"互帮互助，学好PPT""每日分享，读懂那些你来不及读的书"等。

（2）利益获得。直接以社群能够带给用户的利益为口号，可以吸引对该利益感兴趣的用户，并使用户为了该利益而不断为社群做出贡献，如温州运动汇社群的口号"温州运动汇，汇运动和健康于一身"。

（3）情感价值。以精神层面的情感价值为社群口号，可以吸引认可社群价值观的用户群体。这种精神层面的追求往往具有一定的延伸性，不仅能够吸引更多志同道合的社群成员，还能对社群品牌和定位进行宣传，是社群口号更高层次的追求，如南极圈社群的口号——"做对腾讯人最有用的圈子"。

社群口号可以随着社群的发展，结合社群特点适当进行调整。一般来说，社群在建立的初期常以功能特点、利益获得作为社群口号的出发点，以快速吸引用户加入社群，占据市场领先地位。而发展到一定阶段的社群或具有一定成熟度的社群，则会根据社群已经具有的知名度，从情感价值方面确定社群口号，以占据市场中的竞争优势地位，增强自己的核心竞争力。

3）社群视觉标识

社群要凸显仪式感、统一感，那么视觉标识就是最基本的表现手法。社群视觉标识即为区分不同社群的标识元素，如 logo、徽章等，一般在社群名称、社群口号的基础上进行设计，可作为线上线下活动的标识物，用于聚集社群成员。

社群视觉标识中，最具代表性的就是社群 logo。在设计社群 logo 时，可直接在社群名称的基础上改变字形、添加社群定位等，如图 4-2 所示，正和岛社群 logo 即将社群名称中"和"字的右边改为太极图案，并添加了社群定位；也可以将社群 logo 设计为与社群名称相关的事物，如图 4-3 所示，萤火读书社社群 logo 就是根据社群名称，设计为萤火虫与灯光的结合；社群 logo 还可以结合社群名称与社群定位来进行设计，如图 4-4 所示，南极圈社群 logo 结合了社群名称的"圈"字和"腾讯离职员工"的定位，化用了腾讯公司 logo 中的彩色圈。

图 4-2　正和岛社群 logo　　　图 4-3　萤火读书社社群 logo　　　图 4-4　南极圈社群 logo

此外，社群 logo 还可结合社群的核心人物、企业 logo、社群理念的卡通形象等进行设计。对于规模较大的社群来说，其子社群 logo 可根据主社群 logo，通过增加地域标识等方法进行设计，以保持社群 logo 风格的一致性。

> **小思考**
>
> 假如你的好朋友是学校篮球队的主力，他建立了一个篮球爱好者的 QQ 群"××大学城篮球交流群"，意在交流篮球心得，现需要你为他设计一个合适的口号和 logo。

在社群 logo 的基础上，社群可以设计并制作其他视觉元素，如邀请卡、胸牌、旗帜、纪念品等，以用于社群各种线上线下活动的开展。如图 4-5 所示的广东狮子会线下活动合影中的旗帜，就是根据图 4-6 所示的狮子会社群 logo 设计的。

4. 增强社群黏性的方式

要增强社群黏性，运营者可考虑从形式和节奏两方面入手。

（1）形式方面：运营者用自己所擅长的形式持续输出内容并通过和群成员交流、互动不断强化共同的价值观，常见形式有以下几种。

图 4-5　狮子会线下活动合影

图 4-6　狮子会社群 logo

① 官方内容，如罗辑思维的微信 60 秒语音、趁早读书会的"效率手册"。
② 互动形式，如群讨论、群分享、答疑、内部群送福利活动等。
③ 周边产品，如秋叶 PPT 的 3 分钟微课程、行动派的日历等。
④ 线下活动，如 BetterMe 大本营，不但每年组织群成员聚会以加强情感联系，还会专门花时间对群成员进行培训。

（2）节奏方面：群成员以固定的方式做类似的事情可以有节奏地连接，形成固定的使用习惯，对下次活动产生预期，参与度也会提高。

另外，社群要提高群成员的凝聚力，还应设置好入群门槛，要引入具备共同认可的"三观"的人，有必要时放弃一部分群成员，这个过程叫"洗粉"。当然，主动"洗粉"策略建议慎用。

4.2.2　结构——无规矩不成方圆

在社群的结构方面，有两个主要组成部分，一个是成员结构，另一个是社群规则。

1. 成员结构

由于社群成员拥有的特质各不相同，因此，社群具有多样性。社群成员在一个结构良好的社群中被分为社群创建者、社群管理者、社群参与者、社群开拓者、社群分化者、社群合作者、社群付费者 7 种角色，下面分别进行介绍。

1）社群创建者

社群创建者是指社群的初始创建人，一般为具有人格魅力、专业技能、出众能力的人。他们具有吸引用户加入社群的一些特质，能够对社群的定位、发展、成长等进行长远且正确的考虑。例如，南极圈社群是因潘国华拥有互联网领域精英的人脉资源而聚集起来的；桔子会是因廖桔为社群商业模式第一人而形成的；正和岛则是因创建者刘东华长期为以企业家为主体的决策人群服务，能洞悉企业家的核心需求，并以健康的价值观和善于对结果负责的能力赢得了决策人群的深度信任而建立的。

2）社群管理者

社群管理者是指社群中负责管理各项事务的人员，与企业中的管理者类似，如总经理、行政主管、行政组长等。社群管理者应具备良好的沟通、协调、决策与执行能力，拥有大局观，能公正严明、以身作则。由于社群的特殊性，社群管理者大多在线上完成工作，无法与社群成员面对面沟通，这对社群管理者应变能力的要求非常高。

在一个成熟的社群中，应拥有完整的管理团队，通过不同层级的管理员对不同方面的任务和内容进行管理。管理团队一般包含以下5个层级。

（1）总管理：负责整个社群的管理，对社群发展过程的所有事宜进行决策，可决定社群的发展方向与发展规模。

（2）副管理：负责社群数据的统计，辅助总管理进行社群管理，处理管理组长上报的相关事宜。

（3）管理组长：副管理下属的管理人员，主要负责社群的质量管理，包括社群活跃度、社群聊天、社群发言质量等具体事项的管理。

（4）管理人员：最基层的社群管理者，主要负责社群基本事务的管理，如社群成员打卡统计、新成员昵称提醒、群内容分享等，并在定期总结后向管理组长汇报。

（5）管理助手：负责为总管理或副管理整理相关资料，处理基本事务，类似于公司中的秘书一职，可由管理人员兼任或不设。

社群管理者可在低层成长后，通过考核，从管理人员晋升至管理组长，从管理组长晋升至副管理、总管理。社群管理员在确定后就应稳定下来，不应轻易变动，以免影响社群结构的稳定，造成社群成员的流失。当社群规模足够大时，应建立社群管理者群，定期进行工作汇报，促进社群的健康发展。

3）社群参与者

社群参与者即社群中的普通成员，其风格可以多样化，但要能参与社群活动和讨论。引入多种风格的社群参与者往往能激发社群的活跃度，提高社群成员的参与热情，保证社群健康长久地发展。例如，引入性格活泼的社群成员可以调节社群内的气氛；引入行业内较有影响力的人可以使社群成员踊跃发言，提出疑问，相互讨论，并得出答案，等等。

4）社群开拓者

社群开拓者是社群的核心发展力量，必须具备能谈判、善交流的特质。社群开拓者可在不同平台对社群进行宣传，为社群注入新鲜血液，并促成社群的各种商业合作。

5）社群分化者

社群分化者是社群大规模扩张的基础，指能将建立的社群发展起来、成立子社群的人员。社群分化者一般具有非常强的学习能力，能够深刻理解社群文化并参与社群的建设，是社群裂变的关键性人员。

6）社群合作者

社群合作者是与社群彼此认同、理念相同、具备同等资源，以达成互惠互利的企业或组织，其与社群的关系可以是资源的互换、经验的分享、财力的支持等。

7）社群付费者

社群付费者就是通过交纳一定的费用加入社群的成员，能为社群的发展提供资金支持，能积极参与社群的活动，保证社群的活跃度。

2. 社群规则

要想保证社群的长期发展，就需要制定与社群定位相符的规则，约束社群成员的行为，并在实际运行中对规则进行验证与完善。根据社群营销的不同阶段，社群规则可分为引入规则、日常规则、激励规则和淘汰规则4种。

1）引入规则

一个社群想要快速发展，就必须吸引用户加入社群，使其成为社群成员。为保证社群的顺利发展，在引入社群成员时，必须设立一定的门槛，淘汰不符合规则的成员，避免营销后期出现大量不活跃成员。一般来说，社群成员的引入规则主要有5种方式。

（1）邀请制。邀请制是指由群主或管理员邀请他人加入社群，使其成为社群成员，适用于规模较小或专业领域较强的社群圈子。邀请制社群对社群成员的能力要求较高，并可能有一些附加条件，成员必须在群中体现出自我的价值。这种社群引入规则可以在社群创建之初就保证社群的质量，使社群始终高效、有序地运转，但由于要求较高，社群成员的数量一般不会太多。

（2）任务制。任务制是指用户必须完成某项任务才能成为社群成员。任务制社群受其社群的规模、性质等影响，制定的任务难度有高有低，如一些规模较大的社群可能将填写报名表、注册会员、转发集赞等作为考核任务，而一些专业性较强的社群则可能将提供作品、证书等作为考核任务。

（3）付费制。付费制是指用户支付社群规定的费用后成为社群成员。不同社群的费用不同，社群可根据自身定位与资源进行定价。一般来说，收费越高的社群质量也越高。

（4）申请制。申请制是指用户依社群发布的公开招募信息投递简历，经过书面、视频面试等步骤，成为社群成员。这种引入规则要求申请者具备一定的才能，以便在众多竞争者中脱颖而出。

（5）举荐制。举荐制是指用户通过群内成员的推荐成为社群成员，适合于知识型或技能型的社群，但群内成员的举荐名额一般都有限制。这种引入规则要求推荐人事先向被引入者介绍社群，其成为新成员后才可以更好地融入社群，而当被引入者遇到问题时，推荐人也会因为责任率先帮助被引入者解决问题。举荐制方便社群的管理，减少了社群管理者的工作量，提高了工作效率。

2）日常规则

日常规则是指对社群成员日常行为的一系列规范，一般展示在群公告中。日常规则一般包括名称规则、交流分享规则和其他规则3个方面，下面分别进行介绍。

（1）名称规则。名称规则包括社群命名规则和社群成员命名规则。符合要求的名称能树立社群规范、正面的形象，加深社群成员之间的互相了解。

① 社群命名规则。对拥有很多子社群的大规模社群来说，将社群名、群主名、归属地和序号等组合成群名称，可以方便新成员快速了解社群结构，一般有社群名+序号、群主名+序号、社群名+归属地+序号等形式，如×××1群、×××2群，如图4-7所示。

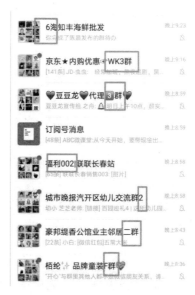

图4-7 群命名

②社群成员命名规则。为方便其他成员辨识与了解，刚加入社群的新成员应根据入群规则修改群成员名称。群成员名称一般包含身份、昵称、序号、归属地等元素，常以序号+身份+昵称、序号+身份+归属地的模式出现，如"17+群主+秋秋""23+群主+苏州等"。

（2）交流分享规则。交流分享规则可以保证社群成员良好地沟通和交流，促进信息的传播，加强社群成员的互动，提高社群活跃度，促进社群发展。其中，交流规则包括交流时间、交流格式、交流礼仪、交流疑问解决、交流争论解决、交流处罚、投诉渠道 7 个方面的内容，分享规则包括分享过程疑问解决、分享处罚、分享争议讨论、分享礼仪 4 个方面的内容。

（3）其他规则。其他规则是指社群日常运营中可能遇到的其他问题的行为规范，如对通过社群添加个人好友、社群意见反馈等行为的规范。

3）激励规则

设置恰当的激励规则有助于提高社群成员的活跃度、参与度，增加社群的凝聚力。社群激励规则一般包含考核规则和奖励规则两个部分。

（1）考核规则。对社群成员的相关行为进行考核，可结合日常规则使用积分制度，将社群成员的行为通过积分的形式展示，定期进行考核，如积极参与社群活动积 3 分，在社群活动中积极互动积 1 分，等等。

（2）奖励规则。对考核成绩优秀的社群成员进行奖励，其形式可以是现金、物品、优惠券等，如考核排名第一的社群成员获赠一张限时一年的满 500 减 50 优惠券等。

> **小常识**
>
> ### 华中科技大学"HUST 大电信团结群"的交流规则
>
> 【群定义】华中科技大学无线电系、电子与信息工程系、通信工程系的学生建立的微信交流、友情联络、信息互通的社群。首发群名为"HUST 大电信团结群"，扩展群名后缀为"求实群""严谨群""进取群"，以此类推。
>
> 【群公约】远离违法言行。
> 　　　　　严惩人身攻击。
> 　　　　　抵制传销集资。
> 　　　　　拒绝商业广告。
> 　　　　　不提倡"鸡汤"文。
> 　　　　　克制拉票行为。
>
> 【群礼仪】如群内多次出现重复、持续、强烈的争吵、挑衅、侮辱等言语时，各成员、群管理员应及时劝阻当事各方，以维护群内友好团结的基础环境。如劝阻无效，群内所有成员皆可用"投诉接力"的方式表达不满，形式如"投诉@王某某+1"。当出现"投诉@王某某+10"且当事方仍未停止时，群管理员应及时将其移出群，令其冷静反省，当事人改正后重新入群（如原群已满不保证能回原群）。

4）淘汰规则

随着社群的发展，为保证社群成员的质量，应对社群成员进行选择，将活跃度不高、不利于社群发展的成员淘汰，留下对社群有贡献、积极参与社群活动的成员。社群淘汰规则有3种方法，分别是人员定额制、犯规剔除制、积分淘汰制。

（1）人员定额制。人员定额制是指将社群成员人数限制在固定人数内，如150人。当人数达到限额时，则剔除一些活跃度、参与度都比较低的成员，以保证社群始终处于活跃状态。

（2）犯规剔除制。犯规剔除制是指将违反社群规则的社群成员淘汰，如剔除发布煽动性言论、引战言论、垃圾广告的成员。为保证社群的正常秩序，可根据犯规次数及程度设置不同惩罚，如对首犯且程度轻的社群成员予以警告，将屡教不改或程度重的社群成员剔除等。

（3）积分淘汰制。积分淘汰制是指对社群成员的行为给予积分奖励或惩罚，设置积分标准线，定期统计成员积分，将积分不足的成员剔除，重新引入新成员。

4.2.3 运营——社群生态遍地开花

1. 平台选择

建立社群一定要选择正确的运营平台，这个平台可以是论坛、QQ群、微信群、YY群，也可以是大规模开放在线课程（massive open online course，MOOC）平台，还可以是这些工具或者平台的混合体。具体哪一种社群运营平台更好，要根据社群的定位和运营规则确定。

1）从使用功能的角度进行选择

主流的社群运营平台是QQ和微信。一般来说，群成员不多的时候两者都很好用，一旦群成员众多，QQ群的优势就显现了出来。一方面，微信群的群成员数量上限是500人，QQ群可以达到2000人；另一方面，QQ群有群文件、群视频、禁言等多种管理功能，有利于社群的维护。

2）从用户习惯的角度进行选择

现在QQ的活跃人数和微信的活跃人数不相上下。很多中学生都习惯用QQ，他们认为微信是成年人用的。腾讯QQ2019年发布的数据报告显示：21岁及以下QQ月活跃用户量，每个季度都以10%以上的速率增长。而重庆是"00后"用户最多的城市，之后依次是深圳、成都、广州。由此可见，选择平台时应考虑用户年龄、地域等诸多因素。

3）从商业经济的角度进行选择

虽说很多社群开始走向商业化，但是群成员付费的方式一般寄托于额外的一些操作手段。例如，微信群本身是为了社交，群付费模式并不是特别方便，而商业社群探索的是基于付费模式来设计运营规则。有的社交软件已经开始尝试纯商业社群，如支付宝下的群种类。

4）从跨多平台的角度进行选择

社群规模扩大后，群成员进行群交流分享就需要解决跨群同步的问题。目前基于社群的在线分享工具大量出现，常用的跨群分享平台有千聊、红点等。

2. 种子成员

组建社群之初的成员选择是非常重要的，因为在前期得到的种子成员的质量以及从中获得的价值是整个社群运营的关键。种子成员的寻找和维护应该与社群规则的制定同时进行,把从种子成员那里得到的经验和教训作为制定社群规则的参考,这非常重要。寻找社群的第一批种子成员有以下几种方式。

1) 真爱聚拢法

组建社群之初寻找群成员其实很难,因为没人愿意加入没有人气的社群。多数社群最开始是社群创建者邀请自己的朋友以及朋友的朋友加入,有了基础的群成员,再慢慢通过活动、分享等吸引更多的人加入。此外,种子成员可以从已有成员中挑选,要更多地留意那些喜欢产品、常来互动、多次购买产品并推荐给朋友的群成员。

2) 影响力聚拢法

通常来说,在某一领域拥有影响力的个人和组织更容易建立起垂直领域的社群。很多企业建立社群失败,就是因为社群中没有具有影响力的人物。一位普通员工建立100个群,顶多是100个微社区,除非这个人真正具有影响力。

3) 线上标签筛选法

互联网上有大量可以聚集某一特征人群的场景,如通过一场线上主题分享会吸引参会者加入社群,逐个邀约在某一人物微博下热评的粉丝,寻找某种特定风格网站的用户……明确社群的定位,寻找这些场景,通过互动联系这些人。聚集第一批群成员或许会多花一点儿时间,但是打好基础是非常重要的。例如,新浪微博通过微博标签筛选出微博高校教师,组建了一个高校教师微博群,来引导大家互相认识、交流、投稿。

4) 线下场景切入法

一个做母婴类专营店的人如何在短期内通过建立社群的方式达成可观的销售业绩呢?首先要选择从线下场景切入,找到潜在的目标成员。一般来说,需要母婴用品的用户通常会去妇幼保健院、儿童娱乐场、早教中心等场所,在这些线下场合很容易找到目标成员。然后通过一系列优惠政策,如"入群就送价值58元的公仔书包"等吸引目标用户入群,短期内完成社群组建。这种方式不但精准,而且信任连接更强。

4.2.4 输出——社群对外品牌的形成

1. 打造社群品牌自媒体

要建立好的输出矩阵,需要做到"五化",即全民化、激励化、品牌化、生态化、可视化。

1) 全民化:全员开花而不是一枝独秀

当社群的每个成员都在社群中展示自己的智慧时,社群的价值才能不断提高。全员开花才是社群。如果仅仅是一枝独秀,迟早会削弱社群中核心人物的能量,加速社群的衰亡。

微课:打造社群品牌自媒体

社群管理者要下功夫扶持社群核心成员,构建社群影响力。很多社群管理者想打造自己的品牌影响力,却舍不得花精力扶持社群核心成员。其实,单点的影响力一般比不上多点影响力形成的矩阵。

一个社群要进行群体进化,就要让普通群成员也能输出。例如,怪木西西的社群"西瓜会"有一条入群规则，"入群请推荐：一本书＋一个工具（网站/App/公众号）＋一条西瓜会玩法"。这样的群规则让每一个群成员从入群就开始输出，贡献自己的价值。

2）激励化：好的输出要及时给予激励

群成员输出内容后最好有合理的回报，不然群成员的热情迟早会减退。例如，秋叶PPT 69群中有一半的群成员开通了微信公众号，基本上拥有原创资格，之后就可以获得群成员和读者的赞赏。

3）品牌化：以持续稳定的产出打造品牌

通过互相分享活动经验，社群的声势会越来越大。一个社群要有意识地打造一个或几个品牌活动，让别人一看到这个活动就联想到其背后的社群组织。

4）生态化：资源整合循环成闭环系统

社群输出的内容要有展示的窗口，因此社群必须建立与之相关的平台，让社群内输出的内容通过平台进行展示。

5）可视化：打造社群兼顾内外的名片

未来的社群会越来越开放，而且会不断追求对外可视化。未来的社群应该做到：让别人可以轻松地感受到一个社群的能量。因此，可以通过百度脑图打造社群云通讯录、社群云智库和社群云名片等方式打造社群的可视化。

2. 打造社群品牌活动

品牌活动可以让社群中的成员通过完成任务，用输出的方式得到回报，社群管理者也用不着非得找话题、做活动，因此维护管理的成本也不会太高。

例如，"群殴PPT"是秋叶PPT的一个品牌活动，活动的形式简而言之就是"一群人改一页PPT"。企业提供一页PPT，可以有自己的logo、产品等相关信息。秋叶PPT的群成员利用在"和秋叶一起学PPT"课程中所学到的技能修改这一页PPT，通过微博平台发布自己的作品。秋叶团队会对群成员的作品进行点评与反馈。

3. 打造社群爆款产品

爆款有利于形成焦点，获得足够的引力，聚合足够的关注，而且爆款一般意味着可观的回报。例如，BetterMe大本营推出的"跟小荻学沟通"训练营，定价99元/人，上线8小时，500个名额即售罄。这不但能够在短时间内获得大量有相关爱好人士的关注，同时丰厚的回报也会给社群管理者带来充足的信心和激励。

4.2.5 复制——裂变分化、扩大规模

社群成立之后，大部分运营者都会遇到一个新的挑战：如何做大？也就是社群规模的问题。对于这一问题，运营者需要从以下几方面进行考虑。

1. 扩大时机：什么时候开始复制

扩大社群规模前，要明确是否已经做好扩大运营的准备。例如，运营者是否做好人力、财力、物力的准备？是否能够支撑社群快速复制？社群规模的扩大不能盲目，运营者要清

楚地看到人力成本是否能够同步跟上社群规模的扩大。

社群是否已经形成了亚文化，也是一个非常重要的指标。亚文化又称"集体文化"或"副文化"，指与主文化相对的那些非主流的、局部的文化现象，指在主文化或综合文化的背景下，属于某一区域或某个集体所特有的观念和生活方式。任何社群想要持续存在，必须形成一套有鲜明特征、打上自己烙印的文化体系，因为资源是会枯竭的，唯有文化生生不息，这是社群生命力的核心。

2. 复制周期：按照怎样的节奏进行复制

评估社群复制周期可以参考产品周期评估法和生命周期评估法。

1）产品周期评估法

一个社群的存在既能够满足群成员的某种价值需求，又能在满足群成员需求的过程中给运营者带来一定的回报，这样就会形成一个良性的循环，甚至可以形成自运行的社群生态。运营者想要得到长期性的回报，就要设置长期的需求。这也是为什么大多高频重复使用类产品的社群存活时间比单纯兴趣社群要长。例如，一个以"简历"为同好的社群运营周期就比较短，同时群成员需求时长也比较短。一旦群成员找到工作，简历社群就难以复制。因此，社群运营的时间周期与群成员需求时长的定位是息息相关的。

■ 课程思政

> 习总书记指出：没有高度的文化自信，没有文化的繁荣兴盛，就没有中华民族伟大复兴。真正的社群文化就像国家文化、企业文化一样，内化于心，外化于行，固话于制，三者缺一不可。

2）生命周期评估法

任何事物都有生命周期，大部分社群的生命周期模型如图 4-8 所示。运营者必须认识到，即便是出于商业目的去主动运营一个社群，在运营非常好的情况下，社群也是有生命周期的，这个生命周期大约为两年。

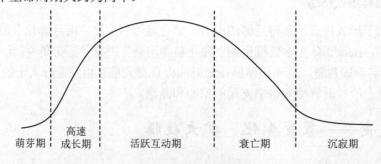

图 4-8 社群生命周期

3. 复制方式：如何有条不紊地扩大社群的规模

如果同步复制 10 个群，最终很可能每个群的风格都不一样，社群似乎完全割裂。因此，想让社群统一，有向心力、凝聚力，就必须传承社群文化。

以秋叶 PPT 学员群为例，运营者先成立了"和秋叶一起学 PPT 1 群"，并在开放社群之前做了大量工作，使得群成员的数量很快就突破了300人，之后该群成为秋叶PPT最活跃、重购率最高的学员群，因为这个群是由当年课程一出现就立即毫不犹豫地支持秋叶的学员组成的，是"真爱群"。社群运营进入良性循环后，运营者才开始启动第二个群的建设，通过内部小窗，转移了一部分老群成员到2群，于是2群一开始就有一定的规模，这样新人入群感觉就较好。由于老群成员在群里，自然就把自觉不刷屏、禁言的文化传承了下去。后边的3群、4群、5群都如此。这样新老结合，让入群的人一开始就感觉加入一个人数较多的群，形成在线抱团学习的氛围；同时借助老群成员自然延伸过去的群文化，为群的管理打好基础，社群文化也自然得到复制。

4. 复制陷阱：从小社群到大社群会遇到的陷阱

如果一个社群能够度过从0到1的生存期，运营者自然就会思考能否把社群做大做强，延长社群的生命周期，甚至创造出新的社群生态。不过，大部分社群还没有走上从1到10的发展壮大之路就进入了死亡状态，产生这一问题的原因主要有以下5方面。

1）失焦

失焦是导致社群消亡的第一个原因，它是指社群缺乏明确的定位。没有定位的一个表现就是无论什么人都可以加入社群，结果一个社群中既有专业人士又有新手，运营者把不同层次的人混在一起，以为这是所谓"去中心化"的自组织，结果很多群成员一看有专业人士在社群中，就马上加好友、求链接，导致专业人士流失。

2）无首

无首是导致社群消亡的第二个原因，它是指缺乏有影响力或热心的群主来管理群。很多人觉得一个社群如果有管理、有规矩，就违背了"去中心化"的宗旨。其实这是一个误解。社群不可能完全自组织，只能说社群在移动互联网时代呈现组织网络化、话题发散化、沟通碎片化特征。一个社群如果没有群主主动组织话题、发起活动、维护社群秩序，这个社群就很容易变成广告群。

3）强势

与无首对应的，是群主的个性过于强势。社群有了规模以后，为了避免社群成为广告群，群主往往会制定严格的群规。但是越严格的群规越容易引起争议，因为很多人不喜欢在一个网络组织中还有太多的约束。例如，有些群主希望社群中少一些闲聊，不允许发与主题无关的话题，有的群成员就会认为一个只聊专业话题的社群没有趣味，不认同这样的规矩，他们认为应该发表一些轻松活泼的内容来活跃气氛。

4）无聊

运营者要想把社群做得有声有色，不让群成员感到无聊乏味，就必须定期举办活动。如果一个社群总是只有固定的几个群成员比较活跃，大部分群成员就失去了新鲜感，社群也就失去了活力。

如果一个社群的规模较小（如不超过40人），群成员认同度高，那么就不需要刻意限定分享形式，社群的生命周期也会很长。但如果一个社群的规模较大，固定地参与社群活动就会让群成员产生一种身份认同感，这种身份认同感也是群成员愿意留下来的重要理由。当这种身份认同感消失的时候，群成员很可能会选择退群。

5）蒸发

当有新成员不断加入一个开放的聊天群时，社群中的高价值成员如果感觉到群成员平均水平的降低让自己继续待在群里已经没有意义了，就会选择离开。这些成员的离开进一步降低了社群的价值，于是恶性循环开始，越来越多高价值的群成员选择离开，直到这个社群彻底地沦为一个平庸的聊天群。我们把这一社群现象称为"蒸发现象"，即高水平群成员不断地"蒸发"，冷却了社群的热度。

案例 4-2

小米的社群营销

4.3 社群平台的运营策略

社群运营有一定的规则，商家一定要遵守规则。社群运营并非想象中那么简单，无论是企业还是个人，进行社群营销都要掌握一些运营策略。设计品牌、挖掘粉丝、与粉丝互动、开展活动等都是社群运营不容忽视的关键策略。

4.3.1 维护核心粉丝群

对于能量不足的运营者来说，在社群运营的初期应该建立核心粉丝群。这种群的特点是成员很放松、规矩不多，成员可以在群里畅所欲言，相互认识，相互了解。

粉丝群运营一段时间之后，运营者就可以深入地了解目标人群，熟悉大家聊天时的语气、表情，形成群体沟通的亚文化。

不同的人、不同的社区、不同的产品，形成的亚文化不同，这种亚文化需要通过发掘有一定运营能力的群内小伙伴去复制。一个运营者往往无法有效管理社群，需要维护核心粉丝群，在群中找到可以帮助自己运营的伙伴。

> **小思考**
> 社群运营中如何铸就良好的口碑？

做社群运营，若在初期没有维护核心粉丝群，直接建设大群，那么就会出现各种管理上的问题，因此维护核心粉丝群很重要。核心粉丝群可以采用准入制，设置进群门槛，这样可以保障核心粉丝群的成员质量。

4.3.2 倾听客户的声音

网络社群的出现改变了人们购买产品和互动的方式。在网络社群中，任何一种声音都有可能影响整个社群。商家在打造品牌、开拓市场等一系列商业活动中，都应聆听消费者的声音。只有仔细聆听，商家才能和消费者融为一体，打造产品社群，为产品的发展共同努力。

20世纪80年代，戴尔起家的时候，并不是按照公司的设计直接把计算机组装好，而是按照顾客的意愿来"定制"。虽然各个零配件的规格、参数都是设计好的，但是却给消费者提供了一定的选择空间。就是这一点点的选择空间，使戴尔走向了成功之路。

通过戴尔的例子可以看出，聆听并尊重消费者的意愿是企业长远发展的关键所在。既然商品是要卖给消费者的，那么就应接纳消费者提出的要求。

消费者的声音是最真实的，他们会通过网络平台说出自己的诉求。企业应该充分认识到这一点，用足够的耐心倾听广大消费者的声音。

■ 课程思政

> 社群的沟通不是创始人和管理者自上而下的权威型沟通，而是双向互动的民主式沟通，这就要求社群创始人和管理者走近社群成员，和成员平等地交流、相处，倾听他们的心声，关注他们的兴趣爱好，从而为他们量身定做适合的营销方式。

4.3.3 挖掘客户兴奋点

长期以来，很多营销活动都把优惠、折扣作为重点。对此，消费者早已看透，甚至会把优惠促销价看作正常的商品售价。因此，商家应挖掘客户兴奋点，打造新颖的营销活动。

例如，当年一部韩剧《来自星星的你》的热播，使"炸鸡配啤酒"走红，成了爆款美食。江苏电信营业厅借助该部电视剧的人气，推出了"爱她就送她炸鸡啤酒"的营销活动，消费者只要购买三星手机，企业就会送上炸鸡和啤酒。由于《来自星星的你》中的男、女主角用的都是三星手机，所以江苏电信营业厅的这次营销活动设计得恰到好处。许多网友对该活动大加赞赏，认为这次活动十分有创意。

其实，炸鸡和啤酒本身并不是很值钱，但是在特定的事件和环境中，炸鸡和啤酒被赋予了特殊的意义。炸鸡和啤酒并非消费者购买三星手机的直接原因，而是由于《来自星星的你》的热播，这次营销活动成功地利用了消费者的兴奋点，从而成功提升了三星手机的关注度，使活动更加有创意。

在社群营销中，通过在网络平台与用户的交流，营销人员可以顺利地找到用户的兴奋点。比如，营销人员可以了解当下流行的活动或用户喜欢看的电视剧，从中找出用户的兴奋点。企业可以借助电视剧中的道具、台词等进行产品宣传。

总而言之，找到用户的兴奋点之后，可以通过开展活动的方式推广产品，调动用户参与活动的热情。

4.3.4 带动客户参与

让消费者参与从产品的品牌设计、生产到出售的整个过程，他们就会获得参与感。若消费者对一个品牌有着不一般的感情，那么这种品牌就会形成强大的品牌势能，这样企业就可以积累无限财富。

品牌不仅是一个称号,还代表着企业在市场中的地位和实力。一个品牌只有被市场认可,才能够存活下去。

决定品牌在公众面前呈现势能的 3 个因素包括主体势能、媒体势能及公众再传播。在这 3 个因素中,公众再传播是最重要的因素,而决定公众再传播力量的是参与感。若一个品牌可以让消费者获得参与感,那么消费者就会忠诚于该品牌,从而自愿做品牌的代言人。

其实,社群营销就是积累大量忠诚用户的过程。那么,企业该如何积累忠诚用户呢?首先就是要让用户获得参与感。

过去,企业通过报纸、杂志、电台及电视等媒介进行营销,这种营销属于广告式的,消费者只能被动地接受,却不能与企业进行对话,这就使得消费者缺乏一种参与感。若消费者可以参与企业的营销过程,获得参与感,就会忠诚于企业的品牌。

例如,在小米产品的开发过程中,有很多用户都参与其中,为小米出谋划策。对于小米而言,这些用户的价值并不在于他们帮助小米开发了优秀的产品,而在于他们成了小米的忠诚用户,对小米产生了一种情怀。

通过小米的案例可以看出,强大的品牌势能源于消费者对品牌的情怀,而这种情怀又来源于参与感,所以企业一定要注重让消费者获得参与感。

案例 4-3

知味葡萄酒的社群营销

4.4 社群营销活动策划

成功创建社群后,要想其健康地发展下去,就必须进行适当的运营,策划并开展一系列社群活动,保持社群的活力和生命力,加强社群的活跃度和凝聚力,培养社群成员的黏性和忠诚度,使社群成员有意识地发展社群,扩大社群规模,增强社群影响力。

4.4.1 线上策划与推广

社群营销活动是活跃群内气氛的重要手段,具有多样化的表现形式,常见的社群营销线上活动有社群分享、社群交流、社群福利、社群打卡等。

1. 社群分享

社群分享是指向社群成员输出知识、心得、体会、感悟等有价值的内容,或社群成员之间围绕某一话题进行讨论的行为。社群分享是常见的社群线上活动,能调动社群成员的积极性,为社群创造内容输出,吸引更多的新成员,为社群发展保驾护航。

1）分享类型

社群分享一般包括灵魂人物分享、嘉宾分享、内容成员分享和总结分享 4 种，以下为其具体内容。

（1）灵魂人物分享。由具有极高威望的社群灵魂人物进行分享，适用于金字塔结构的社群。

（2）嘉宾分享。邀请社群外的其他专家或红人进行分享，要求社群有足够的吸引力或资金。

（3）内容成员分享。社群成员进行信息的分享，对社群成员的能力要求较高。

（4）总结分享。发动社群中的每个成员分享自己的经验或收获，以促进社群成员共同进步。

2）分享过程

为保证社群分享的质量与活动的顺利开展，营销人员应在分享活动开始前、分享过程中和分享后，做好相应的准备。

（1）确定。在分享活动开始前，应提前准备分享内容和分享模式，准备好要分享的话题的素材。特别是对于没有分享经验的新手，更应该确认其分享内容，以保证社群分享的质量。

（2）通知。确定分享时间后，可以通过群公告、@全体成员的方式，对分享信息进行反复通知，确保更多成员了解分享活动，并参与进来。

（3）暖场。在分享活动正式开始前，需要一个主持人对分享内容、分享嘉宾等进行介绍，为分享活动暖场，营造合适的氛围，引导成员提前做好准备。

（4）控制。每次分享前，都需要提前制定好规则，避免分享过程被打断，如在 QQ 群中进行分享活动时，全员禁言。在分享的过程中，控制人员应该时刻注意是否有社群成员干扰分享进程，维护分享秩序。

（5）互动。在分享过程中，如果嘉宾设计了与成员互动的环节，主持人应该积极进行引导，甚至提前安排活跃气氛的人，避免冷场。

（6）福利。为了提高社群成员的积极性，在分享结束后，可以设计一些奖励环节，为表现出彩的成员赠送一些福利，吸引社群成员参与下一次分享活动。

（7）宣传。在分享期间或分享结束后，可通过设置一定奖品，引导社群成员宣传分享信息。营销人员也应该总结分享内容，在各种社交媒体平台进行分享传播，打造社群的口碑，扩大社群的整体影响力。

2. 社群交流

社群交流是指挑选一个有价值的话题，发动社群成员参与讨论，输出高质量的内容。与社群分享一样，在进行社群交流前、中、后，也需要经过专业的组织和准备。

1）策划活动

在进行交流前，必须考虑好参与交流的人、交流的话题，以及话题组织者、主持人、控场人员等角色。交流的话题会影响讨论的效果，通常应选择简单、方便交流、有热度、有情景、与社群相关的话题；合理分配角色则可以保证社群交流的秩序和氛围，使活动顺利进行。

2）预告暖场

在进行社群交流前，可以设置预告环节，将活动相关信息展示给社群成员，如主题、时间、人物等，吸引更多社群成员参与交流；还可以设置暖场环节，调动社群成员的积极性，营造良好的交流氛围。

3）交流过程

一般来说，社群交流只需要按照预先设计的流程进行即可，包括开场白、交流、过程控制、其他互动和结尾等。但需要注意的是，当交流过程中出现偏离交流主题甚至无意义的刷屏内容时，应该及时将话题拉回主题，控制场面，并对破坏秩序的社群成员予以警告。

4）交流结束

在社群交流结束后，主持人或组织者需对活动进行总结，将有价值的交流内容整理出来，总结活动的经验与不足，对活动的过程、收获等进行分享和传播，扩大社群影响力。

微课：社群福利

3. 社群福利

社群福利是提升社群活跃度的有效工具，可将其加入社群激励规则，鼓励社群成员积极参与社群活动。一般来说，不同的社群福利制度不同，规模较小的社群大多使用单种福利制度，而规模较大的社群则同时使用多种福利制度。

> **小常识**
>
> 活跃气氛时，可以选择发红包的形式，但要注意发红包的场合和时间。一般来说，新人入群、宣布喜讯、发布广告、节日祝贺等都可以适当发红包。此外，发红包最好选择合适的时间段，如工作时间段的红包引起的关注度相对低。

（1）物质福利。物质福利是指为表现优异的成员提供物质奖励，一般为实用物品，或是具有社群个性化特色的代表性物品，如社群徽章、社群定制纪念品等。

（2）现金福利。现金福利是指为表现优异的成员提供现金奖励，多为奖金的形式。

（3）优惠福利。优惠福利是指在表现优秀的成员再次购买商品时给予优惠，如减少课程费用、赠送额外的讲师辅导等。

（4）荣誉福利。荣誉福利是指为表现优异的成员提供相应的荣誉奖励，如奖杯、勋章、特定头衔等。合理的荣誉福利能够大幅度提高社群成员的积极性。

（5）虚拟福利。虚拟福利是指为表现优异的成员提供积分等虚拟奖励，当虚拟奖励积攒到一定程度的时候，就可以领取相应的实际奖励。

4. 社群打卡

社群打卡是指为了培养社群成员良好的习惯、行为而采取的方式，是监督和激励社群成员完成任务的手段之一，可激励成员不断进步。

1）设置打卡规则

社群打卡应该设置严谨的规则,保证社群成员坚持打卡,积极实现个人目标。打卡规则可以从以下4个方面进行设置。

(1)押金规则。押金规则是指成员加入社群前,需交纳一定押金,在规定时间内,若完成目标则退还押金;未完成任务的成员的押金,则自动转为奖金,按比例奖励给表现优异的成员。使用押金制度时,可设置相应的积分规则,在初始积分的基础上进行加减,对最终的积分进行比较。

(2)监督规则。监督规则是指社群管理者对打卡情况进行统计、监督、管理,定期将整个社群的打卡情况以图片、消息、文档、群公告的形式发送到社群中,激励社群成员坚持打卡。

(3)激励规则。激励规则是指定期给予表现优异的社群成员奖励,以激发社群成员的积极性。奖励的形式多种多样,可以是红包、徽章、头衔等。

(4)淘汰规则。淘汰规则是指将打卡完成度低的社群成员淘汰,或给予惩罚,或让其通过某种方法弥补。

在打卡的进程中,可根据打卡情况总结优劣势,对打卡规则进行优化、升级,保持社群成员打卡的积极性。

2)营造打卡气氛

一个积极、健康的打卡社群必定拥有良好的打卡氛围。下面对有利于营造打卡氛围的一些因素进行介绍。

(1)树立榜样。榜样有一种可以激励社群成员不断成长、前进的力量。在社群中,可将表现好、有恒心、能激励其他成员的社群成员、往期打卡活动中表现最好的成员、本次活动中最积极的成员挑选出来作为榜样。需要注意的是,作为社群的运营人员,要以身作则,带动其他成员。

课程思政

> 从学习榜样到成为榜样,是一个发现美、学习美、创造美的过程。社群运营应该放宽视野,寻找、学习从前被忽略的身边的榜样。在生活中,凡是能激励人们奋发向上、勇往直前的人都可以成为榜样。

(2)互相鼓励。大部分加入打卡社群的成员都是为了让自己变得更好,但打卡需要长期坚持,所以同伴的鼓励对于社群成员来说尤为重要。成员只有感受到了同伴的关注,才能得到动力,才能不断自我激励,完成更多的事情。

(3)设置竞争。在社群中设置竞争机制,可以调动社群成员的积极性,营造良好的打卡氛围,如对积极打卡的社群成员给予更多特权和奖励。设计竞争机制时,可将社群成员分为不同的组或层级,定期考核打卡成绩,对不同组进行比较,使小组成员产生竞争心理,调动他们的积极性;或将优秀者晋升为上一级,不合格者淘汰到下一级。

(4)提供惊喜。提供惊喜是指不定时给予社群成员一些意料之外的福利,如给积分最高的成员以实物奖励。惊喜可以为社群成员带来新鲜感,提高社群成员的积极性。

(5)调动感情。社群需要以一定的情感为纽带才能更好地连接在一起,因此在打卡过程中,管理人员可以通过挖掘社群成员的打卡故事,如每天坚持在某一时间打卡等,让社群成员之间形成对比，增加社群成员之间的黏性。

4.4.2 线下策划与推广

在新媒体时代，只有线上与线下相结合才是顺应潮流的运营方式。线上交流虽然很方便，但线下交流更容易促进社群成员之间的感情联系，加强社群的凝聚力。在线下举办社群活动，可以让社群成员更有归属感，也可以使社群成员之间的关系从单纯的网络好友延伸到现实好友，连接到社群成员的生活、人脉圈中，使关系更牢固。

微课：线下活动的类型

1. 线下活动的类型

社群线下活动包括核心成员聚会、核心成员和外围成员聚会、核心成员地区性聚会等。核心成员和外围成员聚会人数多，组织难度大，而核心成员地区性聚会则组织方便，容易成功。可以通过消息、视频、图片等方式将聚会实况发布到社群或社交平台，增强社群影响力，增加社群成员黏性，持续激发和保持社群的活跃度，刺激更多成员积极参与线下活动。

2. 线下活动的策划

要策划一场精彩的线下活动，必须把控好活动的每一个步骤。

1）活动前的准备工作

在开展社群线下活动前，应确定活动目的、了解用户需求，进行合理规划。

（1）确定活动目的。在准备开展活动前，需要确定活动的目的，如知识分享、感情联络等。目的不同，开展的活动不同，其要求也有所不同。

（2）了解用户需求。在策划线下活动前，可在社群中征集社群成员的意见，了解社群成员希望举办的活动类型。

（3）规划活动。在社群活动开展前，需要对活动方案、活动流程、活动预算等进行规划，并做好应对活动过程中可能遇到的各种问题的准备。

2）开展活动

开展活动包括宣传推广、对外联系和活动开展3个部分。

（1）宣传推广。在确定活动信息后，需要在微信、QQ、简书、大鱼号、百家号等平台中对活动进行宣传推广。另外，还要安排参与人员报名、设计活动海报并进行发布、邀请媒体、收集活动参与人员关于活动的建议、针对活动进行直播、发布活动过程中的合影照片等事宜。

（2）对外联系。对外联系是指与活动相关合作方联系，如场地和设备等的洽谈、嘉宾的邀请等。该部分需要确认活动场地和设备正常工作、邀约的活动嘉宾和分享文稿无误。

（3）活动开展。活动开展是线下活动的重要部分，应把握活动节奏、维持现场秩序、保证人员安全等。由于活动的开展时间有限，此部分应该更注重效率，以在有限的活动时间里为社群成员赢取更多的发展空间。

> **小 常 识**
>
> 为保证活动的顺利开展,可进行合理的团队分工,将具体任务明确到各分工组,使活动各个流程、各个环节都有条不紊。

3. 线下活动的总结

一个活动不可能是完美无缺的,所以营销人员需要总结活动好的方面、成功的经验,并发现活动中出现的问题,思考如何在下一次活动中避免发生这些问题。线下活动总结主要包括以下两方面内容。

1）活动复盘

活动结束后,营销人员应对此次活动的流程进行复盘,包括活动规划、宣传推广、对外联系、活动开展等方面。

2）总结经验与改进

浏览复盘的活动流程,总结其中的成功之处与出现的问题。在进行总结时,可从以下5个方面进行思考。

（1）活动物料清单。此次活动的物料准备是否出现了不够或剩余太多的情况,分析其产生的原因,思考改进方法。

（2）活动主持流程。活动的主持流程有哪些不足之处,与事先设置的环节有哪些出入,该如何改进。

（3）文案亮点内容。活动宣传文案有哪些亮点,是否为偶然现象,有无借鉴意义。

（4）成功经验。举办这次活动,可以从中总结出哪些较为成功的经验,在举办下一次活动时是否可以保留和借鉴。

（5）有效环节。举办活动时,有哪些新奇、有亮点的环节,取得了什么样的效果。

案例 4-4

影响力最大的知识社群——与众不同的罗辑思维

技能实训

【实训题目】

社群营销与运营。

【实训目标】

（1）能够通过教师讲解、案例讨论掌握相应知识点。

（2）能够初步认知社群营销。

(3) 能够形成初步的独立思考能力。

(4) 能够培养初步的自主学习能力。

【实训内容与要求】

(1) 由教师介绍实训的目的、方式、要求，调动学生参加实训的积极性。

(2) 由教师布置模拟实训题目，题目如下：

某徒步社群想在植树节举办一次登山植树的线下活动，现需你做出活动策划书。要求掌握活动计划的撰写思路，从时间、目的、地点、流程、奖品、推广等方面考虑，简单策划其活动方案并总结撰写思路。

(3) 由教师介绍社群营销的相关案例及讨论的话题。

(4) 所有同学相互评议，教师点评、总结。

【实训成果与检测】

1. 成果要求

(1) 提交案例讨论记录：教学分组按 3~5 名学生一组，设组长 1 人、记录员 1 人，每组必须有小组讨论、工作分工的详细记录，以作为考核成绩的依据。

(2) 能够在规定的时间内完成相关的讨论，学习团队合作方式，撰写文字小结。

2. 评价标准

(1) 上课时积极与老师配合，积极思考、发言。

(2) 认真阅读案例，积极参加小组讨论，分析问题思路较宽。案例分析基本完整，能结合所学理论知识解答问题。

(3) 团队配合较好，积极参与小组活动，分工合作较好。

思考与练习

1. 名词解释

(1) 社群。

(2) 社群营销。

(3) 社群口号。

(4) 社群分享。

(5) 积分淘汰制。

2. 简答题

(1) 简述社群营销的价值。

(2) 请说明社群营销的流程。

(3) 简述如何寻找社群的第一批种子成员。

(4) 请说明社群平台的运营策略。

(5) 请说明常见的社群线上营销活动。

第 5 章

直播营销与运营

【学习目标】

(1) 认识直播与直播营销，并了解直播营销的概念、特点、优势等；
(2) 掌握直播营销的模式、流程，并能够进行直播营销的脚本设计；
(3) 掌握直播营销的运营内容。

【思维导图】

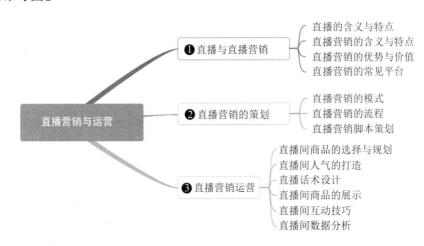

【导入案例】

东方甄选助力乡村振兴

2022年"6·18"期间，新东方旗下的直播间——东方甄选，突然火了。6月9日-10日间，东方甄选直播间观看人次超过760万人次，单日销量总额超过1500万元。

董宇辉的直播间，用一根玉米引着粉丝追忆童年，用一袋稻米带着粉丝游览野外风光，带着乡村振兴的农产品，一起高调"圈粉"。新东方的成功转型，不仅证明了人才已成为发展的核心竞争力，更说明了文化可以为竞争力添彩。"直播带货""我为产品代言"等新兴产业，的确是乡村振兴的"新思路"，近年来成效显著。新东方选中"乡村振兴"这一赛道，通过直播带货帮助农产品销售，进而助力推进乡村全面振兴，不仅抓住了当前"乡村振兴"的大趋势,同时,也抓住了一、二线城市的消费者在后疫情时代更加注重健康、原生态和高品质食品的需求,为农产品的销售开创了一个新渠道,也为电商直播开辟出了新的销售品类。

资料来源:新东方"东方甄选"爆火背后还有一股金融力量默默支持乡村振兴[EB/OL].(2022-06-20). https://t.cj.sina.com.cn/articles/view/1068891872/3fb5fee001901hxra,有改动。

▶ 辩证思考:分析以上内容,讨论并思考直播营销如何助力乡村经济发展。

分析提示:直播电商助力乡村振兴,最重要的是探索直播电商背后价值的挖掘和产业链关系,真正促进"产业+互联网"的转型升级。不久的将来,直播将成为多数企业营销的必备工具。品牌对直播的功能价值诉求会越来越多样化,"种草"、品牌传播、话题营销将成为直播电商的重要功能。

5.1 直播与直播营销

5.1.1 直播的含义与特点

在信息广泛传播的网络时代,静态的图文内容越来越难吸引用户的注意力,而直播是以视频的形式向用户传递信息,其表现形式不仅立体化,还能实现实时互动,更容易吸引用户的注意力,所以直播获得了很多人的青睐。

1. 直播的含义

传统意义上的直播是指广播电视节目的后期合成与播出同时进行的播出方式,如以电视或广播平台为载体的体育比赛直播、文艺活动直播、新闻事件直播等。但随着互联网技术的发展,尤其是移动互联网速度的提升和智能手机的普及,基于互联网的直播形式出现了,即用户以某个直播平台为载体,利用摄像头记录某个事件的发生、发展进程,并在网络上实时呈现,其他用户在相应的直播平台上能直接观看并进行实时互动。当前人们所说的直播,多数情况下是指基于互联网的直播。

直播以互联网技术为依托,具有实时性强、互动性强、更具真实性的特点,现场直播结束后,直播活动举办方还可以为用户提供重播、点播服务,这样做有利于扩大直播的影响范围,最大限度地发挥直播的价值。

2. 直播的特点

直播具有平民化、灵活性、真实性、互动性、平等性、社群化等特点,赢得很多用户的喜爱。

1) 平民化

随着智能手机的普及和无线通信技术的发展,直播已经不仅仅是一种娱乐方式,更成为网络大众普遍使用的表达方式。主播可以自由地生产直播内容,用户可以随时随地观看,摆脱了传统视频直播对场景的限制。另外,视频直播将"去中心化"落到了实处,任何人都能成为内容的生产者,都能在法律允许的范围内自由地表达自己,将自己的想法及观点传播给他人,实现了人与人之间的有效沟通,增加了交互的丰富性,提高了传播效率。

2)灵活性

网络直播具有很强的灵活性,可更好地满足受众的观看需求,具体体现在以下3个方面。

(1)网络直播内容的采集非常灵活。用户需求的多样性决定了网络直播内容的丰富性,诸如吃饭、旅游、购物、娱乐等各种不同的活动都可以成为直播的内容,而且采集内容时一般仅需一部智能手机就可以操作。

(2)网络直播内容的发布非常灵活。无论是专门的直播平台,还是淘宝等电商平台,只要申请入驻并通过审核后便可以轻松发布自己的直播内容。

(3)网络直播内容的接收非常灵活。对用户而言,只要有计算机、智能手机等相关设备,便可以登录直播平台,寻找自己感兴趣的内容。

3)真实性

相较于经过层层包装的人与物来说,人们更希望看到真实的场景。直播将真实的生活场景再现在观众面前,满足了观众对真实性的需求。另外,直播可以与生活全面结合,"直播+旅游""直播+音乐""直播+吃饭""直播+遛狗"等,使得直播内容极大丰富,从而提升了直播的观赏性。

4)互动性

互动性是网络直播与传统直播的最大区别。传统媒体在直播时只能通过文字、图片、音频、视频等将现场事件的相关信息传递给观众,观众之间是不能进行交流的。而对于网络直播来说,实时互动是其天然优势,网络直播不仅可以让用户及时掌握事件的动态信息,而且可以与观看同一直播的用户进行沟通,用户将自己的想法、观点、感受等发表在即时留言板、论坛、弹幕等上面,实现与其他用户的互动,有效地增强了观众的参与感。直播平台也因实时互动的性质具备了社交属性,以视频为节点形成了社区。直播过程中的互动,将人与人之间的连接变得更加人性化。

5)平等性

在以电视为主的传统传播媒体时代,信息的传播是单向的,即媒体制作后传输给观众收看。在这样的信息传播模式中,内容制作方与用户的地位是不平等的,内容制作方具有更大的主动权,处于较高的位置,而用户相对被动。在网络直播模式中,多元化的共享平台使得直播内容的采集、发布、收看都是在平等的基础上进行的。一方面,直播内容的制作者、用户都是彼此平等的,均具有同样的权利并必须遵循相关法律和平台规则;另一方面,内容的制作者与用户也是平等的,双方均拥有自主选择权,并可基于平台进行互动交流。

6)社群化

大部分人观看直播都是有目的的,要么是追逐某个人,要么是追逐某种现象。也就是说,观看同一个直播的人大多有相同的兴趣爱好,这些有共同兴趣爱好的人极易集合成社群,而现实生活中将人集合起来的驱动因素非常多,例如,很多人喜爱观看体育赛事,由此形成了体育赛事直播;很多人喜爱打游戏,由此形成了游戏直播,等等。直播生成的社群互动塑造了一种新的社交方式,满足了众多用户的社交需求,使互动的趣味性得到有效提升。

5.1.2 直播营销的含义与特点

随着互联网红利的逐渐消失,以直播为载体的内容营销全面爆发,直播已经成为各个企业或品牌商开展营销活动的重要手段。

1. 直播营销的含义

直播作为一种全新的内容表现形式,在丰富互联网内容表现形式的同时,也为企业/品牌商带来了一种新的营销方式——直播营销。所谓直播营销,是指企业/品牌商以直播平台为载体进行营销活动,以达到提升品牌影响力和提高商品销量目的的一种营销活动。

2. 直播营销的特点

直播为企业/品牌商带来了新的营销机会。作为一种新兴的网络营销手段,直播营销具有以下3个特点。

课程思政

> 直播营销从业人员必须遵守职业道德,只有立足本职工作、精通业务、按章办事、文明礼貌、诚实守信,才能更好地维护直播电商环境,给广大消费者提供更好的服务,维护社会的健康、稳定发展。

1)即时互动性

传统的营销方式通常是由企业/品牌商发布营销信息,用户被动地接收信息。在这个过程中,企业/品牌商无法立刻了解用户对营销信息的接收情况和用户对营销信息的态度。

直播具有良好的互动性,在直播过程中,企业/品牌商在向用户呈现营销信息的同时,用户可以针对营销信息发言和互动,参与直播活动。这样既有利于增强用户的参与感,又调动了直播间的氛围。针对某些话题,甚至可以形成意向用户、围观用户以及企业/品牌商三方之间的强烈互动,真正实现企业/品牌商与用户之间、用户与用户之间的深度互动,实现营销效果最大化。

2)场景真实性

在营销活动中,真实、高质量的商品是企业/品牌商赢得用户信任的首要因素。在传统的营销方式中,无论是图文式广告,还是视频类广告,它们虽然制作精良,极具吸引力,但是有些用户往往会质疑其真实性,因为它们都是提前制作好的成品,制作过程中经过了大量人为的剪辑和美化。而通过直播,企业/品牌商不仅可以展示商品的生产环境、生产过程,让用户了解商品真实的制作过程,获得用户的信任,还可以展示商品的试吃、试玩、试用等过程,让用户直观地了解商品的使用效果,从而刺激用户的购买。

3)营销效果直观性

消费者在线下购买商品时,容易受到外部环境的影

> **小思考**
>
> 结合本节内容,就直播营销与传统营销的区别谈谈你的理解。

响，往往比较慎重。而在直播活动中，主播对商品的现场展示和介绍，以及直播间内很多人争相下单购买的氛围，很容易刺激用户直接下单购买商品。在直播过程中，直播运营团队可以看到直播间的实时数据，了解直播间内商品的售卖情况，及时掌握直播活动的营销效果。

5.1.3 直播营销的优势与价值

随着直播行业的蓬勃发展，企业/品牌商也纷纷运用直播开展营销活动，实现销售渠道的开拓和销售额的提升。

1. 直播营销的优势

微课：直播营销的优势

对于现在的任何企业来说，营销都是至关重要的，不同行业有不同的营销方式，而直播营销可以给企业带来巨大的利益。直播营销具备以下几方面优势。

1）准确捕捉好奇心

大多数消费者会对一些行业性质较为高端的企业（如 B2B 与医疗企业等）的运作流程抱有一定的好奇心理。这时候，文字描述虽然可以答疑解惑，但难免显得有些冰冷，图片虽美观，却也只是一个定格的瞬间，视频虽然形象不少，但与直播相比还是少了让人身临其境的感觉。若想激发和满足用户对产品的好奇心，大可试试直播营销，运用实时互动信息的同步/全方位详细展示的特性，实现和用户时间、空间、信息的同步，为用户带来更为真实详尽的体验。

2）消融品牌与用户间的距离感

运用互动直播营销全方位实时向用户展示最为直观的品牌制造、部分生产流程、企业文化的塑造和交流等，让用户对品牌的理念和细节更为了解，能够直观地感受到产品和背后的文化，企业自然而然地拉近了与潜在购买者的距离，消融了之前存在的距离感。

3）制造沉浸感

营销宣传环节的用户契合问题一直是实体企业家最头疼的问题。直播营销恰恰能解决这个问题，只要利用其特有的信息实时共享性，在直播中让用户感受到具体的细节，为用户打造身临其境的场景化体验，就可以制造用户沉浸感，让用户共享这场感官盛宴，实现辐射范围的最大化。

4）发出转型信号

利用直播平台新颖、美观时尚的直播界面，丰富有趣的打赏方式再加上企业本身塑造的别出心裁的直播内容，就可以使企业的宣传方式焕然一新，消除用户心目中的刻板印象，向时代发出营销传播转型的信号。

2. 直播营销的价值

随着互联网的高速发展，营销形式也从线下逐渐转移到线上，而直播是线上营销的一种新形式，直播营销能够发挥的价值体现在以下 3 个方面。

1）搭建传播矩阵

企业抢先占领各大视频平台，如抖音、快手、微信视频号以及各大电商平台等，能够有效地搭建视频矩阵，形成新的营销传播体系。直播也已成为各视频平台竞相发展的重点项目。

> **小常识**
>
> 抖音短视频刚上线时的名字为 A.me，2016 年 12 月 22 日正式更名为抖音。抖音用一年时间，做到了视频日均播放量超过 10 亿次，日活跃用户数达到千万级，500 天左右就成为 App Store 摄影与录像类应用排行榜的第 1 名。

2）搭建私域流量池

用户可能会因为企业文化而成为企业的粉丝，也可能会因为产品而成为品牌的铁粉，企业可以通过互动式直播，促使用户加深对企业的了解，巩固用户对企业的印象。企业还可以将这些流量导入自己的私域流量池中，建立更广泛的用户连接，为实现更精准有效的营销打下基础。

3）快速带货变现

做直播营销的目的是变现，而带货是最快的变现方式。在直播中，企业可以搭建起相关的交易体系或者和线上的电商平台结合起来带货，从而快速变现。对于企业而言，直播营销的效率更高，持续效果更长久，成本更加低廉，还可以在直播平台上直接变现，减少变现流程，从而提高转化率。

5.1.4 直播营销的常见平台

随着互联网与直播行业的发展，直播平台遍地开花，越来越多的用户涌入这个新的消费风口。

1. 抖音

抖音于 2016 年 9 月上线，是一个帮助广大用户表达自我、记录美好生活的短视频分享平台，更是一款音乐创意短视频社交软件。抖音不断提高用户体验，增加新的功能，抓住时下热点，让"抖友"（抖音用户）始终保持着新鲜感，让更多的名人抖音成为热门。抖音娱乐属性明显，具有流量大和用户活跃度高的优势。

1）抖音平台的特点

在上线初期，抖音的标签是"潮""酷""时尚"，这奠定了抖音"年轻、时尚"的调性。这个定位让抖音在开始发力时占据了先发优势，并吸引了大量一二线城市的年轻人。随着用户群体的不断扩大，抖音的定位也发生了变化。2018 年 3 月，抖音正式启用全新的品牌口号——"记录美好生活"，这个定位体现了抖音向生活化方向的转变，让抖音的主要面对人群从追求"潮""酷"的年轻人走向了普通大众。

抖音平台主要具有以下 4 个特点。

（1）泛娱乐化。受到抖音前期"潮""酷""时尚"定位的影响，音乐、舞蹈、搞笑段子等泛娱乐化的内容在抖音平台上比较受欢迎，这就促使创作者在创作短视频时更倾向于轻松、娱乐的方向。

（2）个性化推荐。在抖音平台上，用户是在全屏模式下浏览视频，可以通过向上、向下滑动手机屏幕切换短视频，这就是抖音首创的"单屏浏览模式"。进入抖音首页后，用户无须按照主题选择短视频的类型，而是以平台推送的顺序观看。

抖音平台会根据用户观看短视频的停留时长及点赞、评论等行为为用户优化短视频推荐。在这种个性化的推荐机制下，用户观看的短视频都是由抖音平台决定的，但用户可以关注某些抖音账号，然后在自己账号的"关注"版块中查看自己感兴趣的短视频。

（3）流量叠加支持。创作者将短视频上传到抖音平台以后，抖音平台会对短视频进行审核，查看短视频是否存在违规内容。如果短视频存在违规内容，将无法在抖音平台上发布。

当短视频通过审核后，抖音平台会将短视频放进一个较小的流量池，在小范围内测试该短视频的潜力。例如，先将该短视频推荐给 5 万个同城用户，然后对该短视频的完播率、点赞量、评论量、转发量等指标进行统计和分析，决定是否继续对其给予流量支持。如果该短视频在这些数据上表现良好，抖音平台就会将其放在一个更大的流量池内，为其提供更多的流量支持。如果在第二波推荐中该短视频的数据表现依然良好，抖音平台就会给予下一波更大的流量支持……如此层层递进，不断增加对该短视频的流量支持。因此，抖音平台更看重的是短视频的内容质量，这样大大提升了优质短视频的传播效率，弱化了短视频创作者的身份要求。

在抖音直播电商上，多半也会延续这个流量推荐逻辑，只不过直播电商还会涉及转化率、复购率等参数。

（4）内容为王。抖音平台会对原创的、有创意的内容给予更多的流量支持，所以作为创作者，只有持续地生产优质内容，才能获得抖音平台更多的流量推荐，才能让自己的作品展现在更多的用户面前，并获得用户的认可。

登录抖音平台，想一想抖音火爆的原因有哪些。

2）抖音直播电商的生态特征

抖音聚焦年轻人个性化的生活态度，在直播电商上以内容"种草"为核心。具体来说，抖音直播电商的生态特征如表 5-1 所示。

表 5-1　抖音直播电商的生态特征

项　　目	说　　明
平台类型	短视频平台
平台特性	大众娱乐属性强，流量智能分发
流量来源	以平台公域流量为主
主要供应链	抖音小店、淘宝网、天猫、京东商城
带货商品属性	美妆类、服饰类商品占比较高
带货 KOL 属性	头部主播相对集中，这是因为在流量智能分发模式下，头部主播的商品容易爆红
带货模式	达人通过短视频积累粉丝，然后通过短视频或直播带货实现变现

注：KOL（key opinion leader）意为关键意见领袖。

2．快手

快手的前身是"GIF 快手"，是一款用来制作、分享 GIF 图片的手机应用。2012 年 11

月,快手从纯粹的工具应用转型为短视频社区,成为用户记录和分享生产、生活的平台。后来,随着智能手机的普及和移动流量成本的下降,快手逐渐打开了市场。

1) 快手平台的特点

快手是从一款 GIF 图片手机应用发展起来的,所以在早期,快手平台上的短视频形式更类似于有声版的 GIF 图片,以搞怪、搞笑为主题的视频占比较高。与抖音"记录美好生活"和"潮""酷"的定位不同,快手坚持"每个人的生活都值得记录"的理念,以"记录世界记录你"为口号,鼓励用户上传各类原创生活视频。从日常生活到体育、二次元、教育、时尚、购物等内容,快手的多元内容几乎涵盖每一个普通人的"日常和远方"。

快手平台的特点主要表现在以下两个方面。

(1)"普惠式"运营理念。快手的流量分发遵循"普惠"原则,快手一直坚持以普通用户为中心、用户平等的观念,不会对任何个人或团体进行流量倾斜。因此,快手成为更多普通民众分享自己生活的乐园,而非追求潮流的时尚圈。

(2)"去中心化"流量分发模式。快手会基于用户社交关注点和兴趣点调控和分发流量。系统向用户推荐的内容主要是用户关注的账号发布的短视频,因此,短视频账号发布了新的短视频后,关注了该账号的用户看到该短视频的概率会比较大。

这种流量分发模式虽然在一定程度上限制了短视频内容的辐射范围,但它有利于加深短视频账号与用户之间的联系,增强用户的黏性,让短视频账号沉淀私域流量,与高黏性用户形成信任度比较高的关系。

2) 快手直播电商的生态特征

> **小常识**
>
> **快手知多少**
>
> 快手是北京快手科技有限公司旗下的产品。快手在 2015 年以后迎来市场。
>
> 2019 年 11 月,快手短视频携手春晚正式签约"品牌强国工程"强国品牌服务项目,成为中央广播电视总台 2020 年《春节联欢晚会》独家互动合作伙伴,开展春晚红包互动活动。
>
> 2021 年 2 月 5 日,快手正式在香港交易及结算所有限公司上市,首次公开募股融资规模达 54 亿美元。同年 3 月 23 日,快手发布 2020 年第四季度及全年财报。2020 年,快手全年营收 587.8 亿元,市场预期 593.82 亿元。

依托"去中心化"流量分发模式,快手具备较高的用户黏性和较浓厚的社区属性,主播可以通过短视频连接用户,与用户建立信任,积蓄流量池,赋能电商转化。具体来说,快手直播电商的生态特征如表 5-2 所示。

表 5-2 快手直播电商的生态特征

项 目	说 明
平台类型	短视频平台
平台特性	● 基于高用户黏性,粉丝忠诚度高,商品转化率和复购率高 ● 扶持产业带直播,达人品牌崛起,主播自有供应链,商品更具价格优势
流量来源	偏私域流量

续表

项 目	说 明
主要供应链	● 自有电商平台：快手小店 ● 第三方电商平台：淘宝网、拼多多、京东商城、有赞、魔筷星选
带货商品属性	● 以食品、日常生活用品、服装、鞋帽、美妆等商品为主 ● 商品性价比较高，非品牌商品居多
带货 KOL 属性	头部主播相对分散
带货模式	达人直播、"打榜"、连线等

> **小常识**
>
> **淘宝直播知多少**
>
> 淘宝直播是阿里巴巴网络技术有限公司推出的消费生活类直播平台，也是新零售时代体量巨大、消费量与日俱增的新型购物场景，更是千万商家店铺运营、互动、营销的利器。随着商家、主播、消费者全方位拥抱淘宝直播，直播电商内外部发展条件逐渐成熟，淘宝直播将推动电商经济持续发展。

3. 淘宝

早在 2016 年，淘宝网就推出了淘宝直播，依托淘宝网强大的供应链资源，淘宝直播获得了飞速发展，核心用户数量持续增长，核心用户在淘宝直播的每日停留时长近 1 小时。经过近几年的快速发展，拥有诸多头部和腰部主播以及优质供应链的淘宝直播迎来带货量的井喷式发展。2021 年 1 月 12 日，淘宝内容电商事业部在阿里巴巴西溪园区举办了新年后的第一次淘宝直播机构大会，为我们带来了关于淘宝直播的升级信息。淘宝直播升级为点淘 App。

1）淘宝直播电商的生态特征

淘宝直播有多个入口，一是手机淘宝 App 的"淘宝直播"入口，如图 5-1 所示；二是点淘 App，如图 5-2 所示。点淘 App 是阿里巴巴网络技术有限公司为电商直播打造的独立客户端，它组建了全新的直播生态，用户登录点淘 App 后，所有的成交都可以在点淘 App 内部完成，无须跳转至淘宝网。

图 5-1 手机淘宝的"淘宝直播"入口

图 5-2 点淘 App 首页

淘宝平台强大的供应链体系为淘宝直播的飞速发展奠定了坚实的基础，淘宝直播电商的生态特征如表 5-3 所示。

表 5-3 淘宝直播电商的生态特征

项 目	说 明
平台类型	电子商务平台，具有完善的供应链和运营体系
用户特性	基于淘宝生态圈，用户的购物属性强
流量来源	● 平台公域流量来源：手机淘宝 App 首页、独立的点淘 App ● 私域流量来源：店铺微淘主页、店铺首页等 ● 站外流量来源：微博、微信公众号等
主要供应链	淘宝、天猫
带货商品属性	● 强体验性商品、消耗品受益较大 ● 在用户侧，观看服饰类商品直播的用户占比最多，观看珠宝类商品直播、亲子类商品直播、美食类商品直播、美妆类商品直播的用户数紧随其后 ● 在主播侧，服饰穿搭和珠宝的直播场次位居前列，大牌馆、全球购等综合性直播场次较少，但场均每小时观看人数较多
带货 KOL 属性	头部主播高度集中
带货模式	商家自播和达人导购

2）淘宝直播流量分配规则

不管是传统电商，还是直播电商，流量都是绕不开的话题，淘宝直播也不例外。因此，运营淘宝直播，了解淘宝直播的流量分配规则是非常必要的。

淘宝直播流量分配主要有以下 4 个规则。

（1）标签竞争。淘宝直播标签是阿里巴巴网络技术有限公司推出的一项快捷的导购推广服务。在直播间里，主播和商家可以为自己的商品添加各种能够吸引用户的标签，以此获得更加精准的流量，提高直播的转化率。

主播为直播打上标签，其实是在为淘宝直播官方和用户精准定位自己的直播属性，淘宝直播官方会根据主播所选择的标签为其匹配对应的流量。从淘宝直播官方的角度来说，使用同一个标签的人越多，在分配流量时可以选择的范围也就越大，在流量总量不变的情况下，同一标签下每个主播能分到的流量就会越少。因此，对于主播来说，在标签维度下需要与竞争对手进行流量的争夺。

（2）主播等级竞争。淘宝直播的主播等级反映了主播的影响力，主播的等级越高，所获得的直播权益越多，被淘宝直播官方、粉丝看到的机会也越大，自然能获得更多官方流量的支持。

（3）活动排名。淘宝直播官方会举办各种主题的直播活动、排位赛等，主播在这些活动中表现得越优秀，排名就越靠前，就越能证明主播有实力。从淘宝直播官方看来，这样的主播没有浪费官方为其提供的流量，在他们身上获得的回报较高，所以在分配流量时会更加偏爱这些主播。

（4）直播内容建设。直播内容也是淘宝直播官方分配流量的参考因素之一。淘宝直播官方评判直播内容的主要依据有 5 个，如表 5-4 所示。

表 5-4 淘宝直播官方评判直播内容的主要依据

评判依据	释 义	考察的内容
内容能见度	直播内容能覆盖用户的广度主要是通过直播间浮现权重和微淘触达的人群来进行评判的。直播内容覆盖的用户人群越广，内容被看见的概率就越大	直播间的引流推广能力
内容吸引力	单位时间内粉丝在直播间停留的时长，以及是否产生购买行为，是否做出互动动作（评论、点赞、分享等）	直播间商品的构成、直播氛围和主播的吸引力
内容引导力	把粉丝留在直播间，并引导其进入店铺主动了解商品的能力	主播的控场能力和引导用户下单的能力
内容获客力	直播内容引导用户进入店铺并产生购买行为的能力	直播间商品性价比和主播直播话术对用户的吸引力
内容转粉力	将只是短暂停留在直播间的用户变成有目的、停留时间长的粉丝的能力	主播是否能持续输出内容，直播间内商品的性价比，以及主播的直播能力

因此，合理地运用直播标签、提高自身等级、在官方活动中表现优秀、做好直播内容建设是淘宝主播赢得流量的核心策略。

4. 其他直播平台

直播电商是近年来发展迅速的一种电子商务的形式，它大大缩短了供应链和需求链，为用户带来丰富、及时、实时的购物体验。直播电商拥有互动性、专业性与高转化率等优势，在带动就业、促内需、稳增长方面起到不可替代的作用。各大电商平台纷纷开通了直播业务模块，商家和带货达人创造出"电商+直播"的新型卖货方式。

1）小红书

小红书 App 是年轻人的生活方式平台。在这里可发现真实、向上、多元的世界，找到符合潮流的生活方式，认识有趣的明星、创作者；在这里还可发现海量美妆穿搭教程、旅游攻略、美食健身日常，还有更多生活方式等你发现。

2019 年 6 月初，小红书开通直播内测，其直播策略更偏向于素人直播，即和抖音、快手、淘宝直播不同的是，小红书并没有培养大型主播。从直播的位置来看，小红书对于直播呈现谨慎的态度，主要在私域场内展开对应业务。尽管如此，招股书显示，在小红书 20%的营收内，直播电商的数字比重越来越大。

（1）小红书平台的特点。小红书平台主要有以下 4 个特点。

① 内容社区。和其他电商平台不同，小红书是从社区起家的。一开始，用户注重于在社区里分享海外购物经验，后来，除了美妆、个护，小红书上出现了关于运动、旅游、家居、酒店、餐馆的信息分享，触及消费经验和生活方式的方方面面。

小红书作为一个生活方式社区，其独特性在于，大部分互联网社区用户更多的是依靠线上的虚拟身份，而小红书用户发布的内容都来自于真实生活，一个用户必须具备丰富的生活和消费经验，才能有内容在小红书分享，继而吸引粉丝关注。

> **小常识**
>
> **小红书知多少**
>
> 小红书是一个生活方式平台和消费决策入口,其创始人为毛文超和瞿芳。截至2019年7月,小红书用户数已超过3亿人;截至2019年10月,小红书月活跃用户数已经过亿,其中70%新增用户是"90后"。
>
> 在小红书社区,用户通过文字、图片、视频笔记的分享,记录了这个时代年轻人的正能量和美好生活。小红书通过机器学习对海量信息和人群进行精准、高效匹配。小红书旗下设有电商业务,2017年12月,小红书电商被《人民日报》评为代表中国消费科技产业的"中国品牌奖"。
>
> 2019年6月,小红书入选"2019福布斯中国最具创新力企业榜"。2020年1月,胡润研究院发布《2019胡润中国500强民营企业》,小红书以市值200亿元位列第367位;8月,胡润研究院携手苏州高新区发布《苏州高新区·2020胡润全球独角兽榜》,小红书排名第58位。

② 产品电商。小红书福利社的上线旨在解决海外购物的一个难题——买不到。小红书根据累积的海外购物数据,分析出最受欢迎的商品及全球购物趋势,并在此基础上把全世界的好商品以最短的路径、最简洁的方式提供给用户。

作为产品电商,小红书的独特性在于:第一,口碑营销。没有任何方法比真实用户口碑更能提高转化率,就如用户在淘宝上买东西前一定会看用户评论一样。小红书有一个真实用户口碑分享的社区,整个社区就是一个巨大的用户口碑库。第二,结构化数据下的选品。小红书的社区中积累了大量的消费类口碑,就好像几千万用户在这个平台上发现、分享全世界的好东西。此外,用户的浏览、点赞和收藏等行为会产生大量底层数据,通过这些数据,小红书可以精准地分析用户的需求,保证采购的商品深受用户推崇。

③ 正品自营。小红书与多个品牌达成了战略合作,还有越来越多的品牌商家通过品牌号在小红书销售产品。品牌授权和品牌直营模式并行,确保用户在小红书购买到的都是正品。小红书在29个国家建立了专业的海外仓库,在郑州和深圳的保税仓设立了产品检测实验室。用户如有任何疑问,小红书会直接将产品送往第三方科研机构进行光谱检测,从源头上将潜在风险降到最低。

小红书设立保税仓备货,主要出于3个考虑。首先,它缩短了用户与商品之间的距离。如果通过海外直邮等模式,用户动辄要等一个月才能收到货,而在小红书,用户下单后大概两三天就能收到。其次,从保税仓发货可以打消用户对产品质量的顾虑。在这里,中国海关会对所有进口商品进行清点、检验、报关,在缴税后才放行。最后,大批量同时运货能节省跨境运费,摊薄成本,从而降低消费者为买一件商品实际付出的价格。在除去中间价和跨境运费之后,小红书基本能做到所售商品价格与其来源地保持一致,有时甚至还会因为出口退税等,使商品价格低于当地价格。

小红书诞生伊始就根植于用户信任。"缔造用户信任,创造良好的用户体验"是小红书一贯坚持的战略。

④ 品牌活动。小红书创立于2013年6月6日。因此,在每年的6月6日,小红书都会

推出一系列大型周年庆促销活动,这也是小红书全年促销力度较大的活动。

小红书的另一个重要活动即"红色星期五"。熟悉海外市场或经常海淘的人可能对"黑色星期五"这个说法更熟悉,它是美国非官方的圣诞购物季的启动日。在这一天,美国的商场都会推出大量的打折和优惠活动,以在年底进行最后一次大规模促销。小红书将其移植到国内,结合自身独特的红色元素,推出"红色星期五"大促。

(2)小红书直播电商的生态特征。小红书作为一个生活方式社区,聚焦发现真实、向上、多元的世界和找到符合潮流的生活方式。具体来说,小红书直播电商的生态特征如表5-5所示。

表5-5 小红书直播电商的生态特征

项 目	说 明
平台类型	内容分享电商平台
用户特性	聚焦于享受生活、追求生活品质的年轻用户,海外购物属性强
流量来源	以平台私域流量为主,站外流量为辅
主要供应链	海外直采、自营保税仓
带货商品属性	时尚消费品、高端消费品、美妆日用品占比较高
带货KOL属性	头部主播较少且较为分散
带货模式	达人通过短视频或种草日记积累粉丝,然后通过短视频或直播带货实现变现

2)拼多多

2019年11月27日晚8点,拼多多App以"百亿品牌补贴"为入口,进行了持续数小时的直播首秀。拼多多把"拼着买才划算"的心智植入搬进了直播间,这和淘宝直播中一群人在直播间里抢券、抢购商品的氛围形成了鲜明对比。以直播带货为代表的内容形态正以颠覆式的影响力刷新大众对新消费方式的认知。在人口红利渐失,移动互联网进入存量时代的关键时点,内容泛娱乐,对提升流量、降低获客成本等方面效果突出的直播,成为平台必争的入口。

> **小常识**
>
> **拼多多知多少**
>
> 拼多多是国内移动互联网的主流电子商务应用产品。它是专注于C2M拼团购物的第三方社交电商平台,成立于2015年9月,用户通过发起和朋友、家人、邻居等的拼团,可以以更低的价格购买优质商品。

(1)拼多多平台的特点。拼多多平台主要有以下4个特点。

① 新电子商务。拼多多定义了4个新电子商务的要素:自发购物、加深对用户的了解、购物行为中的社交元素和加强供应链管理。所谓新,主要与"传统基于搜索的'库存指数'模式"比较。拼多多提供的是"虚拟集市",买家在平台上可以浏览和搜索各种产品,同时相互交流。消费过程中社交原本就是自然的因素,以前用户通过论坛、评论交流,后来在微信、微博、群、朋友圈交流。拼多多新电子商务则利用微信的红利,把消费的全过程与社交无缝融合,开创了新团购的模式。

此外,拼多多实现了C2B(customer to business,消费者到企业)的定制,这是以前所有制造企业梦寐以求的事情，不过直到今天，只有拼多多做到了，实现了规模的C2B定制。

② 价格诱人的商品。价格是拼多多的核心竞争力。价格诱人是拼多多的"护城河"，在拼多多用户的认知中，价格便宜占第一位。除了初始的价格，拼多多的优势在于提供了动态调整的过程，即通过团队购买的模式鼓励用户在社交网络传播，以拼团获得更多的价格优惠。这刺激了产品的指数级病毒传播。

③ 团队购买。在招股书中，拼多多这样描述团队购买：买家可以直接访问我们的平台，也可以通过微信和 QQ 等流行的社交网络进行团购。拼多多平台鼓励买家在此类社交网络上分享产品信息，邀请好友、家人和社交联系人组成购物团队，享受"团购"选项下更具吸引力的价格。

拼多多的团购是真正的用户自发组织的、具有高度社交黏性的团购，和以前的团购完全不同。通过社交网络传播，拼多多可以做大规模需求的汇聚，形成远比普通团购规模大的团购。这种团购为拼多多产生低成本的有机流量和活跃的互动，推动买家基数的指数增长。

④ 独立的公众机构。拼多多在给股东的信中提到，"我们希望拼多多是一个公众机构，它为最广大的用户创造价值而存在。它不应该是彰显个人能力的工具，也不应该有过多的个人色彩。与此同时，它应该作为一个独立的公众机构，展示它作为一个机构独特的社会价值、组织结构和文化，并且因循着它自身独特的命运生生不息，不断演化。"

（2）拼多多直播电商的生态特征。拼多多旨在凝聚更多人的力量，让用户用更低的价格买到更好的东西，体会更多的实惠和乐趣。通过沟通分享形成的社交理念，形成拼多多独特的新社交电商思维。具体来说，拼多多直播电商的生态特征如表5-6所示。

表5-6 拼多多直播电商的生态特征

项 目	说 明
平台类型	专注于C2M拼团购物的第三方社交电商平台
用户特性	以公司职员和自由职业者为主，女性用户偏多，追求"折扣"
流量来源	● 平台公域流量来源：拼多多App首页 ● 私域流量来源：店铺首页等 ● 社交流量来源：分享链接、短视频或者直播，等等
主要供应链	下沉供应链，即成为生产、物流、消费者三者中的链接者，实现重构价值链，对价值链上的利益进行再分配，最终让商家和消费者受益
带货商品属性	日用百货、小吃零食、服饰鞋帽是爆款产品
带货KOL属性	头部主播较少且较为分散，是平民化的直播带货
带货模式	通过裂变模式引导消费者出让社会关系，直播带货仍然采用"电商+社交+内容"模式

3）唯品会

成立于2008年的唯品会凭借以大牌低价为核心的"线上奥特莱斯"模式快速崛起。2012年，唯品会从奢侈品折扣变成了全品牌折扣，更是进入新一轮的超高速增长期。"好货不贵"一直是它的核心卖点之一。在消费升级的大环境下，越来越多的消费者开始注重商品的"质价比"，唯品会的目标客群也因此不断扩大和下沉。2021年，唯品会对其App进行更新升级，在其更新日志中，"直播频道上线"成功吸引了所有人的目光。

（1）唯品会平台的特点。唯品会平台主要有以下4个特点。

① "买手制"选品。唯品会是唯一一家以买手遴选品牌来管理供应链的国内电商，这意味着唯品会的选品很清楚用户想要什么。唯品会有超过1100个品牌的独家销售权。唯品会的采购团队近千人，有丰富的零售业经验，以时尚杂志的编辑以及百货行业的女装买手为主，确保挑选的品牌符合潮流和消费者的审美。每次举办闪购前考虑历史数据、流行趋势、季节和顾客反馈，收集、分析、使用顾客行为交易数据，通过顾客关系管理和智能商务系统，也向品牌商提供部分信息。

② 强大的供应链网络。唯品会拥有强大的供应链和稳固的品牌合作关系。唯品会采用线上销售模式，通过自营的网络平台直接销售厂商商品，同时，由于唯品会与品牌方、厂商经过长期合作建立了合作信任关系，彼此间有许多合作模式，如跨季度的商品采购、计划外库存采购、大批量采购、独家专供等，能够实现价格优惠化。

③ 仓储物流全面覆盖。唯品会自建从仓库到各城市的干线运输。唯品会的七大仓储中心分别在广东肇庆、江苏昆山、四川成都、天津武清、湖北鄂州、辽宁沈阳、陕西西安。唯品会和当地两个以上有实力的公司签约，实现城市乡村无盲点快速覆盖。

④ 正品服务保障完善。唯品会以消费者的品质诉求为核心，早在2018年就推出"正品十重保障""品控九条"等一系列正品保障措施，构建了一套完整的"全球直采+商品全检+物流追溯+线上线下联动+正品保险+售后"的全程闭环、全程可溯的正品保障体系。

（2）唯品会直播电商的生态特征。唯品会率先在国内开创了"名牌折扣+限时抢购+正品保险"的商业模式，也被称为"闪购"模式，加上其"零库存"的物流管理以及与电子商务的无缝对接模式，唯品会得以在短时间内在电子商务领域生根发芽。具体来说，唯品会直播电商的生态特征如表5-7所示。

表5-7 唯品会直播电商的生态特征

项　　目	说　　明
平台类型	"精选品牌+深度折扣+限时抢购"的正品时尚特卖模式电商平台
用户特性	以学生群体、白领、家庭主妇为主，女性用户偏多，追求品牌和质量
流量来源	以平台公域流量为主
主要供应链	与多品牌建立合作模式，采取跨季度的商品采购、计划外库存采购、大批量采购、独家专供等形式，通过自营的网络平台直接销售厂商商品
带货商品属性	特卖品牌商品随机性很大，营造线下商场感
带货KOL属性	借助品牌明星代言人、其他合作平台主播以及网红等带动直播
带货模式	依托粉丝经济，利用直播将KOL对粉丝的号召力转化为带货能力

5.2 直播营销的策划

5.2.1 直播营销的模式

直播营销具有场景真实的特点，为了吸引用户观看直播，直播运营团队需要根据实际情况选择具有看点的直播营销模式。具体来说，常见的直播模式有以下几种。

1. 商品分享式直播

商品分享式直播是指主播在直播间里向用户分享和推荐商品，或者由用户在直播间的评论区留言，告诉主播自己需要的商品，然后主播按照用户的需求推荐并讲解相应的商品，整个直播的内容就是主播讲解并展示商品。

2. 产地直销式直播

产地直销式直播是指主播在商品的原产地、生产车间等场景进行直播，直接向用户展示商品真实的生产环境、生产过程，从而吸引用户购买。

■ 课程思政

> 电商通过直播带货助农，为乡村打开更多的产品销量渠道，也构建了乡村振兴的长效机制。乡村振兴战略是我国经济社会发展到一定阶段的必然结果，也是从过去依靠城市辐射被动发展到探寻可持续的乡村内生增长模式的转变。通过新兴的直播电商商业模式，可以打造产地名片，搭建农产品上行渠道，多渠道增加农民收入。

3. 基地走播式直播

基地走播式直播是指主播到直播基地进行直播。很多直播基地是由专业的直播机构建立的，能够为主播提供直播间、商品等服务。直播基地通常供直播机构自身旗下的主播开展直播，或租给外界主播、商家进行直播。在供应链比较完善的基地，主播可以根据自身需求在基地挑选商品，并在基地提供的直播场地中直播。

直播基地搭建的直播间和配置的直播设备大多比较高档，所以直播画面及效果比较理想。此外，直播基地中的商品会在电商平台店铺中上架，主播在基地选好商品后，在直播时将商品链接导入自己的直播间即可。因为这些商品都是经过主播仔细筛选的，所以比较符合直播间用户的需求，而且基地提供的商品款式非常丰富，主播不用担心缺少直播商品。

一般情况下，在基地进行直播时，主播把商品销售出去后，基地运营方会从中抽取一部分提成作为基地服务费。

4. 现场制作并体验式直播

现场制作并体验式直播是指主播在直播间里对商品进行加工、制作，向用户展示商品经过加工后的真实状态。食品、小型家电、3C 商品（3C 商品是计算机类、通信类和消费类电子商品三者的统称，也称信息家电，如计算机、平板计算机、手机或数字音频播放器等）等可以采取这种直播营销模式。尤其对于一些可加工的食品来说，主播可以在直播时展示烹饪食品的过程，然后进行试吃。这样既能向用户展示食品的加工方法，提高用户对食品的信任度，又能丰富直播内容，提高直播的吸引力。对于推广食品类商品的直播来说，虽然主播现场试吃食品的形式会对用户产生较大的吸引力，但是这种形式也存在一定的局限性。一场直播通常持续的时间较长，主播要一直试吃，显然是一项不小的挑战。

5. 砍价式直播

砍价式直播是指在直播中，主播向用户分析商品的优缺点，并告诉用户商品的大概价格，有用户提出购买意向后，主播再向货主砍价，为用户争取更优惠的价格，价格协商一致后即可成交。

6. 秒杀式直播

秒杀式直播是指主播与企业/品牌商合作,在直播中通过限时、限量等方式向用户推荐商品,吸引用户购买的直播方式。秒杀式直播进行时氛围紧张刺激,价格优惠程度高或商品稀缺性强,能吸引用户积极参与。

7. 教学培训式直播

教学培训式直播是指主播以授课的方式在直播中分享一些有价值的知识或技巧,如提升英语口语能力的技巧、化妆技巧、甜点制作技巧、运动健身技巧等,并在这个过程中推广一些商品。这样不仅能让用户通过观看直播学习某些知识或技能,也能让用户感受到主播的专业性,提高用户对主播推荐商品的信任度。

8. 才艺表演式直播

才艺表演式直播是指主播在直播时表演舞蹈、脱口秀、魔术等才艺,并在表演才艺的过程中使用某种商品,从而达到推广商品的目的。才艺表演式直播适用于推广表演才艺时使用到的工具类商品,如表演才艺时穿着的服装、鞋,或使用的乐器,等等。

为了达到良好的直播效果,在这种直播形式中,主播除了表演,还要与用户互动,这样才能增加直播的吸引力,让缺少语言交流的表演不显得无聊。

9. 开箱测评式直播

开箱测评式直播是指主播边拆箱边介绍箱子里面的商品。在这类直播中,主播需要在开箱后诚实、客观地描述商品的特点和商品的使用体验,让用户真实、全面地了解商品的功能、性能等,从而达到推广商品的目的。

10. 访谈式直播

访谈式直播是指围绕某个主题,主播与嘉宾通过互动交谈的方式阐述自己的观点和看法,从而实现营销推广的目的。

11. 海淘现场式直播

海淘现场式直播是指主播在国外商场、免税店直播,用户通过观看直播选购商品。观看海淘现场式直播时,用户仿佛身临其境,商品的标价也一目了然,有利于提升用户对商品的信任度。

12. 展示日常式直播

在直播中,直播吃饭、购物等日常生活可以作为宣传个人形象的内容。同样,对于企业来说,也可以通过直播企业的日常活动进行品牌宣传。所谓企业的日常活动,包括企业研发新品的过程、企业生产商品的过程、企业领导开会的情景,以及企业员工的工作环境、工作状态等。对于企业中的从业人员来说,这些事情稀松平常,但对于直播间里的用户来说,这些事情却属于企业运营中的"机密",对他们有着非常大的吸引力,因此,展示企业的日常活动也是一种吸引用户注意力的直播营销方式。

例如,"凯叔讲故事"策划的"凯叔带你云游故事工厂",以直播探访"凯叔讲故事"工作基地的方式,带领用户探访"凯叔讲故事"的配音间、玩具设计工作室等,并访问为故事配音的工作人员,向用户揭秘"凯叔讲故事"中故事和玩具的产生方式,在给用户带来新奇体验的同时,向其展示了品牌商精细化生产商品的态度和过程,从而提升了用户对商品的信任度。

5.2.2 直播营销的流程

在进行直播营销活动之前,直播运营团队要对直播营销活动的整体流程进行规划和设计,以保障直播营销活动能顺畅进行,确保直播营销活动的有效性。

> **小常识**
> 直播带货的三要素分别为人、货、场,这三个要素是影响直播间商品销量的关键因素。直播营销的实质是"内容+电商",它升级了人、货、场的关系,营销效率更高。

1. 定目标

对于企业/品牌商来说,直播是一种营销手段,因此直播时不能只有简单的才艺表演或话题分享,而要围绕企业/品牌商的营销目标展开,否则直播无法给企业/品牌商带来实际的效益。

企业/品牌商可以参考 SMART 原则制定直播营销目标,尽量让营销目标科学化、明确化、规范化。SMART 原则的内容如图 5-3 所示。

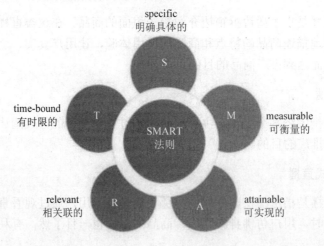

图 5-3　SMART 原则图示

2. 写方案

开展直播营销要有完整的营销思路,但仅靠思路是无法实现营销目的的。直播运营团队需要将抽象的思路转换成具象的文字表达,用方案的形式呈现出来,并将其传达给参与直播的所有人员,以保证直播活动顺利进行。

直播方案一般用于直播运营团队的内部沟通,目的是让参与直播的人员熟悉直播活动的流程和分工。直播方案要简明扼要、直达主题,通常来说,完整的直播方案包括 5 部分内容，如表 5-8 所示。

表 5-8 直播方案的主要内容

内　容	说　明
直播目标	明确直播需要实现的目标、期望吸引的用户人数等
直播简介	对直播的整体思路进行简要描述，包括直播的形式、直播平台、直播特点、直播主题等
人员分工	对直播运营团队中的人员进行分组，并明确各人员的职责
时间节点	明确直播中各个时间节点，包括直播前期筹备的时间点、宣传预热的时间点、直播开始的时间点、直播结束的时间点等
预算	说明整场直播活动的预算情况，包括直播中各个环节的预算，以合理控制和协调预算

3. 做宣传

为了达到良好的营销效果，在直播活动开始前，直播运营团队要对直播活动进行宣传。与泛娱乐类直播不同，带有营销性质的直播追求的并不是简单的"在线观看人数"，而是"目标用户在线观看人数"。

例如，对于一场推广母婴用品的直播，从营销的角度来讲，直播运营团队应该尽量吸引婴幼儿的父母、爷爷、奶奶等进入直播间，而如果因为追求直播的在线观看人数而吸引了很多大学生来观看直播，这对实现直播营销目标是没有价值的。因此，直播宣传要有针对性，要尽可能多地吸引目标用户来观看。具体来说，直播运营团队在设计直播宣传规划时，可以从以下 3 个方面入手。

1）选择合适的宣传平台

不同的用户喜欢在不同的媒体平台浏览信息，直播运营团队需要分析目标用户群体的上网行为与习惯，选择在目标用户群体经常出现或活跃的平台发布直播宣传信息，为直播尽可能多地吸引目标用户。

2）选择合适的宣传形式

选择合适的宣传形式是指直播运营团队要选择符合宣传媒体平台特性的信息展现方式来推送宣传信息。例如，在微博平台上，直播运营团队可以采用"文字+图片"的形式（见图 5-4）或者"文字+短视频"的形式（见图 5-5）来宣传直播活动；在微信群、微信朋友圈、微信公众号中，直播运营团队可以推送九宫格图、创意信息长图（见图 5-6）来宣传直播活动；在抖音、快手等平台上，直播运营团队可以通过短视频来宣传直播活动。

图 5-4 微博平台上"文字+图片"式宣传

图 5-5 微博平台上"文字+视频"式宣传

(a) (b)

图 5-6 微信公众号创意信息长图

3）选择合适的宣传频率

在新媒体时代，用户浏览信息时自主选择的余地较大，用户可以根据自己的喜好来选择自己需要的信息，因此，如果直播运营团队过于频繁地向用户发送直播活动宣传信息，很可能会引起用户的反感，导致其屏蔽相关信息。为了避免出现这种情况，直播运营团队可以在用户能够承受的最大宣传频率的基础上设计多轮宣传。例如，如果用户能够承受"两天一次广告"的宣传频率，那么直播运营团队就可以在直播活动开始前 6 天、前 4 天、前 2 天，以及直播活动当天分别向用户推送直播活动宣传信息，以达到良好的宣传效果。

4. 备硬件

为了确保直播顺利进行，在开始直播前，直播运营团队需要筹备必要的硬件，包括场地、直播设备、直播辅助设备等。

1）场地

直播营销活动的场地分为室外场地和室内场地。常见的室外场地有公园、商场、广场、景区、游乐场、商品生产基地等，常见的室内场地有店铺、办公室、咖啡馆、发布会现场等。直播运营团队要根据直播营销活动策划的需要选择合适的直播场地，选定场地后要对场地进行适当的布置，为直播营销活动创造良好的直播环境。

2）直播设备

在直播筹备阶段，直播运营团队要将直播使用到的手机、摄像头、灯光、网络等直播设备调试好，防止设备发生故障，保障直播活动顺利进行。

3）直播辅助设备

直播辅助设备包括直播商品、直播活动宣传物料、直播中需要的辅助道具等。

商品作为直播营销活动的主角，在直播开始前就应当准备好，以便主播在直播过程中能够快速地找到

> **小思考**
> 直播营销中，如何打造主播人设？主播在打造自身人设时，着重需要考虑哪些内容？

并进行展示。直播活动宣传物料包括直播宣传海报、直播宣传贴纸等各种能够在直播镜头中出现的宣传物料。辅助道具包括商品照片、展示商品需要的工具、计算器等，巧妙地使用辅助道具能够更好地展示商品，让用户理解直播内容和商品特性。

5. 开直播

做好直播前的一系列筹备工作后，接下来就是正式执行直播营销活动。直播营销活动的执行可以进一步拆解为直播开场、直播过程和直播收尾3个环节，各个环节的操作要点如表5-9所示。

表5-9　直播营销活动执行环节的操作要点

执行环节	操作要点
直播开场	通过开场互动让用户了解本场直播的主题、内容等，使用户对本场直播产生兴趣，并停留在直播间
直播过程	借助营销话术、发红包、发优惠券、才艺表演等方式，进一步加深用户对本场直播的兴趣，让用户长时间停留在直播间，并产生购买行为
直播收尾	向用户表示感谢，并预告下一场直播的内容，引导用户关注直播间，将普通用户转化为直播间的忠实粉丝；引导用户在其他媒体平台上分享本场直播或本场直播中推荐的商品

6. 再传播

直播结束并不意味着整个直播工作结束。在直播结束后，直播运营团队可以将直播活动的视频进行二次加工，并在抖音、快手、微信、微博等平台上进行二次传播，最大限度地放大直播效果。

为了保证直播活动二次传播的有效性和目的性，直播运营团队可以按照3个步骤设计直播活动的二次传播计划。

1）明确目标

设计直播活动二次传播计划，首先要明确实施传播计划要实现的目标，如提高品牌知名度、提高品牌美誉度、提高商品销量等。需要注意的是，直播活动二次传播计划要实现的目标并非孤立的，而应当与企业/品牌商制定的整体市场营销目标相匹配。

2）选择传播形式

明确了传播目标以后，直播运营团队要选择合适的传播形式将直播活动的二次传播信息发布到网络上。目前常见的传播形式有视频、软文两种，直播运营团队可以选择其中一种形式，也可以将两种形式组合起来。

（1）直播视频传播。在直播结束后，通过视频的形式分享直播活动的现场情况是直播活动二次传播的有效方式之一。直播活动二次传播视频的制作包括录制直播画面、制作直播画面浓缩摘要和截取直播片段3种方式。

① 录制直播画面。直播运营团队可以将直播画面全程录制下来，也就是说，直播运营团队一边做实时画面的直播，一边录制，这样直播完成后，就可以直接用录制的文件制作直播回放视频，错过实时直播的用户可以通过观看直播回放视频获取直播内容。

直播运营团队在制作直播回放视频时，可以为其添加片头、片尾、名称、主要参与人员等信息，以增加直播回放视频的吸引力。

②制作直播画面浓缩摘要。直播画面浓缩摘要的制作逻辑与电视新闻的制作逻辑基本相同,即直播运营团队将直播画面录制下来后,删除没有价值的画面,选取关键的直播画面制作成视频,并为视频画面添加旁白。例如,一场新品发布会直播结束后,直播运营团队将现场直播画面制作成浓缩摘要式视频,并为视频配上解说:"×月×日下午 2:00,××公司举行新款手机发布会。发布会上,公司产品经理详细介绍了新款手机的性能(插入产品经理介绍新款手机性能的画面),随后公司邀请××现场体验手机的各项功能(插入直播中名人体验手机功能的画面)……"

③截取直播片段。直播运营团队也可以从直播中截取有趣、温暖、有意义的片段,将其制作成视频发布到网上。例如,很多主播会将自己直播中有趣的片段剪辑成短视频发布在快手和抖音等平台上。

(2)直播软文传播。直播软文传播是将直播活动的细节撰写成软文并发布到相关媒体平台上,用图文描述的形式向用户分享直播内容。直播运营团队撰写直播软文时,可以从分享行业资讯、提炼观点、分享主播经历、分享体验和分享直播心得等角度切入。

①分享行业资讯。对于严肃主题的直播,直播运营团队可以撰写行业资讯类软文来对直播活动进行二次传播。在行业资讯类软文中插入直播画面或直播视频片段,从而吸引更多的业内人士关注或回看直播。

②提炼观点。提炼观点是指将直播活动的核心内容,如新品的主要功能、企业未来的发展方向、产品未来的研发方向等提炼出来,并撰写成软文。

③分享主播经历。主播可以用第一人称撰写一篇类似日记、工作日志的软文,在软文中回顾直播过程。与用第三人称撰写的文章相比,用第一人称撰写的文章更有温度,也更容易拉近主播与用户之间的心理距离,所以采取这种方式推广直播更容易引起用户的阅读兴趣。例如,"秋叶大叔"参加了一场直播后,在自己的微信公众号上发表了一篇文章,分享了他参加此次直播的感受和收获等,如图5-7所示。

图5-7 主播经历分享

④分享体验。分享体验类软文是指从用户的角度出发撰写的描述观看直播的体验或感受的软文。由于这类推广软文是以用户的视角写的,体现的是用户的亲身感受,所以更具吸引力和说服力。例如,一位用户观看了罗永浩的直播后,在微博上分享了自己的观看体验,

罗永浩随后转发了此条微博，如图5-8所示。

图5-8 分享体验

⑤分享直播心得。分享直播心得是直播运营团队从操盘者的角度撰写直播幕后故事的软文，软文的主题可以是"如何策划一场直播""直播宣传引流三部曲"等。

3）选择合适的媒体平台

确定了传播形式以后，直播运营团队要将制作好的信息发布到合适的媒体平台上。如果是视频形式的信息，可以发布在抖音、快手、秒拍、视频号、腾讯、爱奇艺、微博等平台上；如果是软文形式的信息，可以发布在微信公众号、知乎、百家号、虎嗅网等平台上。

7. 做复盘

"复盘"是一个围棋术语，指对弈结束后，双方棋手复演该盘棋的记录，以检查自己在对局中招法的优劣与得失。在直播营销中，复盘是指直播运营团队在直播结束后对本次直播进行回顾，评判直播营销的效果，总结直播的经验教训，为后续直播提供参考。

对于效果超过预期的直播活动，直播运营团队要分析直播各个环节的成功之处，为后续直播积累成功经验；对于效果未达预期的直播活动，直播运营团队要总结此次直播的失误之处，并寻找改善方法，以避免在后续的直播中再次出现相同或类似的失误。

直播营销复盘包括直播间数据分析和直播经验总结两部分。其中，直播间数据分析主要是利用直播中形成的客观数据对直播进行复盘，体现的是直播的客观效果；直播经验总结主要是从主观层面对直播过程进行分析与总结，分析的内容包括直播流程设计、团队协作效率、主播现场表现等，直播运营团队通过自我总结、团队讨论等方式对无法通过客观数据表现的内容进行分析，并将其整理成经验手册，为后续开展直播活动提供有效的参考。

■ 思维拓展

直播营销活动流程规划

5.2.3 直播营销的脚本策划

一场直播成功与否，决定性因素是主播的内容输出。只要直播的内容有特色，就很容易吸引人。那么，如何打造一场成功的直播呢？撰写优质的直播脚本是关键因素之一。

1. 直播脚本的作用

一份清晰、详细、可执行的直播脚本是直播得以顺利进行并取得良好效果的有力保障。具体来说，直播脚本的作用主要体现在以下3个方面。

1）提高直播筹备工作的效率

在直播之前，直播运营团队需要做好直播规划，不能临近开播才考虑直播主题如何设置、直播场景如何搭建、相关优惠活动如何设置、直播人员如何配置等问题，否则容易出现人员职责不清、相关细节考虑不周等问题。在开播之前制作直播脚本能够帮助参与直播的人员了解直播流程，明确每个人的职责，让每个人各司其职，从而保证直播筹备工作有条不紊地展开。

2）帮助主播梳理直播流程

直播脚本能够帮助主播了解本场直播的主要内容，梳理直播流程，让主播清楚地知道在某个时间点应该做什么、说什么，以及哪些事项还没有完成，等等，减少主播在直播中出现无话可说、活动规则解释不清楚等情况的发生。一份详细的直播脚本甚至在主播话术上都有技术性的提示，能够帮助主播保持语言上的吸引力，游刃有余地与粉丝进行互动。

3）控制直播预算

对于中小卖家来说，可能直播预算有限，可以在直播脚本中提前设计好自己能够承受的优惠券面额、红包金额、赠品支出等，从而控制直播预算。

2. 直播前准备工作策划脚本的设计

一场优质的直播是需要提前策划的，直播运营团队可以通过撰写直播前准备工作策划脚本来规划直播前的相关准备工作。撰写直播前准备工作策划脚本有利于提高直播的效率，降低直播中出现错误的概率。以淘宝直播为例，直播运营团队可以参考表5-10设计直播前准备工作策划脚本。

表5-10 直播前准备工作策划脚本

时间	工作内容	具体说明
直播前15~20天	选品	选择直播商品，并提交直播商品的链接和折扣价等
	确定主播人选	确定是由品牌方自己提供主播，还是由直播运营团队提供主播
	确定直播方式	确定是用手机进行直播，还是用计算机进行直播
直播前4~15天	确定直播间活动	确定直播间的互动活动类型和实施方案
直播前7天	寄样品	如果品牌方自己提供主播做直播，则无须寄送样品；如果请达人主播做直播，则品牌方需要向达人主播寄送样品

续表

时　间	工作内容	具　体　说　明
直播前 5 天	准备创建直播间所需的相关材料	（1）准备直播间封面图：封面图要符合直播的相关要求 （2）准备直播标题：标题不要过长，要具有吸引力 （3）准备直播内容简介：用 1～2 段文字简要概括本场直播的主要内容，要重点突出直播中的利益点，如抽奖、直播专享优惠等 （4）准备直播间商品链接：直播时要不断地在直播间发布商品链接，让用户点击链接购买商品，因此要在直播开始前准备好直播商品链接
直播前 1～5 天	直播宣传预热	采取多种方式，通过微淘、微博、微信等渠道对直播进行充分的宣传

3. 整场直播活动脚本的设计

一场直播通常会持续几个小时，在这几个小时里，主播讲什么、什么时间互动、什么时间推荐商品、什么时间送福利等，都需要提前规划好。因此，直播运营团队需要提前准备整场直播活动的脚本。

整场直播活动脚本是对整场直播活动的内容与流程的规划与安排，重点是规划直播中的活动和直播节奏。通常来说，整场直播活动脚本应该包括表 5-11 所示的几个要点。

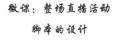

表 5-11　整场直播活动脚本的要点

直播脚本要点	具　体　说　明
直播主题	从用户需求出发，明确直播的主题，避免直播内容没有营养
直播目标	明确直播要实现的目标，如积累用户、提升用户进店率或宣传新品等
主播介绍	介绍主播、副播的名称、身份等
直播时间	明确直播开始、结束的时间
注意事项	说明直播中需要注意的事项
人员安排	明确参与直播人员的职责，如主播负责引导关注、讲解商品、解释活动规则；助理负责互动、回复问题、发放优惠信息等；后台/客服负责修改商品价格、与粉丝沟通、转化订单等
直播的流程细节	直播的流程细节要非常具体，详细说明开场预热、商品讲解、优惠信息、用户互动等各个环节的具体内容、如何操作等问题。例如，什么时间讲解第一款商品，具体讲解多长时间，什么时间抽奖，等等，尽可能把时间都规划好，并按照规划来执行

优秀的整场直播活动脚本一定要考虑到每个细节，让主播从上播到下播都有条不紊，让每个参与人员、道具都得到充分的调配。表 5-12 所示为一份整场直播活动脚本的示例。

表 5-12　直播活动脚本示例

直播活动概述	
直播主题	秋季护肤小课堂
直播目标	"吸粉"目标：吸引 10 万名用户观看；销售目标：从直播开始至直播结束，直播中推荐的 3 款新品销量突破 10 万件
主播、副播	主播：××，品牌主理人、时尚博主；副播：××

续表

直播活动概述	
直播时间	2021年6月28日，20:00—22:30
注意事项	1. 合理把控商品讲解节奏 2. 适当增加商品功能的讲解时间 3. 注意对用户提问进行回复，多与用户互动，避免直播冷场

直播流程				
时间段	流程安排	人员分工		
		主播	副播	后台/客服
20:00—20:10	开场预热	暖场互动，介绍开场截屏抽奖规则，引导用户关注直播间	演示参与截屏抽奖的方式；回复用户的问题	向粉丝群推送开播通知；收集中奖信息
20:10—20:20	活动剧透	剧透今日新款商品、主推款商品以及直播间优惠力度	补充主播遗漏的内容	向粉丝群推送本场直播活动
20:20—20:40	讲解商品	分享秋季护肤注意事项，并讲解、试用第一款商品	配合主播演示商品使用方法和使用效果，引导用户下单	在直播间添加商品链接；回复用户关于订单的问题
20:40—20:50	互动	为用户答疑解惑，与用户进行互动	引导用户参与互动	收集互动信息
20:50—21:10	讲解商品	分享秋季护肤补水的技巧，并讲解、试用第二款商品	配合主播演示商品使用方法和使用效果，引导用户下单	在直播间添加商品链接；回复用户关于订单的问题
21:10—21:15	福利赠送	向用户介绍抽奖规则，引导用户参与抽奖、下单	演示参与抽奖的方法	收集抽奖信息
21:15—21:40	讲解商品	讲解、试用第三款商品	配合主播演示商品使用方法和使用效果，引导用户下单	在直播间添加商品链接；回复用户关于订单的问题
21:40—22:20	商品返场	对3款商品进行返场讲解	配合主播讲解商品；回复用户的问题	回复用户关于订单的问题
22:20—22:30	直播预告	预告下一场直播的时间、福利和直播商品等	引导用户关注直播间	回复用户关于订单的问题

4. 直播中单品脚本的设计

单品脚本就是针对单个商品的脚本。在一场直播中，主播会向用户推荐多款商品，主播必须对每款商品的特点和营销手段有清晰的了解，才能更好地将商品的亮点和优惠活动传达给用户，激发用户的购买欲。因此，为了帮助主播明确商品卖点，熟知每款商品的福利，直播运营团队最好为直播中的每款商品都准备一份对应的直播脚本。

直播运营团队可以将单品脚本设计成表格形式，将品牌介绍、商品卖点、直播利益点、直播时的注意事项等内容都呈现在表格中，这样既便于主播全方位地了解直播商品，也便于相关人员进行对接。表5-13所示为某品牌一款电热锅的单品脚本。

表 5-13　某品牌一款电热锅的单品脚本

项　　目	商品宣传点	具　体　内　容
品牌介绍	品牌理念	××品牌以向用户提供精致、创新、健康的小家电产品为己任，该品牌主张以愉悦、有创意、真实的生活体验丰富人生，选择××品牌不只是选择一个产品，更是选择一种生活方式
商品卖点	用途多样	具有煮、涮、煎、烙、炒等多种烹饪功能
	产品具有设计感	1. 分体式设计，既可以当锅用，也可以当碗用 2. 容量适当，一次可以烹饪一个人的一顿饭 3. 锅体有不粘涂层，清洗简单
直播利益点	"双十一"特惠提前享受	在直播间购买此款电热锅，享受与"双十一"活动相同的价格，下单时备注"主播名称"即可
直播时的注意事项		1. 直播进行时，在直播间界面显示"关注店铺"卡片 2. 引导用户分享直播间、点赞等 3. 引导用户加入粉丝群

5.3　直播营销运营

直播营销想要获得成功，就应该有一个周密的策划流程，否则，很难获得用户的关注和追捧。

5.3.1　直播间商品的选择与规划

直播带货的三要素分别为人、货、场，这三个要素是影响直播间商品销量的关键因素。其中，"货"指的是直播中要推荐或销售的商品。商品的选择和规划是直播的起点，要想提高直播间的订单转化率，主播一定要善于选品，合理规划商品的定价、结构、陈列、上架顺序等，并对直播间商品进行精细化的配置和管理。

1. 直播间选品的策略

要想直播带货，首先要有商品，但商品类目繁多，哪些类目适合自己、销量高，需要主播仔细分析。这是一项几乎可以决定直播盈利或亏损的重要决策，因此主播一定要制定正确的选品策略。

1）分析画像

在电商直播过程中，主播类似于导购，主要作用是帮助用户减少购物的决策时间。要想提高直播间的转化率，主播一定要学会分析用户画像。

用户画像一般由性别、年龄、地域、兴趣、购物偏好、消费承受力等组成，主播在选品时要判断商品是否符合用户画像所描述的需求。不同的用户群体，其需要的商品类型不同。例如，如果用户以男性居多，最好推荐科技数码、游戏、汽车用品、运动装备等商品；如果用户以女性居多，最好推荐美妆、服饰、居家用品、美食等商品。只有选择符合用户画像的商品，转化率才会高。

2）看匹配度

商品与主播一定要相互匹配，至少主播不反感商品，并对商品有自己的认知。主播对商品的介绍不能复杂，要把用户诉求与商品卖点在短时间内有条理地表达出来，刺激用户产生购买欲望，进而消费乃至传播。

不管是达人主播还是商家主播，推荐的商品都要与主播的人设标签相匹配。例如，推荐母婴用品时，未婚的女性主播就会缺乏说服力，而拥有"宝妈"身份的主播就显得自然得多，可信度也更高。

直播平台在选择主播时，一定要把握好主播的定位。主播带货按商品分布类型可分为以下两种情况。

（1）垂直品类带货主播的用户画像较为精准，大部分是热衷于该垂直品类商品的用户群体。垂直品类带货主播的主要作用是帮助用户找到该品类中最合适的商品，但这种直播类型也存在用户覆盖面窄的劣势，除了喜欢该垂直品类的用户，其他人很少进入直播间购物。

（2）全品类覆盖带货主播的选品比较杂，但商品一定要有品牌且给的价位足够低。除此之外，这类主播还会要求商家向用户发放优惠券、赠品等福利，致力于帮助用户省钱。这种直播类型的优势是人群覆盖面广，劣势是用户画像比较模糊，主打低价商品，商品的价格弹性较大，一旦价格较高，用户的购买意愿就会明显降低。

3）分析需求

对于电商直播来说，用户之所以关注主播，大多是因为主播推荐的商品可以满足他们的需求。主播可以通过用户画像预估用户的需求，针对用户的年龄层次、男女比例、兴趣爱好等选择合适的商品。用户的总体需求可以归结为以下3个层面。

（1）保持新鲜感。人都有喜新厌旧的心理，所以主播要提高商品的更新频率，使用户一直保持新鲜感，以增加用户的黏性。

（2）保证商品的品相。主播还要考虑用户的视觉心理。人都是视觉动物，一款商品具有好的品相，更容易激发用户的购买欲望。因此，主播在选品时，要选择在外观、质地、使用方法和使用效果等方面能够对用户形成感官冲击的商品，从而使直播带货充满场景感和沉浸感，并提升直播间的购物氛围。

（3）保证商品的质量。评估主播带货能力的一条重要标准是用户的复购率，而决定用户复购率的通常是商品的质量。电商直播行业曾经发生过一些因商品质量问题而引发的带货风波，这严重影响头部主播的形象，负面影响很大。而对于中小主播来说，如果商品出现质量问题，更是会对其造成难以承受的打击。因此，直播选品的标准必然要以商品质量为核心。

在直播过程中，主播与用户互动时会收到用户的反馈，其中会涉及用户未被满足的需求。主播可以根据用户提出的需求选择相应的商品，及时补充商品品类，尽可能满足更多用户的需求。

4）结合热度

与短视频发布贴合热点内容的逻辑类似，直播带货商品的选择也可以贴合热度。例如，端午节时全民都在吃粽子，中秋节时全民都在吃月饼，或者某一时间段某知名艺人或直播达人带火了某款商品，这些都是主播可以贴合热度的点。因此，主播平时要多关注名人、达人的微博或微信公众号，这样当这些名人、达人被电商平台或商家邀请做直播时，主播可以及时看到他们发布的预热文案，从而做好应对的准备，只要抓住机会，就能抓住巨大的商机。

例如，某知名艺人曾经参加某平台的电商直播，当时她穿的是黑白短裙，吸引了直播间用户的目光。很多电商平台的商家看到了其中的商机，纷纷上新同款服装，于是在电商平台出现了很多打着"××同款黑白短裙，正宗布料制作，只要 199 元""××同款短裙现在特价出售，只需 159 元"等宣传语的店铺。

只要用户对这些贴合热度的商品保持了高度关注，即使不买，也会在直播间热烈地讨论相关话题，从而提升直播间的热度，吸引更多的用户进入直播间，这在很大程度上也会提高其他商品的销量。

5）具有特色

直播间选品一定要有特色，即选择的商品一定要有卖点，具有独特性。即使是同一款商品，市场上也有很多品牌和风格。用户购买商品不仅仅是为情怀买单，更多的还是会从商品的优势出发，看商品是否具备不同于其他竞品的特色。如果一款商品没有足够吸引人的特色，就不具备长久的竞争能力。

有些主播推荐的商品之所以转化率很低，就是因为商品的卖点不清晰、特色不明显，让用户觉得可有可无。只有商品卖点足够清晰，才能戳中用户的痛点，使其产生冲动消费，从而提高购买转化率。

6）高性价比

在直播带货过程中，性价比高的商品更受用户欢迎。人们在电商平台上购物的原因无外乎两个，一是方便、快捷；二是商品价格便宜。直播属于电商平台的一种营销工具，因此用户在直播中购物也出于以上两个原因。高价位的商品虽然也能在直播间里销售，但销量相对较低，即使是头部主播推荐这类商品，用户也未必会买单。

商品的高性价比还体现在赠送的优惠券上，尤其是大额的优惠券，相当于帮助用户省钱。多数人都有"占便宜"的心理，所以赠送优惠券已经成为刺激用户冲动消费的有效手段。

7）亲自体验

主播在直播间卖货时不仅担任着导购的角色，还担任着代言人的角色。因此，为了对用户负责，主播在直播间推荐商品之前，最好亲自试用要推荐的商品，这样才能知道它到底是不是一款好商品，是不是可以满足用户的需求，以及它有哪些特性，如何使用，如何推荐，等等。尤其是在主播原本不熟悉的商品领域，主播更要事先对商品的性能、使用方式有所了解，以有效应对直播过程中可能会发生的各种突发状况，减少直播中的失误。

例如，主播要想推荐一款洗面奶，就要事先搞清以下几个问题：这款洗面奶适合油性皮肤还是干性皮肤，自己是什么肤质，自己在使用后有什么感觉，身边其他肤质的人使用后有什么感觉，用户对洗面奶有哪些需求，这款洗面奶是否能够满足他们的需求，等等。这些都需要主播亲自使用、测试和调查后才能得出结论，这样才能在直播间根据自己的实际使用感受向用户推荐商品，从而增强说服力。

> **小常识**
>
> **诠释各种商品卖点的方式**
>
> 　　选择有特色的商品后,主播要提前构思好商品卖点的介绍话术。面对众多的商品,主播可以通过"商品特征+商品优势+用户利益+赋予情感"的方式诠释各类商品的卖点。
>
> 　　商品特征——清晰、简洁地阐述商品比较独特的成分或功能。
>
> 　　商品优势——基于前面提到的商品特征,进一步说明商品具有的优势。
>
> 　　用户利益——基于商品优势,进一步说明商品可以帮助用户解决什么问题,同时说明用户在直播间购买商品可以获得的额外好处;
>
> 　　赋予情感——最后可以赋予商品一定的情感,以激发用户的情感共鸣。

8)查看数据

有经验的主播和运营团队会根据直播过程中的实时数据变化调整商品规划,主要参考的数据有实时在线人数、粉丝增长率、点击转化率及粉丝互动频率等。例如,主播可以从粉丝互动中了解粉丝对哪些商品或商品的哪些价值点更感兴趣;通过某一段时间的粉丝增长率了解这一时间段自己做的活动或推荐的商品是否能够吸引粉丝。

如果直播间里的观看人数非常多,但购买转化率很低,这时就要考虑商品定位、主播人设等方面是否存在问题。除此以外,查看直播间每日成交数据,每日不同商品的购物数据,分析哪些商品多久可以销售一空;查看每日直播数据的峰值和低谷,统计每件商品的成交额、人均成交额、点击转化率和停留时长等。

在直播结束后,主播还要进行舆情勘测,并关注退货、结算、售后等问题,根据情况及时改进选品的种类。

9)精选货源

主播在选品时,商品的来源主要有以下4种渠道。

(1)分销平台。分销平台主要指淘宝网、京东等电商平台,其优点是适合零基础、想快速冷启动的主播,缺点是佣金不稳定(有的商家今天设置佣金为50%,明天可能就改为20%)、发货时间不确定(尤其是商品量大时,可能会延迟发货,影响用户购买体验)。因此,主播在选品时一定要找到靠谱的商家,并提前与商家对接好售后流程。

以淘宝直播为例,目前主播可以通过淘宝联盟或阿里V任务选品。

①通过淘宝联盟选品:打开淘宝联盟,搜索其中有佣金的商品,联系卖家制订定向计划,之后卖家会邮寄样品给主播做直播,以此推广店铺的商品,而样品是否归还,需要主播与卖家进行商谈。

②通过阿里V任务选品:主播在阿里V任务中查看需要直播的任务,发现合适的任务以后进行申请,完成任务后就可以获得佣金。不过,主播在接单过程中要注意查看商品背后的供应链。因为不管是性价比优势,还是利润空间,爆品背后的支撑是其供应链管理能力。由于目前直播间用户下单大多带有冲动消费的性质,因此退货率很高,优质的供应链能够很好地支撑这样的退货率,并尽可能保证利润。

2019年3月,阿里V任务正式推出直播通。直播通是商家与直播间的合作推广工具,能够让商家的商品被更多的主播主动挑选并在直播间里推广,同时直播通也能成为主播的直播选品库，解决主播想为用户展示更多商品的诉求。主播在直播通中可以查看海量商品池，对接多维度的商品供应链，进行选货排期。

（2）自营品牌。自营品牌的商品来源渠道主要是靠招商，其优点是利润较高，适合头部主播；缺点是对供应链、货品更新、仓储要求较高。一般来说，只有超级头部主播才有条件建立自己的供应链。

（3）合作商。合作商的商品来源渠道是被动接受（私信、商务联系，如一些超级头部主播，基本上是商家主动寻求合作的）或主播对外招商，其优点是品牌货后端有保障，商品的转化率与非品牌货相比较高；缺点是品牌货的利润较低，因为品牌商要从中抽走一部分利润。当然，如果是超级头部主播，"发布费"（又称"坑位费"）也很可观。

（4）供应链。供应链的商品来源渠道是自拓展，其优点是利润非常高，适合超级头部主播；缺点是需要投入大量资金建设供应链，资金压力较大。如果做得好，发展会很顺利；如果做不好，很有可能会被建设供应链的资金压力拖垮。

2. 直播间商品结构规划

一名优秀的直播运营者要懂得合理规划直播间的商品结构。商品结构规划不仅会影响直播间的销售业绩，还会影响直播间抵御风险的能力。通常来说，一个直播间的商品应该包括印象款、引流款、福利款、利润款、品质款 5 种类型，这 5 种不同类型的商品在直播间里担任不同的角色，发挥着不同的作用。

微课：直播间商品结构规划

1）印象款

印象款商品是指促成直播间第一次交易的商品。当产生第一次交易以后，用户会对主播或直播间留下印象，形成一定的信任度，再次进入直播间的概率也会增加，所以印象款商品的重要性是毋庸置疑的。适合作为印象款商品的可以是高性价比、低客单价的常规商品。例如，在直播间卖包的主播可以选择零钱包、钥匙包等作为印象款商品，卖穿搭商品的主播可以选择腰带、打底衫等作为印象款商品。印象款商品的特点是实用，且人群覆盖面广。

2）引流款

鉴于流量对直播电商的重要性，每一个带货主播在直播时都应该设置引流款商品。这些商品的价格比较低，毛利率属于中间水平。由于人们都有趋利心理，价格低的商品自然会吸引很多人驻足观看，直播间的流量就自然而然地提升了。但是，流量提升不代表商品转化率高，要想提高商品转化率，引流款一定是大众商品，能够被大多数用户接受。

引流款商品一般放在直播的开始阶段，用户的购买决策成本较低，再加上限时限量秒杀活动，如 1 元包邮、9.9 元包邮等，营造出紧张的购物氛围，可以快速提高商品转化率。当然，有的主播会特地将某一场直播设置为全场低价包邮，以吸引用户，达到迅速提高直播间流量、增加粉丝的作用。

3）福利款

福利款商品一般是粉丝专属，也就是所谓的"宠粉款"商品，直播间的用户需要加入粉丝团，才有机会抢购福利款商品。主播在直播福利款商品时，有的是直接免费送某款商品作为福利，回馈粉丝；有的是将某款商品做成低价款，如"原价 99 元，今天'宠粉'，9.9 元秒杀，限量 1 万件"，以激发粉丝的购买热情。

4）利润款

直播带货的目的是帮助企业或商家实现盈利，因此只设置引流款和福利款商品是远远不够的。主播一定要推出利润款商品，且利润款商品在所有商品中要占较高的比例。利润款商品应适用于目标群体中某一特定的小众群体，这些人追求个性，所以这部分商品突出的卖点及特点必须符合这一部分小众群体的心理。

利润款商品有两种定价模式，一种是直接对单品定价，如"59 元买一发二""129 元买一发三"等；另一种是对组合商品定价，如护肤套盒、服装三件套等。

利润款商品要等到引流款商品将直播间人气提升到一定高度以后再引入，在直播间氛围良好的时候推荐利润款商品，更容易促成成交，提高转化率。

5）品质款

品质款又称战略款、形象款，这类商品承担着提供信任背书、提升品牌形象的作用。设置品质款商品的意义在于，引导用户驻足观看，但又让用户觉得价格和价值略高于预期，所以品质款商品要选择一些高品质、高格调、高客单价的小众商品。

例如，主播在直播间推荐一款价格上万元的服装，可将服装套在假人模特上，让用户可以一直看到这款服装，以强化企业或商家的商品研发实力，增强所有商品在用户心目中的好感度。品质款商品可以是设计师定制款的限量商品，也可以是孤品、断码商品，其存在并不一定为了成交，而是提高直播间的定价标准，甚至拉高直播间商品的平均售价。

> **小思考**
> 直播营销中，试讨论分析如何合理规划直播间的商品排品顺序。

5.3.2 直播间人气的打造

在围绕人、货、场的直播带货活动中，人是核心。如果只有直播场地和直播商品，没有用户，直播也就没有了意义。直播带货的最终目的是销售商品，要想实现这个目的，首先要吸引用户进入直播间，将商品展示给他们，然后提升直播间的氛围，使用户在热烈的互动氛围中下单购买。同时，主播也要善于引导用户关注自己，让用户成为忠实的粉丝，并努力维持粉丝的黏性。

大多数主播在一次直播过程中要推荐数十款商品，某些时长较长的直播可能会推荐更多的商品，要想把这些商品都打造成"爆款"几乎是不可能的，此时主播可以合理安排商品的推荐顺序，用商品调动直播间的人气，带动销量不断攀升。调动直播间人气分为 5 个步骤。

1. 剧透互动预热

直播的开场方式是用户对主播及直播间的第一印象，如果第一印象不好，用户就会立刻离开直播间，很有可能再也不会观看该主播的直播。因此，直播开场具有至关重要的作用，不管主播准备了多少直播内容，如果没有一个好的开场，就会事倍功半，甚至劳而无功。

一般来说,开始直播时观看人数较少,这时主播可以通过剧透直播商品进行预热。主播可以热情地与用户进行互动,引导其选择喜欢的商品。例如,用回复口令进行互动的方式快捷,直播评论区一般会形成"刷屏"之势,从而调动直播间的气氛,为之后的直播爆发蓄能。

2. "宠粉款"商品开局

预热结束之后,直播间的氛围已经开始升温,主播这时可以宣布直播正式开始,并通过一些性价比较高的"宠粉款"商品继续吸引用户,激发其互动热情,并让用户养成守候主播开播的习惯,增强用户的黏性。

在这一步尤其需要注意的是,"宠粉款"商品千万不能返场,销售完以后,不管用户要求返场的呼声多高,主播也不能再次上架该款商品,可以告诉用户下一场直播开始时仍然会有性价比超高的商品,以提升用户留存率。

3. "爆款"商品打造高潮

在这一步,主播要想办法营造直播间的氛围。这一步所占用的时间是整场直播时间的80%,但只介绍20%的商品。主播可以利用直播最开始的剧透引出"爆款"商品,并在接下来的大部分时间里详细介绍"爆款"商品,通过与其他直播间或场控的互动来促成"爆款"商品的销售,将直播间的购买氛围推向高潮。

例如,某主播在销售高跟鞋时,推荐的不再是低价、"宠粉款"商品,而是168元的外贸原单商品,属于高客单价商品,但互动和想要购买的用户仍然很多,因为只要在直播间停留5分钟,关注主播,并打出3遍"高跟鞋"口令,就可以领取70元优惠券。对于这种高客单价的商品来说,这种优惠非常让人心动,且每人仅限一双,因此用户的参与热情高涨。

4. 福利款商品制造高观看量

在直播的下半场,即使观看直播的人数很多,还是会有不少用户并非主播的粉丝。为了让这些用户关注主播,成为主播的粉丝,或让新粉丝持续关注主播,留在直播间,主播就要推出福利款商品,推荐一些超低价或物超所值的精致小商品给用户,引导用户积极互动,从而制造直播间下半场的小高潮,提升直播场观(场观,即单场观看量)。

例如,某主播为粉丝推出了粉丝福利,新款商品包邮免费送,条件只有一个,那就是点"关注",成为主播的粉丝,并踊跃互动,在评论区输入1,倒计时3分钟,最后抽取幸运粉丝送出福利。

5. 完美下播并为下一场直播预热

很多主播经常忽视直播结束时的下播阶段,认为反正都要下播了,自己可以随意一些。不过,"行百里者半九十",主播在直播结束时更不能马虎,否则会让用户觉得不被重视。另外,如果主播能利用好下播阶段,则可以有效提升下播时的直播场观,还能提升下次开播时的直播场观。

主播在下播时可以引导用户点赞,分享直播;使用秒杀、与用户聊天互动等方式,在下播之前再制造一个小高潮，给用户留下深刻的印象，使用户感到意犹未尽。同时，主播可以利用这一时间为下一场直播预热，大概介绍下一场直播的福利和商品，等等。

5.3.3 直播话术设计

主播的话术水平将直接影响直播间商品的销售效果。直播营销话术是商品特点、功效、材质的口语化表达，是主播吸引用户停留的关键，也是促使成交的关键，因此在直播营销中，巧妙地设计直播营销话术至关重要。

1. 直播营销话术设计要点

话术设计是指根据用户的期望、需求、动机等，通过分析直播商品所针对的个人或群体的心理特征，运用有效的心理策略，组织高效且富有深度的语言。直播营销话术并不是单独存在的，它与主播的表情、肢体语言、现场试验、道具使用等密切相关。因此，设计直播营销话术时需要把握以下几个要点。

1）话术设计口语化，富有感染力

高成交率的直播话术的设计重点是主播在介绍商品时的语言要口语化，同时搭配丰富的肢体语言、面部表情等，使主播的整体表现具有很强的感染力，能够把用户带入描绘的场景。

例如，主播要介绍一款垃圾袋，如果按照说明书上的文字进行严肃而正式的介绍："这款垃圾袋的材质是聚乙烯，抗酸碱性能、抗冲击性能、抗寒性能好，安全无异味，袋壁加厚处理，耐撕扯，耐穿刺。"对于用户来说，几乎没有吸引力，但是，如果设计一段偏口语化的话术，效果可能会完全不同："不知道大家有没有遇到过类似的情况，倒垃圾时垃圾袋经常会漏出一些带腥味的液体，味道很难闻，有时候不得不套两个垃圾袋。在超市里买的垃圾袋明明写着是加厚的，买回来一看却很薄。如果有人遇到这种情况，那你一定要买这款垃圾袋。我特别喜欢它的款式，带着一个抽拉绳，能够非常牢固地套在垃圾桶上。它能承重20斤，日常装垃圾完全没有问题，非常方便耐用，直接买就对了。"这样一段浅显易懂的话术加上直播现场的操作演示，能够直接戳中用户的痛点，让用户感受更真实，更容易做出购买行为。

2）灵活运用话术，表达要适度

很多新手主播经常把话术作为一种模板或框架来套用，但话术并不是一成不变的，要活学活用，特别是面对用户提出的问题时，要慎重考虑后再回应。对于表扬或点赞，主播可以积极回应；对于善意的建议，主播可以酌情采纳；对于批评，主播可以用幽默化解或坦荡认错；对于恶意谩骂，主播可以不予理会或直接拉黑。

凡事要掌握好度，如果主播在说话时经常夸大其词、不看对象、词不达意，就会引发用户反感。因此，设计话术要避开争议性词语或敏感性话题，以文明、礼貌为前提，既能让表达的信息直击用户的内心，又能够营造融洽的直播间氛围。

3）话术配合情绪表达

新手主播往往缺乏直播经验，可能经常会遇到忘词的情况，这时主播虽然可以参考话术脚本，但一定要注意配合情绪、情感，面部表情要丰富，情感要真诚，加上肢体语言、道具的使用等。直播就像一场表演，主播就是其中的主演，演绎到位才能吸引并打动用户。

使用话术时，主播不能表现得过于怯懦或强势，过于怯懦，会让主播失去自己的主导地位，变得非常被动，容易被牵着走；过于强势，则不利于聚集粉丝和增加流量。

4）语速、语调适中

在直播时，主播的语调要抑扬顿挫，富于变化，语速要确保用户能够听清讲话内容。主播可以根据直播内容灵活掌握语速，如果想促成用户下单，语速可以适当快一些，控制在 150 字/分钟左右，用激情感染用户；如果要讲专业性的内容，语速可以稍微慢一些，控制在 130 字/分钟左右，这样更能体现出权威性；讲到要点时，可以刻意放慢语速或停顿，以提醒用户注意倾听。

2. 直播营销话术三原则

主播主要是通过语言与用户进行交流与沟通的，语言是主播思维的集中表现，能够从侧面体现出主播的个人修养与气质。直播营销话术要符合 3 个原则。

1）专业性

直播话术的专业性体现在两个方面：一是主播对商品的认知程度，主播对商品认知得越全面、越深刻，在进行商品介绍时就越游刃有余，越能彰显自己的专业程度，也就越能让用户产生信任感；二是主播语言表达方式的成熟度，同样的一些话，由经验丰富的主播说出来，往往比由新手主播说出来更容易赢得用户的认同和信任，这是因为经验丰富的主播有更成熟的语言表达方式，他们知道如何说才能让自己的语言更具说服力。

例如，如果是服装行业的直播，那么主播必须对衣服的材质、风格、当下流行趋势、穿搭技巧等有深入的了解，并具备一定的审美能力；如果是美妆行业的直播，主播要对护肤品的成分、护肤知识、化妆技巧、彩妆搭配等非常精通。

专业内容是主播直播的核心，主播只有不断学习，提高自身的专业素养，拥有丰富的专业知识，积累直播的经验，才能在直播中融入自己的专业见解，说话才会更有内涵、更有分量，更容易赢得用户的信任。

2）真诚性

在直播过程中，主播不要总想着如何讨好用户，而应该与用户交朋友，站在用户的角度，以真诚的态度与用户进行沟通和互动。主播要以朋友的身份给出自己最真实的建议，有时真诚比技巧更有用。

真诚的力量是不可估量的，真诚的态度和语言容易激发用户产生情感共鸣，增加主播与用户的亲密度，拉近双方的心理距离，从而提高用户的黏性和忠诚度。

3）趣味性

直播话术的趣味性是指直播语言要具有幽默感，避免让用户觉得直播内容枯燥无味。幽默能够展现主播的开朗、自信与智慧，使用趣味性的语言更容易拉近主播与用户的距离，提升用户的参与感。同时，幽默的语言还是直播间的气氛调节剂，能够帮助营造良好、和谐的氛围，并加速主播与用户建立友好关系的进程。

需要注意的是，幽默一定要适度，应掌握好分寸，不能给用户留下轻浮、不可靠的印象；还要注意幽默的内容，可以对一些尴尬场面进行自我调侃，但不要触及私人问题或敏感话题，而且不能冲淡直播主题，不能把用户的思路越拉越远，最终要回到直播营销的主题上。

要想成为一名出色的电商主播，提升直播语言的趣味性，主播可以通过学习脱口秀节目、娱乐节目中主持人的说话方式锻炼自己的幽默思维。

5.3.4 直播间商品的展示

在直播过程中，商品方面经常出现的问题是款式不够、利用率不高、单品销量不高等，其实这是因为主播没有根据符合直播需求的逻辑对商品进行合理化的细分展示。要想解决这些问题，主播一定要对直播间里的商品进行精细化配置与管理。

1. 确定直播主题

电商直播的目的都是销售，主播要对每一场直播进行多样化的主题策划，并以此进行直播内容的拓展和延伸。主播要明确向谁讲述、讲述什么、如何讲述。

做一场直播如同写一篇文章，首先要确定的就是主题。直播主题可以分为两种类型，一种是场合主题，如休闲、办公、聚会等；另一种是活动主题，如上新、打折、节日等。假设以上两种类型中的每个主题都可以做成一场直播，那么主播就拥有了 6 场直播的主题，主播可以根据这 6 个主题不断进行优化。

确定直播主题以后，下一步就要根据主题配置相应的内容，如同设计文章的各个段落。不同的直播主题要搭配不同特性的商品。以服装电商直播为例，搭配的两大重点分别是风格和套系：风格搭配，如主播风格、人群风格、道具风格等；套系搭配，如单品搭配、一衣多搭、配饰搭配等。

只有风格统一、套系整齐，整个直播间的商品调性才会一致。例如，某抖音账号在直播间推荐某新款平衡车，主播一边使用一边推荐，并根据用户的提问及时回答相应的问题，解决用户的疑问。该直播间陈设的商品都是平衡车，风格统一，很好地反映了直播的主题。

2. 规划商品需求

在确定直播主题以后，主播可以通过一个简单的表格规划商品需求，从而清晰地知道每一场直播需要配置什么特征的商品。表 5-14 所示为规划商品需求的一个例子。

表 5-14 规划商品需求示例

直播日期	主题	商品数量/件	商品特征	辅推商品
6月16日	夏至出游拍照必学穿搭	500	透气性能好，穿着舒适，色彩鲜艳	平跟凉鞋、遮阳帽、太阳镜、泳衣
6月17日	遇到心动男生，打造自身魅力	1000	显瘦款、裙装为主	高跟鞋、饰品、箱包
6月18日	19.9元包邮"宠粉"活动（项链）	500	小巧精致、凸显气质	耳坠、口红、裙装

3. 规划商品配置比例

商品配置比例是精细化商品配置的核心之一。在规划商品配置比例时，主播要记住三大要素，即商品组合、价格区间和库存配置。合理的商品配置可以提高商品的利用程度，最大化消耗商品库存。商品配置比例的设置类型主要有两种：单品配置比例和主次类目配置比例，如图 5-9 和图 5-10 所示。

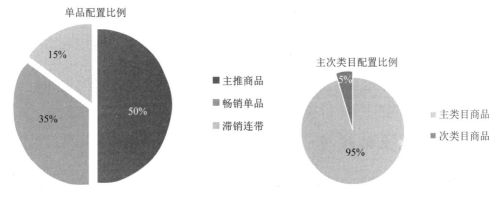

图 5-9 单品配置比例　　　　图 5-10 主次类目配置比例

确定商品配置比例以后，只要根据直播时长等条件确定每场直播的商品总数，就可以根据以上两种类型对应的配置方式做好相应数量的选品，如表 5-15 所示。

表 5-15 一场直播的商品配置比例

直播商品总数	主类目商品 95 款					次类目商品 5 款
	主推商品 44～48 款		畅销单品 24～29 款		滞销单品	A 款、B 款、C 款、D 款、E 款
	新品数量	预留数量	新品数量	预留数量		
100 款	34～37 款	10～11 款	13～14 款	20 款	13 款	

4. 保持商品更新

主播要在规划好商品配置比例的基础上不断更新商品。为了保证每场直播的新鲜感，维护老粉丝的黏性，主播要不断更新直播内容，其中商品更新是非常重要的一部分。一场直播更新的商品总数至少要达到整场直播总商品数的 50%，其中更新的主推商品占 80%，更新的畅销单品占 20%。

5. 把控商品价格与库存

在商品需求、商品数量及更新比例都确定的前提下，主播要进一步把控另外两大要素——价格区间和库存配置。

1）价格区间

要根据商品的原始成本加上合理的利润，再加上一些其他的费用对价格区间进行设置。设置价格区间时，如果同类商品只是颜色、属性不同，价格差距也不应太大。

2）库存配置

库存配置是提高直播效果及转化效果的一个重要措施。库存配置的一个重要原则是"保持饥饿"，主播要根据不同场观和当前在线人数配置不同的库存数量，使直播间商品始终保持被抢购的状态。

要想保持"饥饿"状态，库存数量至少要一直低于在线人数的50%。如果条件允许，主播可以直接设置店铺库存，以配合直播的库存需求。

6. 已播商品预留和返场

为了完善商品配置，更加充分地利用商品资源，主播要对已播商品进行预留和返场。主播要根据商品配置，在所有直播过的商品中选出至少10%的优质商品作为预留和返场商品，并应用于以下几个场景。

（1）日常直播一周后的返场直播，将返场商品在新流量中转化。

（2）当部分商品因特殊情况无法及时到位时，将预留商品作为应急补充商品。

（3）遇到节庆促销日时，将返场商品作为活动商品再次上架。

5.3.5 直播间互动技巧

直播时，主播不能只顾自己说话，一定要引导用户热情地互动，提升直播间的氛围。直播间的热烈氛围可以感染用户，吸引更多的人进来观看直播。直播间的互动玩法有很多，如发红包、抽奖、"连麦"、促销活动等。

1. 巧妙派发红包

给用户具体、可见的利益是主播聚集人气、与用户互动的有效方式之一。在直播期间，向用户派发红包一般分为3步。

（1）约定时间。提前告诉用户，5分钟或10分钟以后准时派发红包，并引导用户邀请朋友进入直播间抢红包，这样不仅可以活跃气氛，还会增加直播间的流量。

（2）站外平台抢红包。除了在直播平台上发红包，主播还可以在支付宝、微信群、微博等平台上向用户派发红包，并提前告知用户，条件是加入粉丝群。这一步是为了向站外平台"引流"，便于直播结束之后的效果发酵。

（3）派发红包。到达约定的时间后，主播或助理就要在平台上发红包。为了营造热闹的氛围，主播最好在发红包之前进行倒计时，让用户产生紧张感。

不同的直播间发红包的方式也有所不同，每个直播间都要找到适合自己的红包派发方式。

2. 设置抽奖环节

直播间抽奖是主播常用的互动玩法之一，抽奖的精髓即互惠互利法则。只要用户在直播间里停留，本质上就是在用自己的时间与奖品进行交换，很大一部分用户抽完奖后会被吸引，关注主播并产生后续的购买行为。对于主播来说，用户平均停留时间体现了用户黏性，而这种黏性是需要慢慢培养的。主播一定要设计好抽奖环节，虽然奖品是利他性的，但最终结果一定要利己，这才能真正做到互惠互利。

1）抽奖的原则

抽奖要遵循以下3个原则。

（1）奖品最好是在直播间里推荐过的商品，可以是爆品，也可以是新品。

（2）抽奖不能太过集中，要将抽奖环节分散在直播中的各个环节。

（3）主播要尽量通过点赞数或弹幕数把握直播间的抽奖节奏。

2）抽奖的形式

抽奖环节的具体设置形式有4种。

（1）签到抽奖。主播可以每日定时开播，并设置签到环节，如果用户连续七天来直播间签到、评论，便可获赠一份奖品。

（2）点赞抽奖。主播在做点赞抽奖活动时，可以设置每增加2万点赞数就抽奖一次。这种活动的操作比较简单，但要求主播有较强的控场能力，尤其是在做秒杀活动时，如果刚好到2万点赞数，主播可以和用户沟通，承诺在做完秒杀活动以后立刻抽奖。

点赞抽奖的目的是给用户持续的停留激励，让黏性更高、闲暇时间更多的用户在直播间里停留更长的时间，而黏性一般的用户会增加进入直播间的次数，直接提高了用户回访量，从而增加每日观看数量。

（3）问答抽奖。主播在做问答抽奖活动时，可以在秒杀活动中根据商品详情页的内容提出问题，让用户找到答案，然后在评论区评论，主播从回答正确的用户中抽出中奖用户。

问答抽奖可以提高商品点击率，用户在寻找答案的过程中会对商品的细节有更深的了解，增加对商品的兴趣，进而延长停留时间，提高购买的可能性。另外，用户的评论互动可以提高直播间的互动热度。

（4）秒杀抽奖。秒杀抽奖可以分两次，第一次是在主播剧透商品之后、秒杀开始之前抽奖，主播在剧透商品时要做好抽奖提示，这样可以让用户更仔细地了解商品的信息，增加下单数量，同时延长用户的停留时间。第二次是在秒杀之后、剧透新商品之前抽奖，主播要做好抽奖和新商品介绍切换的节奏把控。

> 小常识
>
> **主播抽奖环节常犯的错误**
>
> 直播时，主播在抽奖环节经常犯的错误有很多。主播要尽量避免出现这些错误，从而更好地引导用户进行互动，更充分地发挥抽奖环节的作用。
>
> 1. 无明显告知，用户在进入直播间时无法在第一时间知道抽奖信息
>
> 正确方式：通过口播、小喇叭公告、小黑板等多种组合方式说明抽奖规则和参与方法。
>
> 2. 无规则、随意
>
> 正确方式：明确抽奖的参与方式，可以用点赞量达到某个标准为规则开始抽奖，避免整点抽奖。
>
> 3. 抽奖环节无任何互动
>
> 正确方式：主播提醒用户发指定的弹幕和评论，以活跃直播间的气氛，然后启动后台抽奖界面，提醒用户关注主播，提高中奖概率。
>
> 4. 抽奖只有一次，没有节奏
>
> 正确方式：抽奖要有节奏，一次抽奖结束后，需要先公布中奖用户，并告知下一次抽奖的条件，以延长直播时长，增加粉丝量。

3. 与主播、名人合作"增流"

如果有条件，主播可以经常在直播间与其他主播或名人合作直播。合作直播一般分为与其他主播"连麦"、邀请名人进直播间两种形式。

1）与其他主播"连麦"

在抖音、快手这两个平台，主播之间"连麦"已经成为一种常规的合作。所谓"连麦"，就是指正在直播的两个主播连线通话。"连麦"的应用场景有以下几种。

（1）账号导粉。账号导粉是指引导自己的粉丝关注对方的账号，对方也会用同样的方式回赠关注，互惠互利。在引导关注时，主播可以与对方主播交流，也可以点评对方主播，表明关注对方的理由。同时，主播还可以引导自己的粉丝去对方的直播间抢红包或福利，带动对方直播间的氛围。

（2）连线 PK（对抗）。连线 PK 的形式通常是两个主播的粉丝竞相刷礼物或点赞，以刷礼物的金额或点赞数判决胜负。这种方式能刺激粉丝消费，活跃直播间的气氛，提升主播的人气。主播可以开发更多的 PK 玩法，因为多样化的玩法更能激发粉丝的互动热情，使直播间迅速升温。

2）邀请名人进直播间

一般来说，有能力邀请名人进直播间的主播大多是影响力较大的头部主播，且名人进直播间往往与品牌宣传有很大的关联。

名人与主播的直播间互动可以实现双赢，因为名人的到来会进一步增加主播的粉丝量，并且名人与主播共同宣传，对提升主播的影响力有很大的帮助。与此同时，主播会利用自己的影响力为名人代言的商品进行宣传推广。值得一提的是，头部主播邀请名人进入直播间也是主播积累社交资源的重要途径。

4. 企业领导助播"增流"

很多企业领导看准了直播的影响力和营销力，纷纷站到直播镜头前，且大多数企业领导所参与的直播都获得了成功。企业领导亲临直播间为主播"站台"，也在一定程度上增加了主播的影响力。

例如，2021 年"618 电商狂欢节"期间，老板电器高级副总裁何亚东携手著名综艺节目《中餐厅》主厨林述巍空降老板电器京东自营旗舰店直播间（见图 5-11），一同烹制、品尝菜肴，畅谈老板电器的品牌与技术发展，并在直播间狂撒福利，带来多款高端厨电明星产品。这场别开生面的直播秀观看人数超百万人次，最终引导销售高达 1800 万元。

图 5-11 企业领导助播"增流"

5. 设计促销活动

在直播带货时，主播的本质角色是销售人员，其最大的目的是把商品销售出去。对于电商直播来说，开展促销活动是提升直播间销量的有效方式。

主播可以根据自身情况设计以下类型的促销活动。

1）纪念促销

现在很多人崇尚仪式感，纪念促销利用的就是人们对特殊日期或节日的一种仪式感心理。纪念促销的形式大致有 4 种：节日促销，如春节、情人节、六一儿童节等；会员促销，如 VIP 特价、会员日活动、限量款等；纪念日促销，如生日特惠、店庆特惠等；特定周期促销，如每周二上新、每月一天半价等。

2）引用举例式促销

引用举例式促销是指在促销时重点介绍商品的优势、功能和特色，或对商品的使用效果进行介绍，并对比使用前后的效果。在介绍新品时，可以以折扣价销售，如"新品九折""买新品送××"等。

3）限定促销

限定促销是利用人们"物以稀为贵"的心理，营造一种该商品比较稀少的氛围，使用户认为该商品与众不同，或限定购买的时间，使用户产生紧迫感，从而尽快做出购买行为。

限定促销的形式大致有 3 种：限时促销，如秒杀、仅限今日购买等；限量促销，如仅剩 100 件、限量款等；单品促销，如只卖一款、孤品限定等。

4）组合促销

组合促销是指将商家可控的基本促销措施组成一个整体性活动。用户作为消费者，其需求是多元化的，要满足他们的需求可以采取的措施有很多。因此，主播在开展促销活动时，必须把握一些基本性措施，合理地组合商品，充分发挥整体性优势和效果。

组合促销的形式大致有 3 种：搭配促销，如套装半价起售、冬季温暖优惠组合装等；捆绑式促销，如买护肤品送面膜、加 10 元送袜子等；连贯式促销，如第二份半价等。

5）奖励促销

在直播促销时，可让用户在接收营销信息的同时获得奖励，用户获得奖励以后，心理上会产生一种满足感和愉悦感，对主播的信任度和购买欲望也会大幅度提升。

奖励促销的形式大致有 3 种：抽奖式促销，如购买商品抽奖、关注主播抽奖、抽取幸运粉丝等；互动式促销，如签到有礼、收藏有礼、下单有礼等；优惠券促销，如赠送优惠券、抵价券、现金券、包邮券等。

6）借力促销

借力促销是指借助外力或别人的优势资源实现自己制定的营销目标的促销活动。相对于广告等传播手段，借力促销可以起到以小搏大、事半功倍的效果。

借力促销的形式大致有 3 种：利用热点事件促销，如华为启动 6G 研究等；名人促销，如某名人同款等；依附式促销，如某综艺节目官方指定品牌等。

7）临界点促销

临界点促销主要是利用买卖双方围绕价格开展的心理战。采用临界点促销形式可以让用户产生"占便宜"的感觉。当用户发现自己只需少量的投入就能换来巨大的收益或解决巨大的问题时，成交过程中的关键临界点就会被突破，进而让用户对商品动心并产生购买行为。

临界点促销的形式大致有 3 种：极端式促销，如全网最低价、找不到更低的价格等；最低额促销，如低至 5 折、最低 2 折起等；定时折扣促销，如定时打折清货等。

8）主题促销

促销主题是整个促销过程的灵魂，如果促销活动没有主题，就会缺乏说服力和吸引力。好的促销主题可以给用户一个充分的购买理由，有效地规避价格战对品牌的伤害。促销主题要符合促销需求，用简洁、新颖、有亲和力的语言来表达，在保持品牌形象的基础上做到易传播、易识别、时代感强、冲击力强。

主题促销的形式大致有3种：首创式促销，如"双十一"购物狂欢节、"618"购物节等；公益性促销，如拯救大熊猫、保护水资源等；特定主题式促销，如感恩大回馈等。

9）时令促销

时令促销分为两种，一种是季节性清仓销售，在季节交替间隙进行低价促销，或针对滞销款商品，以"甩卖""清仓"的名义吸引用户。另一种是反时令促销。一般来说，季节性商品有旺季和淡季之分，消费者往往会按时令需求购买商品，缺什么买什么，而商家也基本上按时令需求供货，所以很多商品在旺季时销量非常高，在淡季时销量惨淡。但是，有些商家反其道而行之，如会在盛夏时节销售滞销的冬季服装，这就是反时令促销。主播在直播时可以与这些商家合作，推广商家的反时令商品，很多用户往往会因为商品便宜而购买。

当然，促销的方法不止以上9种，还有悬念式促销（不标价、猜价格等）、通告式促销（规定销售日期、×月×日新品首发等）等其他类型的促销方式。只要有效果，任何促销方法都可以尝试，主播要学会不走寻常路，出奇制胜。

5.3.6 直播间数据分析

数据分析是直播电商运营的重要工作之一，主播可以利用各种数据平台，根据数据在短时间内分析、预测用户的购买需求，在激烈的直播带货竞争中快速、精准地抓住用户的注意力，提升其购买欲，从而构建自己的核心竞争力。

1. 确定数据分析目标

要进行数据分析，首先要明确数据分析的目标。通常，数据分析的目标主要有以下3种。

（1）寻找直播间数据波动的原因，数据上升或下降都属于数据波动。

（2）通过数据分析寻找优化直播内容、提升直播效果的方案。

（3）通过数据规律推测平台算法，然后从算法出发对直播进行优化。

2. 获取数据

开展数据分析首先要有足够多的有效数据，可以通过账号后台、平台提供的数据分析工具，以及第三方数据分析工具获取数据。

1）账号后台

在主播账号后台，通常会有直播数据统计，主播可以在直播过程中或直播结束后从账号后台获得直播数据。以淘宝直播为例，主播可以通过淘宝直播中控台、淘宝主播App两个渠道获得直播数据。

2）平台提供的数据分析工具

为了帮助卖家更好地运营店铺，淘宝平台为卖家提供了一些运营工具，如数据银行、生意参谋、达摩盘等，这些工具也能为卖家提供淘宝直播的相关数据。卖家可以使用这些工具了解自己店铺的直播情况。

3）第三方数据分析工具

目前有很多专门为用户提供直播数据分析的第三方数据分析工具，主播可以利用这些工具搜集自己需要的数据。下面主要介绍飞瓜数据和蝉妈妈这两款数据分析工具。

■ 课程思政

随着人工智能等新技术的兴起，业内人士纷纷认为新一轮的技术革命已经到来。其实，每次技术革命都会淘汰一部分过时的职业，但同时也会催生新的职业，对于当代大学生而言，这既是挑战也是机遇。在这样的大背景下，大学生的学习能力尤为重要，大学生只要能保持较好的灵活性，积极主动地应对各种变化，提高自己的素质，使自己成为复合型人才，就能够在社会竞争中占据一席之地。

（1）飞瓜数据。飞瓜数据是一款短视频和直播电商服务平台，可以为抖音、快手和哔哩哔哩等平台上的短视频创作者和主播提供数据分析服务，如图 5-12 所示。以抖音直播为例，主播可以通过飞瓜数据查看抖音直播电商数据，并以此为依据进行数据分析。

图 5-12　飞瓜数据首页

主播在抖音直播时，要重点关注以下几个数据指标。这些数据指标是制定直播优化策略的关键，通过分析这些数据指标，主播可以在提升直播转化率时更加得心应手。

① 直播销售额。直播销售额能直观地体现主播的直播带货能力，但需要对某一段时间内的数据走向进行综合分析。飞瓜数据可以监测抖音直播账号近 30 天的直播带货数据，主播可以根据每场直播的预估销量和销售额判断某段时间内直播带货效果的稳定性。当发现数据有下滑趋势时，主播要及时找出原因，尽快调整直播运营策略，以提高直播带货销售额，保证直播带货效果的稳定性。

② 正在购买人数。直播时，用户如果对主播推荐的商品感兴趣，大多会点击购物车查看商品详情，而用户的这一操作可以体现在直播中的"正在购买人数"弹幕上。

主播可以点击飞瓜数据的"直播监控"，查看直播间的"正在购买人数趋势图"，清楚地了解哪款商品购买人数较多，从而找到推广重点。

③ 直播用户留存率。用户在直播间停留的时间越长，说明直播间的人气越高，商品或直播内容越有吸引力。随着直播间人气的不断提升，系统会把直播间推荐给更多的用户，这与抖音短视频的推荐机制相似。因此，要想留住直播间里的用户，提升直播用户留存率，主播就要多推荐物美价廉的优质商品，同时在直播间里积极与用户互动，营造热闹的购物氛围。

④ 用户画像数据。直播带货要基于直播间用户的需求展开，而直播间用户的需求可以通过用户画像来分析。直播间的用户画像主要包括年龄、性别、兴趣、地域等，只要掌握了这些数据，不管是选品，还是优化直播间，主播都可以迅速找到切入点。

⑤ 直播互动数据。直播互动数据的主要反映形式是弹幕词。主播通过分析弹幕词，可以看出用户喜欢聊什么，对哪些商品的兴趣较高，并发现其购买倾向和主要需求。这样在下次直播时，主播就可以准备更多的相关话题，以活跃直播间的气氛，或在直播中对用户感兴趣的商品进行持续推广。

（2）蝉妈妈。蝉妈妈基于强大的数据分析、品牌营销及服务能力，致力于帮助国内众多的达人、机构和商家提高效率，实现精准营销。蝉妈妈提供短视频、直播全网大数据开发平台，依托专业的数据挖掘与分析能力，构建多维数据算法模型，通过数据查询、商品分析、舆情洞察、用户画像研究、视频监控、数据研究、短视频小工具管理等服务，为直播达人、MCN（multi-channel network，多频道网络）机构提供电商带货一站式解决方案。

以直播榜数据为例，蝉妈妈能够提供精准的直播间数据详情，包含直播间人数和人气趋势、商品销售额与销量等，具体的还有今日直播榜、达人带货榜、直播商品榜、直播分享榜四大榜单，如图 5-13 所示。

图 5-13　蝉妈妈直播榜单

带货主播可以重点参考今日直播榜、达人带货榜、直播商品榜，通过榜单的详细数据，可以清楚地知道在什么时间、选择什么商品才能更有效地触达潜在用户。

3. 处理数据

处理数据是指将搜集来的数据进行排查、修正和加工，便于后续分析。通常来说，处理数据包括两个环节，第一个环节是修正数据，第二个环节是计算数据。

1）修正数据

无论是从主播账号后台抓取的数据、从第三方数据分析工具上下载的数据，还是人工统计的数据，都有可能出现失误，所以首先需要对搜集来的数据进行排查，发现异常数据，然后对其进行修正，以保证数据的准确性和有效性，从而保证数据分析结果的科学性和可参考性。

例如，在搜集的原始数据中，某一天某款商品的直播销量为 0，而通过查看店铺销售记录证实当天该款商品在直播中是有销量的，所以"0"就是一个错误值，需要对其进行更正。

2）计算数据

修正数据并确保数据的准确性以后，主播可以根据数据分析的目标对数据进行计算，以获得更丰富的数据信息，激发更多的改进思路。数据计算包括数据求和、平均数计算、比例计算、趋势分析等。为了提高工作效率，主播可以使用 Excel 的相关功能对数据进行计算。

4. 分析数据

在完成了数据的获取与处理工作后，接下来就要对数据进行分析，目前常用的分析方法是对比分析法和特殊事件分析法。

1）对比分析法

对比分析法又称比较分析法，指将两个或两个以上的数据进行对比，并分析数据之间的差异，从而揭示其背后隐藏的规律。对比分析又包括同比、环比和定基比分析。

通过对比分析，主播可以找出异常数据。异常数据并非指表现差的数据，而是指偏离平均值较大的数据。例如，某主播每场直播的新增用户数为 50～100 个，但某一场直播的新增用户数达到 200 个，新增用户数与之前相比偏差较大，因此属于异常数据，主播需要对此数据进行仔细分析，查找异常原因。

2）特殊事件分析法

很多直播数据出现异常可能与某个特殊事件有关，如淘宝直播首页或频道改版、主播变更直播标签、主播变更开播时间段等，因此主播在记录日常数据的同时，也要注意记录这些特殊事件，以利于在直播数据出现异常时，找到数据变化与特殊事件之间的关系。

> **小常识**
>
> 同比：一般情况下是指今年第 n 月与去年第 n 月销售数据之比。
>
> 环比：指报告期水平与其前一期水平之比。
>
> 定基比：指报告期水平与某一固定时期水平之比。

思维拓展

直播时间的选择

技能实训

【实训题目】

直播营销与运营。

【实训目标】

（1）能够通过教师讲解、案例讨论掌握相应知识点。

（2）能够初步认知直播营销。

（3）能够形成初步的独立思考能力。

（4）能够培养初步的自主学习能力。

【实训内容与要求】

（1）由教师介绍实训的目的、方式、要求，调动学生参加实训的积极性。

（2）由教师布置模拟实训题目，题目如下：

结合自己的兴趣，写一份淘宝平台的直播运营规划，并写出月度直播运营计划。

（3）由教师介绍直播营销的相关案例及讨论的话题。

（4）所有同学相互评议，教师点评、总结。

【实训成果与检测】

1. 成果要求

（1）提交案例讨论记录：教学分组按 3~5 名学生一组，设组长 1 人、记录员 1 人，每组必须有小组讨论、工作分工的详细记录，以作为考核成绩的依据。

（2）能够在规定的时间内完成相关的讨论，学习团队合作方式，撰写文字小结。

2. 评价标准

（1）上课时积极与老师配合，积极思考、发言。

（2）认真阅读案例，积极参加小组讨论，分析问题思路较宽。案例分析基本完整，能结合所学理论知识解答问题。

（3）团队配合较好，积极参与小组活动，分工合作较好。

思考与练习

1. 名词解释

（1）直播。

（2）直播营销。

（3）品质款。

（4）复盘。

（5）对比分析法。

2. 简答题

（1）简述直播营销话术设计要点。

（2）请说明直播间选品的策略。

（3）简述淘宝直播的带货属性。

（4）请说明淘宝直播流量分配的规则。

（5）请说明唯品会平台的特点。

第 6 章

短视频营销与运营

【学习目标】

（1）初步认识短视频，并掌握短视频的特点；
（2）掌握短视频营销的内涵、特点、价值等；
（3）掌握短视频营销的定位及常用策略；
（4）熟悉短视频营销的运营策略；
（5）学会短视频营销的活动策划与推广。

【思维导图】

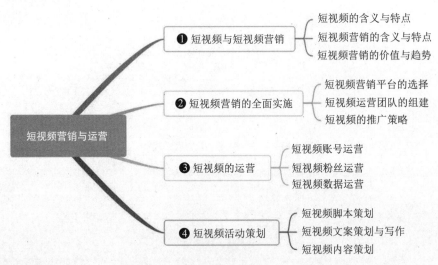

【导入案例】

景区短视频内容的"生意经"

黄山翻滚的云海、重庆穿楼而过的轻轨、江西婺源的"晒秋"、河南云台山日照金山下的冰瀑群……打开短视频软件，旅游推荐总是能激起人们心中的旅行冲动。

春节假期，云台山冰川峡谷因酷似动漫场景颇受年轻游客追捧，本地网红达人等组团打卡拍照，短视频话题"进入云台山冰雪世界""云台山冰雪节"曝光均超亿次，现实版冰河世纪圈粉无数。

第 6 章　短视频营销与运营

黄山风景区闻名遐迩，但"网红小火车"的走红是个意外。黄山西海大峡谷地面缆车本来作为景区内的交通工具寂寂无闻，但在景区一位年轻员工拍摄的一条短视频中，小火车在黄山的奇松、怪石、云海中穿梭，给人以巨大的视觉冲击力，这条短视频在平台上意外走红。慕名前来打卡的游客说："比短视频上看到的还要美！"

黄山旅游发展股份有限公司董事长章德辉称："年轻人平时喜欢分享景区的日常内容，'网感'比较好，当时也没有想到这个短视频会火，这给了我们一些启发。短视频的表现方式适合传播景区有特色的内容，鼓励员工创作分享。"

包括黄山风景区在内的很多景区都鼓励员工创作短视频，把身边的美传播出去。这在某种程度上是因为，在短视频平台上，用户即创作者，创作者也是用户，所以，当创作者以用户的视角去生产内容并触达消费者时，就具有了天然的亲切感和亲和力，有代入感。

极光大数据发布的《2021 年 Q2 移动互联网行业数据研究报告》指出，当前国内移动网民人均 App 每日使用时长约为 5.1 小时，短视频 App 占据用户使用时长第一位，约人均每日 1.5 小时，可以说，短视频已成为国人最主流的在线网络休闲方式。

越来越多的短视频创作者加入其中，将镜头聚焦于体现美好生活的文旅题材。深圳大学旅游与新业态发展研究中心研究员刘杰武认为，短视频大部分的创意和智慧来自民间，从中我们可以看到营销话语权的转移。

景区想要实现业绩持续增长，需要充分从产品视角、用户视角和内容视角三个方面统一进行考量。长期来看，景区营销既要借助新媒体的手段，也要破除对短视频的过分迷信，要保持景区形象与产品体验的一致性。

商业模式能否成功运作需要综合几方面考虑：一要看旅游资源本身，新产品打造要有一定的文化本底；二要便于拍照或录视频，这决定了景区能否在新媒体平台得到展示；三是打卡内容的呈现需要指向人们对美好生活的向往，从而促进消费。

文化魅力在短视频内容生产、传播中具有重要价值。有文化内涵的输出，才能让景区保持长久的生命力。比如，黄山自古以来就是文人墨客偏爱的目的地，历代传颂下来的经典诗歌无数，而黄山所在的古徽州向来是彰显田园山水情趣的地方。倘若没有文化的底色，网红目的地注定只是昙花一现。

资料来源：https://baijiahoo.baidu.com/s?id=1724183549153860410&wfr=spider&for=pc，有改动。

↘ **辩证思考**：分析以上内容，讨论并思考短视频营销给景区带来了哪些启示。

分析提示：展现绝美景致和别样风情的短视频很容易唤起用户对远方的向往和期待。移动互联网时代，碎片化生活方式渐成主流，短视频、短图文等成为重要的传播方式。短视频开辟了景区旅游营销的新模式，如何在线上进行精细化的持续运营，内容传播如何向生意转化，是景区需要不断思考的命题。

6.1　短视频与短视频营销

随着移动互联网的快速发展与普及，短视频营销正在成为新的营销模式。新媒体的发展催生了越来越多的内容表现形式，场景化、创意化的短视频以更加逼真的视听效果、更加强烈的视觉冲击给用户带来了更真实、更震撼的视听体验。个人和企业也可借助短视频开展运营，以直观的场景化内容运营推广产品或品牌，加深用户对产品或品牌的印象，覆盖更加广泛的用户群体。

6.1.1 短视频的含义与特点

随着移动终端的普及和网络的提速，短平快的大流量传播内容逐渐获得各大平台、粉丝和资本的青睐。短视频给予每个运营者非常大的发挥空间。

1. 短视频的含义

短视频是一种长度以秒计算，主要依托移动智能终端实现快速拍摄和编辑，可在社交媒体平台上实时分享的新型视频形式。短视频不同于文字、音频等内容单一的展示形式，它结合了文字、语音和视频，内容更加立体化。

> **小常识**
>
> 短视频是可以在各种新媒体平台上播放的、适合在移动状态和短时休闲状态下观看的、高频推送的视频内容，长度几秒到几分钟不等。

短视频的出现是对社交媒体现有内容（文字、图片）的一种有益补充。同时，优质的短视频内容亦可借助社交媒体的渠道优势实现"病毒式"传播。当下，短视频是非常受互联网使用人群喜爱的内容形式。与纯文字文本相比，短视频更加生动形象，包含的信息量更大，收看短视频所需要的注意力更少。

据不完全统计，截至目前，市场上的短视频 App 多达上百个，如抖音、快手、秒拍、美拍等。短视频使用规模和网民使用率均超过长视频的用户规模和网民使用率，在互联网娱乐应用中排名第一。

2. 短视频的特点

短视频是新媒体时代基于互联网诞生的新型媒介形式，这种媒介形式因其自身的传播特点符合大众碎片化的使用习惯而爆火，现在已经成为人们生活、娱乐必不可少的一部分。下面从新媒体营销的角度阐述短视频的特点。

1）内容精练，符合用户消费习惯

短视频的时长一般在 15 秒到 5 分钟，其内容有技能分享、幽默娱乐、时尚潮流、社会热点、街头采访、公益教育、广告创意、商业定制等。新媒体短视频短小精悍、内容丰富、题材多样、灵动有趣、娱乐性强，注重在短时间内抓住用户的注意力，其内容紧凑、节奏快，符合用户碎片化的使用习惯，方便用户直观、便捷地获取信息，节省用户的时间成本。

新媒体短视频的表现形式更加多元化，短视频 App 中自带的多种功能可以让用户自由地表达个人想法和创意，符合"90 后"和"00 后"个性化和多元化的审美需求。

2）制作简单，维护成本低

与电视广告、网页广告等传统视频广告高昂的制作和推广费用相比，新媒体短视频在制作、上传、推广等方面具有极强的便利性，且成本较低。

用户可以运用充满个性和创造力的制作方法创作出精美、令人震撼的短视频,以此表达个人的想法和创意。例如,运用动感节奏,加入幽默的因素,或者进行具有吸引力的解说和评论等,都可以让短视频更加新颖和具有吸引力。

短视频可以免费观看,因而有庞大的用户群体,精良、丰富的视频内容能够提升用户对短视频所宣传的商品的好感度与认知度,从而使商品以较低的成本得到更有效的推广。新媒体短视频的迅速传播并不会耗费太多的成本,只要其内容真正击中用户的痛点和需求点即可。例如,papi 酱自创的吐槽小视频在初期就是她自导自演的,却获得了大量网友的转发和评论。

3)互动性强,满足用户社交需求

新媒体短视频并非传统视频的微缩版,而是一种信息传递的新方式。用户可以通过短视频 App 拍摄各种内容并将其分享到社交平台,同时参与热门话题讨论,突破时间、空间、人群等的限制,提高参与感和互动感。短视频这种新型社交方式给用户带来了全新的社交体验。

新媒体短视频几乎都可以进行单向、双向甚至多向的交流。对于短视频发布者而言,短视频的这种优势能够帮助其获得用户的反馈信息,从而更有针对性地改进自身;对于用户而言,他们可以通过短视频与发布者进行互动或产生共鸣,对短视频的形象或品牌等进行传播,表达自己的意见和建议。这种互动性使短视频不仅能满足用户的社交需求,还能使商品或品牌的宣传、营销效果等得到有效提升。

4)传播速度快,覆盖范围广

新媒体短视频容易实现裂变式传播与熟人间传播,用户可以在平台上分享自己制作的视频,以及观看、评论、点赞他人的视频。丰富的传播渠道和方式使短视频传播的力度大、范围广。

新媒体短视频平台除了通过自身平台转发和传播,还可以与微博、微信等社交平台进行合作,将内容精彩的短视频通过流量庞大的微博或微信朋友圈、视频号等进行分享,从而形成更多的流量,进一步扩大短视频的传播范围。

6.1.2 短视频营销的含义与特点

在长视频时代,要想做视频营销,需要花费很大的人力、物力和财力。随着短视频的兴起和火爆,人们找到了视频营销的切入点,因为门槛低、传播速度快、入手简单、投入少,短视频成了众多商家青睐的营销工具。目前,已经有越来越多的企业使用短视频开展市场营销活动。

1. 短视频营销的含义

短视频营销是内容营销的一种,主要借助短视频,通过选择目标受众人群并向他们传播有价值的内容来吸引用户了解企业品牌产品和服务,最终形成交易。进行短视频营销,最重要的就是找到目标受众人群和创造有价值的内容。

> **小常识**
>
> 随着各大互联网巨头纷纷涉足短视频领域、各类短视频 App 涌入市场，短视频竞争进入白热化阶段。短视频平台想要实现可持续化发展，就必须保证平台拥有大量优质的短视频，而短视频的一大重要元素是音乐，所以音乐的版权以及数量也是短视频运营团队是考虑的必要因素。

2. 短视频营销的特点

随着 5G 时代的到来，短视频营销已经成为新的赚钱商机，也是具有巨大潜力的营销方式之一。被寄予厚望的短视频营销成为商家在互联网上新的掘金手段。短视频营销与传统营销方式相比，有其独特性。

1）互动灵活，沟通方便

短视频营销很好地吸取了网络营销的优点——互动性强。

2）低成本，营销简单

短视频营销和短视频一样，拥有低成本的特点，因为较之于传统广告营销的大量人力、物力、精力的投入，短视频营销入驻门槛更低，成本也相对减少。这也是短视频营销的优势之一。短视频内容运营者可以是企业，也可以是个人。短视频内容制作、用户自发传播及粉丝维护的成本相对较低。但是，制作短视频一定要具备良好的内容创意、坚持输出原创的决心，才能打造出优质短视频，吸引用户关注。

3）购物便捷，激发欲望

短视频是一种时长较短的图文影音结合体，因此短视频营销能够带给消费者图文、音频所不能提供的感官上的冲击，这是一种更为立体、直观的感受。短视频营销的效果比较显著，一是因为画面感更强；二是因为短视频可与电商、直播等平台结合，直接赢利。它的高效性体现在消费者可以边看短视频边购买产品，这是传统的电视广告所不具备的优势。随着移动互联网的迅速发展，大多数消费者已习惯在网上进行消费，因此，短视频营销在市场中占据了一席之地。

4）目标精准，营销效果好

与其他营销方式相比，新媒体短视频营销具有指向性优势，因为它可以准确地找到目标受众，从而实现精准营销。短视频平台通常会设置搜索框，并会对搜索引擎进行优化，用户可以在平台上搜索关键词，这一行为会使短视频营销更加精准。电商企业还可以通过在短视频平台发起活动和比赛等聚集用户。营销是新媒体短视频的一项重要功能，当新媒体短视频用于营销时，一般需要符合内容丰富、观赏性强等标准。只要符合这些标准，新媒体短视频就可以赢得用户的青睐，使用户产生购买商品的强烈欲望。

5）数据清晰，营销效果可衡量

新媒体短视频运营者可以对新媒体短视频的传播和营销效果进行分析和衡量，如分析点赞量、关注量、评论量、分享量等。运营者通过这些数据，可以衡量新媒体短视频的营销效果，然后筛选出可以促进销售的短视频，为营销方案提供正确的指导。

6.1.3 短视频营销的价值与趋势

短视频给品牌广告主带来的营销价值,在一定程度上助推了短视频营销新趋势的到来。

1. 短视频营销的价值

新媒体短视频之所以能够获得"快生长",主要在于它更契合用户对内容消费的需求,其传播方式极大地适应了用户碎片化的生活方式。短视频的四大价值也已成为短视频营销新趋势的助推器。

1）流量价值:扩大品牌覆盖面

对于任何一个品牌而言,平台用户量的多少是决定广告主是否在该平台进行广告营销的第一要素,也是他们认为这个平台是否具备广告营销价值的第一衡量标准。对于广大的品牌广告主来说,短视频平台最大的营销价值体现在平台庞大的用户量上。

2）用户价值:提升品牌转化率

用户转化路径长短是在进行品牌营销时需要考虑的重要因素,能否覆盖主流优质消费群体是短视频营销价值的体现。在用户质量和短视频呈现形式上,各大短视频平台大幅缩短了品牌到用户的转化路径,提高了品牌营销效率。从购买力和转化率的角度分析,短视频的用户质量也相对较高。短视频用户画像显示,用户群体年轻化,覆盖了主流优质消费群体。

3）产品价值:增加品牌互动

短视频能够帮助品牌与用户更好地互动,具有深度沉浸感的竖屏视频模式更易于传递品牌信息。以抖音平台为例,抖音结合 15 秒和 60 秒的短视频,加上竖屏视频模式,能有效提升用户视觉注意力,相比横屏视频模式,点击效果提升 1.44 倍,互动效果提升 41%。同时,抖音还为创意营销提供了更多思路和全新的解决办法,包括品牌主页、创意互动、达人内容定制、主题挑战等。由高质量热门作品向外辐射,能形成场景式营销,让用户从围观到参与,自发成为品牌传播的一环,帮品牌打造口碑。抖音多元化的内容营销方案给品牌营销带来了更多创意,以及持续增值的流量。

4）技术价值:助力品牌精准锁定受众

短视频平台去中心化的分发机制定位于普通用户,通过技术和算法洞察用户行为路径,建立高效的 UGC 内容分发系统,持续为用户推荐高质量的短视频,激发更多用户参与创作。这正是短视频如此受用户喜爱的原因。也正是如此,借助高效的短视频分发系统,短视频平台可以帮助品牌定位更多与自身气质契合的用户,通过兴趣圈层实现二次传播,扩大品牌影响力。通过圈层互动形成社交生态向外辐射,吸引更多用户围观、参与,品牌能够实现更大范围的传播,品牌粉丝的客单价也高于非粉丝人群。

2. 短视频营销的趋势

基于互联网、云计算与智能手机的发展,用户对视频内容的获取越来越容易,随时随地用手机观看视频已成常态。短视频营销具有以下几个趋势。

> **课程思政**
>
> 习近平总书记指出，要运用新媒体新技术使工作活起来，推动思想政治工作传统优势同信息技术高度融合，增强时代感和吸引力。

1）短视频营销依然火爆

随着快手、好看视频、多闪、抖音、西瓜视频等 App 的走红，短视频迎来了大爆发。内容丰富有趣的短视频更加受用户的欢迎。将产品信息巧妙地植入短视频，既不尴尬也不生硬，还能为产品带来一定的曝光，甚至得到流量变现。

2）对内容的要求更高

无论是短视频、自媒体、公众号还是传统的网络广告，对营销内容质量的要求都越来越高，单一、枯燥、广告性较强的内容必将逐渐被淘汰。

3）短视频主攻年轻群体

内容时尚、有趣已然成为视频营销的必备因素，相较于单一讲述品牌故事的广告内容，结合声音、动作、表情的短视频，更能够触动年轻用户。

4）内生广告成风向标

图 6-1　高分享性和互动性

视频广告已经从贴片模式时代进入内生广告时代。内生广告打破了传统广告模式的局限。相比用户体验差的贴片广告和用户感知度不高的植入广告，内生广告是基于内容而衍生的新型广告模式，用户对其接受度会更高。

5）高分享性和互动性

短视频广告的高分享性和互动性赋予了品牌"病毒式"营销效果，内容足够好就会带动其他用户自发分享，创造品牌与用户沟通的新方式，同时带来高点击率，如图 6-1 所示。

6）全网营销是必经之路

当前网络营销竞争激烈，单一的网络营销方式已经不能满足企业的需要，视频营销、整合营销成为企业全新的营销方式。全网营销是将一系列的营销方式整合，有条不紊地进行营销，从而使流量最大化的一种营销方式。

6.2　短视频营销的全面实施

新媒体短视频符合移动互联网时代用户的消费需求，且受众中年轻人居多，具有巨大的消费潜力，这不仅吸引了很多自媒体人创作、运营短视频，也让很多企业或机构争相采用短视频营销方式。做好短视频营销，企业能够搭建起品牌私域流量池，扩大品牌传播范围，获得更多曝光，提高品牌的辨识度。

> **小思考**
>
> 你知道哪些短视频营销的成功案例？它们分别在哪些短视频平台上出现过？

6.2.1 短视频营销平台的选择

随着短视频行业的持续发展,短视频已经成为新媒体的重要流量入口和发展风口,同时也催生了一大批短视频平台。目前,主流短视频平台有抖音、快手、美拍、秒拍、西瓜视频、小红书、哔哩哔哩(bilibili)、腾讯微视等。

1. 抖音

抖音是一个帮助广大用户表达自我、记录美好生活的短视频分享平台,为用户创造丰富多样的玩法,让用户可以轻松拍出优质短视频。抖音是目前非常火的短视频App之一,也可以说抖音是一款音乐创意短视频社交软件,是一个音乐短视频社区。抖音的宣传口号是"记录美好生活",短短15秒,"抖友"(抖音用户)通过选择歌曲、拍摄视频来完成自己的作品并发布到平台上。抖音还集成了类似美拍等App的镜头、特效、剪辑等功能,尽量减少因为需要对视频进行后期处理而造成的流量转移。

抖音于2016年9月上线,其创作团队最初仅有几个人。上线不到半年,抖单就获得今日头条的投资。抖音不断提高用户体验,增加新的功能,抓住时下热点,让"抖友"始终保持着新鲜感,让更多的名人抖音成为热门。

抖音发展的同时也诞生了一批"抖音达人",这些"达人"给抖音注入了丰富多彩的内容,也因为抖音改变了自己的生活。例如,"代古拉k"就通过抖音完成了自己人生的逆袭。代古拉k一开始在抖音上受到关注是因为她的笑容。她的笑容被称为"抖音最美笑容",甜美的笑容加上充满力量的舞蹈,让她一夜爆红,抖音粉丝数量迅速破千万,每个视频都会有几十万甚至几百万点赞量,让她具备了极高的商业价值。

目前,除了最基本的浏览视频、录制视频功能,为了避免人们刷短视频时出现"审美疲劳",抖音还推出了直播、电商、抖音付费等功能,不断探索新的商业模式。抖音的成长历程非常具有代表性,它在初期邀请了一批音乐短视频领域的KOL入驻平台,这些KOL带来了大量的流量,为抖音赢得了第一波核心用户,而后通过内容转型开启国际化进程,进一步扩大用户群体,一跃成为当下受用户追捧的短视频社交平台之一。

在目标用户方面,抖音以新生代用户为目标,及时把握目标用户的需求偏好,对不同年龄段的人进行归类分析,选出短视频主流板块,不断"下沉"连接多层次用户,吸引大量腰部和底部用户的目光,将抖音打造成为"老少皆宜"的娱乐化社交平台。

抖音平台基于用户的年轻化属性特征——热爱音乐、偏爱潮流、具有强烈的社交需求和表达欲望,因此,抖音的视频内容更加时尚,如音乐唱跳、特色贴纸、热搜和热门话题等。

抖音短视频的产品设计具有以下几个特点。

(1)抖音采取霸屏阅读模式,降低了用户注意力被打断的概率。

(2)抖音没有时间提示,用户在观看视频时很容易忽略时间的流逝。

(3)抖音的默认打开方式是进入"推荐"页面,只需用手指轻轻一划,就可以播放下一条视频,用户的不确定感更强,这更吸引用户观看,从而打造沉浸式的娱乐体验,如图6-2所示。

（4）抖音凭借自身丰富的工程师储备和人工智能实验室的支持，能够基于用户过去的观看行为为用户画像，为其推荐感兴趣的内容，这种个性化推荐机制是抖音的核心竞争力之一。

2. 快手

快手是北京快手科技有限公司旗下的短视频软件，创建于2011年3月，最初是用于制作和分享GIF图片的一款手机应用。2012年11月，快手从纯粹的工具应用转型为短视频社区，定位为记录和分享大家生活的平台。2014年11月，正式更名为"快手"。2019年7月，快手向部分用户开放了5~10分钟的视频录制时长权限。快手在发展过程中，并没有采取以知名艺人和KOL为中心的战略，没有将资源向粉丝较多的用户倾斜，也没有设计级别图标对用户进行分类，其目的是让平台上的所有人都敢于表达自我，强调人人平等，是一个面向普通用户的产品。

图6-2 抖音首页"推荐"页面

> **小常识**
>
> 2021年2月5日，快手作为"短视频第一股"在香港上市，并举行了上市仪式，成为中国第五个上市的互联网公司，仅居腾讯、阿里、美团、拼多多之后。快手作为国内领先的去中心化短视频/直播内容社区，当前正处于商业化加速期。

快手依靠短视频社区的用户和内容运营，致力于打造社区文化氛围，依靠社区内容的自发传播，促使用户数量不断增长。快手满足了普通人群表达自我的需求，是一个为普通人提供记录和分享生活渠道的短视频平台。

为了方便用户发布更多的原生态内容，快手的设计以简单、清爽为主，使用户更专注于内容。在快手平台上发布短视频的用户及其作品，都有可能在"发现"页面获得展示的机会，即使是刚注册的新用户也不例外。用户发布的短视频获得的点赞数越多，被选中推荐的概率就越大。

因为快手会在一个屏幕里呈现很多视频，所以用户对内容的兴趣指向更加精准。因为能够知道用户的兴趣偏好，所以兴趣的算法也更加精准。因此，快手的内容更丰富，整体内容更长尾，人格化更强。快手平台强调的是通过产品搭建和推荐算法逻辑，打造一种平等普惠的社区调性，属性偏私域流量。快手多年来培育的社区氛围能更好地调动用户之间的关注与互动，用户黏性与信任度较高。

快手平台的内容特色主要体现在以下几个方面。

（1）个性化：进入快手页面后，首先显示的是"发现"页面，如图6-3所示，以期将最新发布的短视频个性化地推荐给用户。

（2）直播：在满足快手直播开通条件的情况下，平台用户可以开通直播功能。在直播的同时，快手还设置了主播对决小游戏和观众投票环节。

（3）同城：在首页点击"同城"选项，如图6-4所示，可以看到推荐的同城的快手短视频制作者或直播播主，同时会显示距离，以增强用户之间的互动性。

图6-3　快手"发现"页面

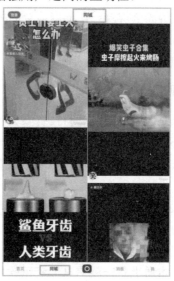
图6-4　快手"同城"页面

3. 美拍

美拍是厦门美图网科技有限公司旗下的一款可以直播、制作视频的，备受年轻人喜爱的应用软件，于2014年5月8日上线。早期的美拍主打10秒MV功能，通过高品质的画质吸引了一批美图秀秀的用户和其他有品质感追求的内容生产者，也迅速形成了美拍的生产者社区氛围。

美拍定位明确，即美图科技在短视频领域的拓展，同时搭配美图科技在美化图片方面的特长，对照片或者视频进行美化修饰。美拍App在拍摄界面中有"美化"功能，因此美拍的用户定位主要是追求更精致的视频效果和更美画面感的人群。美拍凭借简单易用的操作方法和对视频的美化功能成功吸引了大量用户，从而在短视频市场占有一席之地。

除此之外，美拍还致力于打造专业化的兴趣社区，除了可以像抖音那样不断下拉刷新视频流让用户观看，还设有"美妆""穿搭""美食""舞蹈""宝妈"等多个垂直频道，可以让用户主动选择自己喜欢的垂直类内容，这样就可以让各个领域具有相同喜好的用户相互交流和互动，由此形成兴趣社区。

4. 秒拍

秒拍是由炫一下（北京）科技有限公司开发和发布的集观看、拍摄、剪辑、分享于一体的短视频聚合平台和高质量短视频社区。秒拍在2014年全新上线后，就获得了"文艺摄影师"的称号，风格偏向于文化与潮流。

秒拍发展初期，在各大短视频平台中视频时长最短，其核心功能定位为简单易用的短视频拍摄编辑工具。不过产品开发至今，秒拍从基本的工具属性延伸出了更多的社交属性和媒体属性，成为一个专注媒体类短视频的平台。与微博进行合作后，秒拍视频可以直接在微博上进行播放，这在很大程度上提高了秒拍的竞争力。秒拍与微博已经构建了一个"媒体+社交"的生态圈。

升级的秒拍实现了图片和视频的合一，可以满足用户不同的信息获取需求。另外，秒拍还实现了横屏和竖屏合一，横屏适合品牌官方 PGC（专业生产内容），竖屏适合 UGC（用户生产内容），加上秒拍在 MCN 机构合作上的率先耕耘，让品牌商们在秒拍上做营销有了更多的选择。

5. 西瓜视频

西瓜视频是北京字节跳动科技有限公司旗下的个性化推荐短视频平台，由今日头条孵化而来。2016 年 5 月，西瓜视频的前身——头条视频正式上线，通过投巨资扶持短视频运营者。经过一年的发展，其用户数量就突破 1 亿，并在 2017 年 6 月 8 日正式升级为西瓜视频。

西瓜视频拥有众多垂直分类，专业程度较高。在西瓜视频上，95%以上的内容属于 OGC（职业生产内容）和 PGC。该平台采用人工智能精准匹配内容与用户兴趣，致力于成为"最懂你"的短视频平台。

西瓜视频本质上是一款信息流资讯软件。运营者为西瓜视频平台提供内容，同时获得收入分成；广告商为西瓜视频提供收入，同时获得流量；用户为西瓜视频提供流量，同时获得内容。三者形成一个闭环，彼此赋能并推动彼此增长。

西瓜视频不仅具有优质、高效的短视频，还有内容更专业、丰富，传达的信息更体系化的长视频。西瓜视频有一套成熟的培训体系，能够提供定期的技能培训，帮助运营者快速在西瓜视频成为专业的内容生产者。此外，西瓜视频有利好的政策扶持（如平台分成），能够帮助短视频创业者实现商业变现。

6. 小红书

在小红书平台上，用户通过文字、图片、视频笔记的分享，记录了这个时代的正能量和美好生活，小红书通过机器学习对海量信息和用户进行精准、高效匹配。2020 年，小红书成为中国市场广告价值渐高的数字媒介平台。

小红书生活方式社区的运营方向是通过用户"线上分享"消费体验，引发"社区互动"，并推动其他用户"线下消费"，反过来又推动更多"线上分享"，最终形成一个正循环。小红书以内部商业闭环（"种草"笔记、"带货"直播、小红书商城）为核心，发展更加开放的平台内部、外部双循环。这不仅有利于小红书平台的发展，也能更好地满足小红书用户和品牌商家的多样化需求。

用户线上分享内容又称小红书笔记。小红书笔记能够吸引其他用户对分享的产品产生兴趣，即便原本没有购买计划，也会被"种草"。无论是做产品、做服务，还是做个人品牌，都可以通过在小红书上分享内容，通过写笔记来达到曝光和引流的目的。例如，"完美日记"就是靠小红书平台崛起的品牌，它通过大量的笔记，在小红书上分享产品使用体验和测评，提升品牌影响力。

小红书上有精准的女性用户群体，品牌商家可以基于 KOL 的粉丝标签、行为偏好等大数据提升营销"种草"的精准度。小红书以独特的"种草"氛围、贴合消费者偏好的图文内容和 KOL 强势的引导，持续吸引着用户的关注。

7. 哔哩哔哩

哔哩哔哩源于垂直细分下的二次元领域，渐渐发展成为多领域的短视频与长视频综合平台。其大部分用户年龄在 25 岁以下，形成了年轻人的潮流文化娱乐社区。

用户通过注册可以成为哔哩哔哩的注册用户，但要想成为正式会员，需要通过答题考试。这是故意设置障碍引起用户兴趣，让用户获得身份认同感。同时，这种过滤机制也屏蔽了很多跟平台不匹配的用户，留下的都是平台的忠实用户。

哔哩哔哩的用户群体以"90后""00后"为主，他们具有文化自信、道德自律和知识素养。这样的用户群体使哔哩哔哩与其他视频网站存在巨大的差异。哔哩哔哩吸引用户的是高质量的 UP 主（即上传视频的人）创作的视频与良好互动的社区氛围，而一般视频网站用户可能只是因为某部剧、某些视频而充值或登录观看。

如果用一个词来形容哔哩哔哩社区，那就是兴趣。在哔哩哔哩上，用户可以找到与自己志同道合的人，以视频为信息载体加深彼此的关系。哔哩哔哩还引入了很多知名媒体，也有一些学术界的"大 V"，吸引更多用户。现在，哔哩哔哩已经真正成为一个以兴趣、爱好结交朋友的视频社区。

哔哩哔哩依靠不同的品类内容吸引不同阶层的用户，让"短视频+长视频"成为运营者传递价值的通用形式，通过优秀的运营者带动更多的运营者，让他们以视频内容的形式表达自己。哔哩哔哩提供不同的长、短视频，围绕用户的兴趣提供技术支持与运营服务，让用户在自主选择下找到喜爱的视频内容，找到喜爱的 UP 主，找到一群有相同兴趣的朋友。

8. 腾讯微视

微视是腾讯旗下的短视频创作与分享社区，用户可以通过 QQ 号、微信及腾讯邮箱账号登录，将拍摄的短视频同步分享给微信好友，或分享到朋友圈、QQ 空间。

2013 年 10 月 22 日，微视 8 秒短视频软件 Android 1.0 版上线。2018 年 4 月 2 日，腾讯微视发布 2018 年首次重大更新，推出三大首创功能，即视频跟拍、歌词字幕、一键美型，并打通 QQ 音乐千万正版曲库，进行全面的品牌与产品升级。

> **小常识**
>
> 短视频创作者在选择要入驻的短视频平台时，要综合考虑自身内容生产能力、平台属性、平台支持力度、平台变现路径等因素，选择一至两个主力短视频平台深耕，其他短视频平台作为分发平台来操作。如果创作能力比较综合、时间比较宽裕，可以针对不同短视频平台的属性、活动、用户创作不同的内容。

2019 年 2 月，微视上线个人视频红包玩法，用户可以通过微视制作视频红包，并且分享到微信和 QQ，邀请好友领取。2019 年 4 月，微视上线新版本，推出"创造营助力""解锁技能"等全新模板。用户可以通过微视模板制作互动视频，并通过微信、QQ 等社交平台分享给好友；好友可以直接在微信、QQ 上浏览该互动视频，并进行互动操作。

微视的定位非常清晰，即快速切入短视频社交领域，挖掘更多的机会点，打造战略级产品。在渠道和营销方面，微视借助微信、QQ 等产品的导流降低了用户的获取成本，再加上现金红包推广、腾讯视频综艺联动（如微视拥有专属点赞通道、选手独家内容）等活动推动很多用户跨越"注意—兴趣—记忆—欲望—行动"的漫长链条直接进行下载。

6.2.2 短视频运营团队的组建

越专业的短视频运营团队，分工就越精细，每部分的工作都由专人负责。短视频运营者要了解团队成员的构成，根据实际工作需要确定团队人员配置。

1. 短视频运营团队人员构成

组建专业的短视频运营团队的第一步是了解团队人员构成和各类人员的基本职能。一般来说，一个专业的短视频运营团队的人员构成包括导演、编剧/策划、演员、摄像师、剪辑师和运营人员。

1）导演

在短视频创作过程中，导演的角色非常重要，他既是团队的领导者，又是监督者、协调者。导演不仅要有领导力，时刻保持高度的工作热情，处事自信、谨慎，还要起到凝聚团队的作用，协调错综复杂的人际关系，冷静地解决团队矛盾，鼓舞团队成员士气，使团队成员更好地协作，确保团队工作快速推进。

导演是短视频作品的总负责人，负责人员的组织、工作的协调、短视频作品的质量把控等，其具体岗位职责包括以下几点。

（1）根据项目要求挖掘选题，完成选题素材、故事的收集与整理，完成项目前期策划。

（2）负责组织和协调内外部团队，保持多方密切沟通，保障项目顺利完成。

（3）参与短视频的剪辑工作，以及后期调色包装输出。

（4）参与监督整个短视频的制作过程，并对短视频内容的整体质量负责。

（5）保持工作的创造性，根据作品运营数据与用户内容消费需求变化，持续进行短视频内容创新。

短视频导演要思维敏捷，网感强，有创新意识，思路开阔，并具备多元的创作风格，熟悉短视频制作流程，而且要有很强的责任心，具有良好的沟通能力与团队管理能力。

2）编剧/策划

编剧/策划主要进行短视频剧本的创作，负责内容的选题与策划、人设的打造，其具体岗位职责包括以下几点。

（1）根据项目要求，做出符合市场需求的短视频策划方案及完整的创作构思方案。

（2）具有较强的策划能力，能够独立撰写脚本大纲，对色彩、构图、镜头语言比较敏感。

（3）参与拍摄和录制，推动拍摄任务的实施。

（4）参与后期剪辑，负责视频包装（片头、片尾的设计）等。

3）演员

演员根据剧本进行表演，表演包括唱歌、跳舞等才艺表演，以及根据剧情、人设特色进行的演绎等。演员需要具备表现人物特点的能力，在某些情况下，团队中的其他成员也可以灵活充当演员的角色。

不同类型的短视频对演员的要求也不同。

（1）脱口秀类短视频一般要求演员表情比较夸张，演员可以用带有喜剧张力的方式生动地诠释台词。

（2）故事叙述类短视频对演员的肢体语言表现力及演技的要求较高。

（3）美食类短视频对演员传达食物吸引力的能力有着很高的要求，演员最好能够用自然的演技表现出美食的诱惑力，以达到突出短视频主题的目的。

（4）生活技巧类、科技数码类、影视混剪类等短视频对演员的演技要求不高。

4）摄像师

摄像师要按剧本要求完成短视频的拍摄工作。摄像师的水平在一定程度上决定着短视频内容的好坏，因为短视频的表现力及意境很多都是通过镜头语言来呈现的。一名优秀的摄像师能够顺利地实施拍摄计划，通过镜头完成导演规划的拍摄任务，并给剪辑师留下非常好的原始素材，节约大量的制作成本。

摄像师的主要工作虽然是短视频拍摄，但在前期也要参与创作团队的建设、视频拍摄风格的设置等工作。

一名优秀的摄像师需要具备以下专业技能。

（1）具备了解镜头和脚本语言的能力。编剧制作完脚本以后会给摄像师，摄像师要深刻理解脚本的内容，并用镜头传达脚本想要展现给观众的内容。因此，摄像师只有具备了解镜头和脚本语言的能力，才能拍摄出符合编剧构想的短视频内容。

（2）掌握精湛的拍摄技巧，懂得运用镜头的技巧，如推拉镜头、旋转镜头、跟镜头、移镜头、甩镜头等拍摄技巧。

（3）具备基本的视频剪辑能力，这样在拍摄时可以更清楚地知道哪些内容需要重点表现，哪些内容是次要的，从而有针对性地进行拍摄。

5）剪辑师

剪辑师是短视频制作后期不可或缺的人员。剪辑师主要负责对短视频画面素材和声音素材进行筛选、整理、剪辑，将原本分割的素材进行合成，形成一个完整的短视频作品。

在短视频拍摄完成之后，剪辑师往往要对拍摄的素材进行选择与组合，舍弃不必要的素材，保留精华部分，并借助编辑软件对短视频进行配乐、配音和添加特效等。其根本目的是更加准确地突出短视频的主题，保证短视频结构严谨、风格鲜明。

剪辑师需要具备以下专业技能。

（1）能够分辨素材的好坏，并对素材进行快速整理。

（2）能够熟练地剪辑素材，如完成完美的画面动作连接，不出现画面动作不连贯或重复的现象。

（3）能够找准剪切点，在画面的顶点处进行剪切。所谓画面的顶点，是指动作、表情的转折点，如篮球上升即将下落时、人物表情由笑转悲时，在此时进行剪切能够给用户留下深刻的印象。

（4）懂得选择配乐，能够在短视频的高潮阶段或温馨时刻加入符合情境的音乐。这样不仅可以增强画面的感染力，还能使画面的衔接显得更加自然。

6）运营人员

运营人员负责短视频账号的日常运营与推广，包括账号信息的维护与更新、短视频的发布、用户互动、数据收集与跟踪、短视频的推广、账号的广告投放等。

课程思政

> 短视频行业要想更好地发展，应加强对运营团队人员的教育，采取科学的培训措施，以提高运营团队人员的思想政治素养和理解能力，进而提高思政素质，以适应短视频行业发展的需要。

运营人员需要具备以下专业技能。

（1）案例分析能力。运营人员要善于学习其他短视频作品的精华，并将其运用到自己的作品中。

（2）学习创新能力。运营人员要在工作中不断摸索前行，及时学习短视频运营的各种知识，形成自己的运营方式。

（3）人际交往能力。运营人员要有高度的热情，擅长与不同类型的人互动，并在互动过程中获取信息。

（4）自我调节能力。运营人员通常有较大的工作压力，所以运营人员要有很强的自我调节能力。

短视频运营人员的工作直接关系着短视频能否引起用户注意，能否顺利进入商业变现的流程。因此，运营人员要时刻保持对外部环境及用户需求的敏感度，准确把握用户的需求，深入了解用户的喜好、习惯及行为等，以便更好地完成短视频的传播与推广工作。

微课：短视频运营团队人员配置规模

2. 短视频运营团队人员配置规模

在短视频账号运营初期，短视频运营者可以根据资源投入和目标要求，以及短视频内容创作的工作量和难度，确定团队人员配置规模。如果短视频运营者属于全面型人才，还可以选择自编、自导、自演、自拍、自剪。但是，对于企业账号来说，初始的团队一般需要配置2～3人，包括1名把控整体内容的运营人员，1名视频制作人员；如果对出镜人员的要求较高，则至少要配置1名演员。

> **小常识**
> 团队是一个整体，要打造一个高效率的团队，不仅需要找对人，还需要团队成员之间相互配合。

1）3～5人团队

根据实践经验，一支规模较小的短视频团队通常需要3～5人。以3人配置为例，具体分配为：导演、编剧、运营人员的工作由1人负责；摄像师、剪辑师的工作由1人负责；演员的工作由1人负责。一般这种人员配置就可以完成不同类型短视频的制作与推广。在这种情况下，短视频创作团队最好选择实拍的形式，可以选用的内容类型有剧情表演、知识讲解、技能教学等。这种团队配置的优势在于适合打造IP（intellectual property，知识产权，现引申为品牌之意），更具真实感，适用范围广。随着后期业务量的增多，可以根据各板块的需要酌情增加人手。

2）5 人以上团队

5 人以上配置的团队，人力比较充足，发展的空间更大，可能性更多。短视频创作团队可以根据业务的需求、团队人员的实际情况等因素从深度或宽度上寻求发展。

（1）深度，即更专业化的内容生产。例如，拍摄多人剧场型视频，在剧本、拍摄和表演上都选用专业人员；拍摄动画类短视频，选用专业的漫画师、策划人员、特效师、剪辑师等，制作上可以达到精良、专业的水平。专业度越高，内容的可替代性越低，就越容易打造账号 IP。

（2）宽度，即多账号短视频矩阵化运营。短视频创作团队可以制作不同类型的短视频，打造多个不同的 IP，采用矩阵式推广，在数量和类型的丰富度上取胜，以取得更高的回报。

需要注意的是，团队做的是创意工作，应当保持精干的规模，切不可变成机构臃肿的庞大组织，这样才有足够的灵活性和高效率来应对瞬息万变的内容营销市场。

6.2.3 短视频的推广策略

短视频想获得超高的流量，短视频运营者在发布短视频时可以利用以下技巧提升推广效果。

1. 添加话题标签

话题通常以"#+短语"的形式体现。话题的种类多种多样，如与某个流行事件挂钩的事件话题，与某个活动挂钩的活动话题，或者与某个主题挂钩的主题话题，等等。在短视频的标题中插入与短视频内容相关的话题标签，可以有效提升短视频的推广效果。例如，抖音账号"迷你猫"在发布某个短视频时添加了"迎接虎年的仪式感""春节氛围穿搭""#2022 新春日记"话题标签，如图 6-5 所示。

添加话题标签的具体操作如下：以抖音为例，在抖音 App 的"发布"页面中，标题编辑框下方有两个选项按钮，即"#添加话题"和"@朋友"（见图 6-6）。这些都是能提升短视频标题效果的重要技巧，经常被短视频运营者运用到标题设置中。点击"#添加话题"按钮，此时标题编辑框中会出现"#"符号，输入关键词后，页面上就会出现与关键词相关的话题，选择一个合适的话题，即可完成插入话题的操作。

图 6-5 短视频话题标签页面

图 6-6 短视频话题添加页面

2. 添加@好友

在发布短视频时，短视频运营者可以添加@好友，让平台内其他账号推荐自己的账号，这样可以达到利用平台功能实现平台中异号推广的目的。短视频运营者可以与平台内其他账号进行合作，相互推广。合作的账号越多，综合开发利用的价值就越大，账号推广的效果也会越好。

添加@好友的推广形式使短视频关注者或者粉丝既看到了视频，也看到了对方的账号。如果有兴趣，就可以直接点击"@+账号"进入对方的账号，观看对方账号的视频内容，或者关注对方账号，进而转化成为对方账号的粉丝。抖音账号"胡同窜子大爽"发布的短视频@好友页面如图6-7所示。

以抖音为例，短视频运营者在抖音App的"发布"页面中进行设置时，点击"@朋友"按钮，从关注的抖音账号中选择一个好友即可，如图6-8所示。

图 6-7　短视频@好友页面　　　图 6-8　抖音短视频@好友设置页面

短视频运营者选择@好友时，需要注意两点：一是相关性，即所选择的好友账号要与短视频内容有一定的关联；二是好友账号的热度，应该选择粉丝比较多的好友账号，然后利用优质内容吸引对方粉丝关注自己的账号。

3. 添加地理位置

有些短视频左下角的账号名称上方显示有地址信息。如图6-9所示，显示的地理位置为"长春冰雪新天地"。

短视频运营者在抖音App的"发布"页面中进行设置时，设置好标题，添加话题标签或@好友后，下一步就是设定"你在哪里"的位置信息，点击下方文字就会打开"添加位置"页面，根据需要进行选择即可，如图6-10所示。

对于一些以地名为名称进行宣传或具有地域特色的短视频账号而言，为短视频内容添加位置是提高知名度和唤起当地用户归属感的有效方法。

4. 私信引流

私信引流是利用抖音的私信功能进行精细化的、一对一的引流"吸粉"，这种方法虽然效率比较低，但是精准度很高。短视频运营者首先要找到定位相似的抖音账号，并选出粉丝量较多的账号，找到相关视频后浏览评论区，在评论区中选出需求比较强烈的用户，给对方发私信。

图 6-9　短视频地理位置页面

图 6-10　抖音短视频添加位置页面

5. 多平台分发

除了通过平台内部进行账号推广，短视频运营者还可以利用其他平台进行推广，如利用微信、微博、今日头条等。

1）微信

微信具有其他平台无可比拟的优势，如用户黏性高、覆盖面广、互动频率高、信息传播的范围大。短视频运营者可以将短视频分享到微信朋友圈、微信群等，有利于短视频的传播。短视频运营者还可以通过微信公众号推广短视频，如果打造具有相同主题的系列短视频，可以将这些短视频放在微信公众号的文章中进行联合推广，让用户更好地了解短视频及其主题。

2）微博

微博的用户基数也很大，利用微博推广短视频时，主要使用它的两种功能，即@功能和话题功能。短视频运营者在微博上可以@名人、媒体或企业，如果他们回复了，就能借助其庞大的粉丝群体扩大自身的影响力。短视频运营者在推广短视频时，可以发布与内容相关的话题，添加"热门"标签，同时在微博正文中阐述自己的看法和感想，从而借助热点提高微博的阅读量和短视频的播放量。

3）今日头条

短视频运营者可以在今日头条上发布一些与热点相关的短视频，这些短视频作品一般会被优先推荐。热点的时效性越强，推荐量就越高。短视频运营者在发布短视频之前要查看平台热点，找出与将要上传的短视频相关联的热点关键词，并根据热点关键词撰写短视频的标题，以提高短视频的推荐量。

除了以上 3 个平台，还有很多此类推广平台，短视频运营者可以根据自己的喜好、习惯及其他标准进行选择。选择时要考虑每个平台的独特属性和用户群体，使所选择的推广平台与自己想要获取的关注群体高度吻合，实现最大范围的推广。

6. 参与挑战赛

很多短视频平台都有挑战项目,这些项目自带巨大流量,如抖音推出的"话题挑战赛",每天都有各种主题的热门话题和挑战活动,鼓励用户积极参加。参与话题挑战赛,主要是跟拍网友的同款视频,最后看谁拍的效果更好。这是一种带有娱乐竞赛性质的活动,可以起到很好的推广作用。

例如,抖音平台发起过"2022新春日记"话题活动(见图 6-11),只要用户参与此话题活动,此话题的专项页面上就会展示该用户的短视频作品,进入此页面的用户可以浏览所有参与者的视频作品,并且可以通过视频作品直接进入作品的账号页面。

短视频运营者可以关注"抖音小助手","抖音小助手"会在平台上定期推送火爆的挑战赛。短视频运营者不必参与所有的挑战赛,而是选择适合自己的挑战赛。参赛时,要认真阅读挑战赛的要求,观看和模仿示范短视频,写好参与文案,适时发布优质视频参与挑战,就有可能获得高点击率,赢得高曝光率。

图 6-11 挑战赛话题

案例 6-1

9 天 500 万曝光,新零食董小姐薯片实现抖音营销逆袭

6.3 短视频的运营

短视频庞大的用户群体造就了短视频快速传播的特点,企业要充分利用短视频优势进行品牌、产品或服务的营销,必须掌握短视频运营的一些技巧,以便快速提升营销的效果。

> **小思考**
> 你可否总结出短视频内容运营的常用技巧?

6.3.1 短视频账号运营

随着短视频的火爆发展,短视频领域的竞争越来越激烈,短视频运营者要想在激烈的市场竞争中获得一席之地,就必须做好前期规划,全面布局账号运营。运营者只有做出合理的规划,才能确保正确的创作方向,打造出优质的短视频作品,从而提升自身的核心竞争力。

1. 短视频账号主页设置

短视频的内容固然重要，但短视频账号的设置也不能忽视，因为短视频账号主页的设置在很大程度上影响用户的关注、点赞、转发和评论等行为。短视频账号主页的设置包括账号名称、账号头像、账号简介等方面的设置。

1）账号名称设置

账号名称是账号资料的核心，它直接决定着账号能否被他人记住，以及是否能够成为品牌。优质的账号名称可以使用户快速了解短视频提供的内容，提高短视频传播效率。

（1）简单易记。账号名称的设置应遵循简单、易记的原则，这样更便于短视频的广泛传播。在大多数情况下，账号名称要通俗、简洁，便于理解和记忆，账号名称中不要有生僻的字词，为账号后期的推广和品牌植入奠定基础。在设置账号名称时，最好让用户看到账号名称就知道"你是谁"，如"山村小杰""小侠说电影""小燕子简笔画"等。

（2）定位具体。定位具体是指账号名称要与所规划的短视频内容密切关联，将账号的内容或形象等信息直接通过账号名称告诉用户，让用户清楚账号的定位及发布的内容方向，如"丁香医生""设计师阿爽"等。短视频运营者在设置短视频账号时，切忌只追求个性，名称与发布的内容没有任何关联，导致关注者无法通过账号名称明白账号的内容和方向，这将严重影响短视频的吸粉引流。设置账号名称必须慎重，最好将账号的内容或方向融合进去，如"孙小厨教做菜""小杰特效师"等。

（3）个性新颖。在新媒体时代，人们对信息洪流已经产生一定的免疫力，要想强化他人的记忆点，账号名称不仅要信息简单、直接，还要有独特的创意和吸引力。提升吸引力的最好途径就是个性化，使自己与众不同，让用户耳目一新，以形成独特的记忆，如"线条君 LineDancer""刘铁雕 Rose"等。

（4）价值体现。短视频运营者在设置账号名称时，要让用户可以从账号名称中了解运营者是做什么的，在传播哪些价值信息，能够带给他们什么知识、哪些见解，对他们的思想观念有什么影响，等等。文化上的、物质上的，或者精神上的，都属于价值体现，如"都靓读书""科技公元""妙招姐""瑜伽笑笑""小嘴哥搞笑""快学英语 Emily 老师"等账号，用户一看便知具有什么样的价值。

2）账号头像设置

头像是短视频账号的视觉标识，是用户辨识账号的重要途径之一。在吸引用户打开短视频账号的因素中，除了短视频内容和账号名称，就是账号头像。短视频运营者选择账号头像时要遵循两个原则，一是头像要符合账号本身的特征，二是头像要清晰、美观。

选择账号头像的方法主要有以下几种。

（1）真人头像。真人头像可以让用户在打开账号之前就能直观地看到人物形象，有利于拉近用户与账号的距离。如果用户看到头像中人物的气质和颜值较高，或者风格独特，就很容易点击进入账号主页；如果短视频内容也不错，就很容易关注账号。例如，抖音账号"潘姥姥""设计师阿爽"的账号头像选用的都是真人头像，如图 6-12 所示。

（2）图文 logo。使用图文 logo 做头像可以明确地展示出短视频的内容方向，有利于强化品牌形象。例如，抖音账号"长信学院经济管理系""华为"的头像如图 6-13 所示。

图 6-12 真人头像

图 6-13 图文 logo 头像

（3）动画角色。使用短视频中的动画角色做头像可以强化短视频内容中的角色形象，有利于打造动画人物 IP。例如，抖音账号"阿巳与小铃铛""奶龙"都使用动画角色作为账号头像，如图 6-14 所示。

图 6-14 动画角色头像

（4）账号名称。使用账号名称做头像时，头像的背景应为纯色，从而突出文字，以更直观地呈现账号，进而强化 IP 形象。例如，抖音账号"丁香医生""民生观察"的头像都非常直观，强化了短视频的内容方向和品牌形象，如图 6-15 所示。

图 6-15　账号名称头像

（5）卡通头像。短视频运营者可以选取一个与自己的账号内容相符的卡通形象做头像。例如，抖音账号"简笔画""喵小兔漫画（画师七七）"使用的都是卡通头像，如图 6-16 所示。

图 6-16　卡通头像

3）账号简介设置

账号简介又称个性签名，即对自己进行简单介绍，让用户更全面地认识自己。例如，抖音账号"王泡芙"，其账号简介为"我妈姓王，我叫泡芙，我是美短加白"。又如，抖音账号"只穿高跟鞋的汪奶奶"，其账号简介为"年龄只是数字，我的精彩人生才刚刚开始！"这些账号简介都非常贴切地对账号做了进一步解释，也让关注者更加明白账号的定位与内容方向。

短视频账号简介是用户决定是否关注账号的关键因素之一，也可以将其当成文案。短视频账号简介一般有以下 4 种类型。

（1）表明身份。例如，抖音账号"舞编 K 文"的账号简介为"时光不老我们不散。20 年舞蹈教学经验主教零基础"。

（2）表明领域。例如，抖音账号"潘姥姥"的账号简介为"姥姥的农村美食生活"。

（3）表明理念和态度。例如，抖音账号"Ethan 清醒思考"的账号简介为"提高认知层次，学会清醒思考"。

（4）留下联系方式。例如，微信号、微博号、手机号、邮箱等。这种账号简介一般与上述账号简介类型同时出现，主要是为了将用户引流到自己的私域流量池，或者开通商业合作的渠道。为了不违背相关平台规则，留联系方式时不要出现"微信""微博"等词语，可以用谐音词或字母代替。

短视频的账号简介也可以称作账号的广告宣传栏，可以让用户更加明白短视频的内容方向、定位与业务范围。在设置账号简介时，由于短视频运营者的文案撰写能力不同，如果确实想不出理想的宣传语，可以将自己的具体业务范围或产品名称写上去，这样能够方便用户了解账号的业务范围和产品信息，然后根据自身需要选择浏览关注。

2. 短视频账号运营定位

从注册一个短视频账号开始，不管是自媒体还是企业号，运营者首先要做的是账号定位。账号定位关系着账号的涨粉速度、变现方式、引流效果，同时也决定了短视频的内容布局和账号布局。

> **小思考**
>
> 短视频由于时长较短，需要快速抓住用户的注意力，而内容中呈现的改变可以快速抓住用户的目光，让用户在满怀期待中得到超乎想象的答案。对用户来说，这样的答案是意外的惊喜。

1) 短视频内容类型定位

短视频的内容类型多种多样，包括技能分享、时尚潮流、公益教育、广告创意、商业定制等主题。短视频创作者最好从自己擅长的领域出发确定所创作短视频的内容类型，并在创作短视频时融入自己独特的创意，从而形成强大的竞争力。

（1）趣闻/搞笑类。很多用户看短视频的目的是娱乐消遣、缓解压力、舒缓心情，所以趣闻/搞笑类的内容在短视频中占有很大的比例。这类短视频旨在通过趣闻或夸张、搞笑的喜剧效果吸引用户的关注。趣闻/搞笑类短视频的形式多种多样，包括讲笑话、演情景喜剧、搞恶作剧等。趣闻/搞笑类短视频的流量比较高，容易出爆款，但需要创作者有原创性的想法。如果这类短视频能够很好地将吐槽点和搞笑点相结合，会很容易引起用户观看的兴趣。

（2）美食分享类。美食在人们的生活中占据着重要的位置，所以美食分享类短视频一直有非常广泛的受众群体。美食分享类短视频不仅可以向用户展示与美食有关的技能，还可以释放出拍摄者及出镜人对生活的热爱与热情。强大的普适性和较低的准入门槛让众多短视频创作者投身于制作美食分享类短视频的行列。

美食分享类短视频又可细分为美食教程类短视频、美食品尝类短视频和传递生活方式类短视频。在各大短视频平台上，美食分享类短视频数不胜数，竞争非常激烈，短视频创作者要想在这个领域获得一席之地，就要充分发挥创意，体现出自身的特色。

（3）美妆/穿配类。这类短视频主要面向追求和向往美丽、时尚、潮流的女性群体，许多女性选择观看这类短视频是为了从中学习一些美妆/穿配技巧，以跟上时代的潮流。这类短视频的内容多为展示护肤/化妆的技巧和服饰鞋包的搭配方式，通过潜移默化的方式向受众推销产品或品牌。美妆/穿配类短视频创作者多为网络"红人"，通过多变的造型和前卫的穿搭吸引喜欢新鲜事物的年轻群体追随和模仿。

（4）知识技能类。知识技能类短视频是非常实用且容易"涨粉"的短视频类型，短视频创作者可以在短视频中分享一些实用干货，如摄影知识、制作PPT的方法、实用生活小妙招等，让用户观看短视频后能够学有所得。创作这类短视频时，首先短视频内容要通俗易懂，要能对用户起到很好的指导作用；其次是内容实用性要强，能够切实解决用户在工作或生活中遇到的问题或困难；最后是要为用户提供良好的观看体验。创作这类短视频要注重知识传播，并形成自己的风格特色，从而促使用户关注。

（5）才艺展示类。才艺展示包含唱歌、跳舞、乐器演奏、健身、曲艺表演等，这类短视频只是单纯地展示视频中人物的才艺，强调观赏性和娱乐性，是目前短视频中比较主流的一类。

（6）萌娃/萌宠类。此类短视频主要展现萌娃、萌宠或具有萌态的玩偶等，关键是"以萌制胜"，利用各种事物的萌态达到快速吸引目光的效果。在创作这类短视频时，短视频创作者要尽情地展现视频中事物的可爱之处，再配上具有辨识度的声音，瞬间萌化人心，从而获得超高的人气。

（7）运动健身类。现代社会人们的工作和生活压力普遍偏大，出门运动的时间比较少，健身与短视频的结合很好地解决了这一痛点。这类短视频一方面可让用户不需要花钱请专业教练，就可以在线学习专业健身动作；另一方面，其教授的都是简单的健身动作，均可在家完成。这类短视频内容既可以是健身教练以科普的形式分享专业的健身知识以及一些简单的锻炼动作，简单易学，也可以是健身爱好者分享自己的健身日常。

（8）商品测评类。商品测评是以商品为对象进行测评，先"测"后"评"，通过对某种商品进行体验使用，或者按照一定的标准做功能性或非功能性的检测，然后分析结果、做出评价并分享给用户，帮助用户从众多商品中筛选出质量有保障、体验好、适合自己的商品。商品测评的关键是测评人一定要保持客观、公正的态度，通过功能检测、使用体验做出数据分析和客观评价，使用户对所需商品做出理智的购买行为。在这类短视频中，一般会把通过测评的商品的链接呈现出来，让用户可以自行点击购买。

（9）旅行攻略类。很多旅行爱好者会通过短视频分享自己的旅途经历，同时为了话题性，往往会设置一个主题，如徒步旅行、骑车去西藏、滑轮去三亚等，他们边走边发布短视频，吸引粉丝持续关注。旅行类短视频内容还可以是制作旅行攻略，推荐美食、美景，解析门票价格、行程规划等，分享给用户浏览观看。这类短视频不仅有较强的趣味性，还有很强的实用性。创作这类短视频的成本较低，有一个好标题可能会更容易吸引用户观看或点赞。

（10）探店类。探店是指短视频创作者亲自到实体店中探访与体验，并记录与分享给用户。这类短视频最适用餐饮、旅游行业，可以记录饮食、消费的整个体验过程，向用户展示环境、美食、服务细节等，引导用户进行消费。由于地域限制，这类短视频通常会被平台贴上地域标签，一般只向相关地域定位的用户精准展示。这类短视频会通过探店者的讲解，分享逛街购物指南，并将店铺特色、商品口味、商品价格等向用户展示，使用户如同亲临现场。

2）短视频内容表现形式定位

短视频内容表现形式决定了创作者以何种方式向用户展示短视频的内容，不同的表现形式会给用户带来不一样的观看体验。在创作短视频之前，短视频创作者需要选择并确定符合短视频定位的表现形式。一般来说，比较热门的短视频表现形式主要有实物出镜形式、动画形式、图文形式、解说形式、情景短剧形式与视频博客形式。

（1）实物出镜形式。实物出镜是指出现在短视频中的人、物和场景都是真实的，而非虚假的事物。在短视频平台上，实物出镜形式是创作者常用的一种内容表现形式。这种内容表现形式的适用范围很广，通过真实的场景、真实的人和物展现出来的内容更具真实感和代入感，所以更容易引发用户的共鸣。

实物出镜形式又分为真人出镜和动物出镜两种类型。

①真人出镜。真实的人物不仅展示了外在形象，还有表情、动作、语言，所以真人出镜形式能让短视频的内容更加立体、生动、丰满。

②动物出镜。在很多短视频中，短视频的表演者是可爱的动物，如猫、狗、熊猫等，它们憨态可掬的行为表现，再配上有趣的背景音乐或后期配音，能够给用户带来很多欢乐。

（2）动画形式。动画是一种综合艺术，是集合绘画、电影、数字媒体、摄影、音乐、文学等众多艺术门类于一身的艺术表现形式。在短视频行业，也有一些创作者会采用动画的形式来表现内容，如"阿巳与小铃铛""萌芽熊"，如图6-17所示。动画制作的专业性较强，且比较耗时，所以采取动画形式表现短视频内容的通常是一些专业的内容生产公司。

（3）图文形式。图文形式通常是在一张底图上加一些文字，通过图片与文字的结合传达信息。短视频创作者采用图文形式时，需要精心设计其中的文字内容，使其足够惊艳，否则很难吸引用户的注意，也不能给用户留下深刻的印象。

图文形式是短视频创作中较简单、成本较低的形式，但这种形式具有比较明显的缺点，它会让短视频的内容显得比较单调、呆板。此外，由于短视频的时长较短，添加的文字不能太多，否则用户可能需要暂停去阅读，以理解文字内容，这会给用户带来较差的观看体验，而且这种表现形式相当于内容搬运，不需要人设，变现能力也比较差。

图6-17 动画形式的短视频

（4）解说形式。解说形式一般用于影视作品的解说，在制作这类视频时，短视频创作者不用自己拍摄视频,只要提前找好想要解说的视频素材,厘清解说思路,再将剧情片段与解说内容完美对应,并添加字幕即可。虽然这种形式很受欢迎,但目前这类账号的数量激增,如果都是简单的搬运,很容易造成内容同质化,风格千篇一律,用户的互动意愿也会明显降低。

因此,要想从众多的竞争账号中脱颖而出,短视频创作者就要想办法让用户形成差别化记忆,从表达方式、视觉呈现方式、语言方式、内容素材选择等方面入手,探索出自己的独特风格;同时,建立解说者的人设,赋予账号内容之外的温度和情感,使用户在欣赏内容的同时对特定账号形成记忆,增加与创作者的互动。

(5)情景短剧形式。情景短剧形式是通过人物表演把中心思想传达给用户,其制作成本相对较高,因为剧情会对主题和情节有较高的要求,所以要提前准备优秀的文案脚本。拍摄这种形式的短视频时,通常要由2个以上的人来表演,并且要反复拍很多次,后期制作也比其他短视频形式复杂得多。不过,这种形式的短视频往往对用户的吸引力比较强,如果短视频的情节和结果能够让用户产生情感共鸣,"吸粉"效果会很强。

(6)视频博客形式。视频博客(video blog 或 vlog)又称视频网络日志,由创作者(vlogger)以影像代替文字或照片,创作个人日志并上传,与网友分享。这种形式的视频重在记录生活,但不能拍成流水账,要有主题、突出重点,并注意拍摄效果。视频博客的拍摄要注重脚本思维,创作者要提前构思好重要的镜头,做好开场和转场,在后期剪辑时要保证叙事流畅。

3)短视频人设定位

人设是人物设定的简称,指的是人物展现给观众的直观形象,包括人物的外在形象和内在性格。好的人设还是移动的广告牌,其推荐或代言的品牌能够得到众多用户的信任与购买,能够为短视频账号赢取巨大的流量。

如何为短视频的人设定位?短视频创作者需要考虑3个问题。

(1)我是谁。在创作短视频之前,首先要在心中问自己:我是谁?我适合创作哪种题材的短视频?只有确定了短视频的题材,才能明确短视频的创作方向,并沿着这个方向进行具体的内容生产工作。例如,抖音账号"小燕子简笔画"以创作者擅长的简笔画为创作方向进行人设定位。无论使用何种题材,创作者都要找到自己的差异化优势,配合好的创意,拍出自己的独特个性,使作品脱颖而出,俘获更多的粉丝。

(2)我要传递何种价值。在确定了题材、明确了创作方向后,短视频创作者要思考"我要传递何种价值"。短视频内容要体现创作者的价值观念,而且这个价值观念要与用户的趋于一致,这样才更容易打动用户,使用户产生共鸣并主动传播扩散,进而提高短视频的播放量。例如,抖音账号"萌芽熊"通过萌芽熊暖萌可爱、愿意付出的人设形象,讲述了一个个暖人心扉的治愈系小故事,其故事节奏轻松、舒缓,却能直戳人们心灵最柔软的地方,引发用户的共鸣,加深用户的印象。

对于初涉短视频领域的创作者来说,最开始可能既没有人气基础,又没有足够的曝光率和知名度,要想引起用户的关注,内容是最关键的要素。因此,短视频创作者一方面要保证短视频内容立意新颖,内涵丰富,融入价值情感;另一方面要注重打造内容细节,在细节上要能给用户带来惊喜,这样既能加深用户对内容和账号的印象,又能吸引其持续关注。

课程思政

短视频运营者应多借助短视频平台，弘扬社会主义核心价值观，传播企业和社会的正能量，宣扬品牌文化、企业文化和中华民族传统文化，宣传积极向上的流行时代风尚和生活方式。

（3）我如何实现这种价值。创作者有了创意内容之后，就要思考"我如何实现这种价值"，即选择什么样的展现形式来诠释短视频主题。例如，是用一段完整、连贯的视频，还是用一张张串联起来的图片？是准备真人出镜，还是采用卡通动画形象？是解说评论，还是街头采访？是想渲染浪漫唯美的气氛，还是选择幽默搞笑的风格？例如，抖音账号"小燕子简笔画"为了讲解绘制简笔画的方法，通常以一只手出镜，配上通俗易懂、简洁明了的解说，使用户听后秒会，因此吸引了大量热爱简笔画的用户。

需要强调的是，当短视频创作者选择了一种视频风格以后，就要长期坚持下去。只有这样，这种风格才会成为账号的标签，深刻地烙在粉丝的心中。

6.3.2 短视频粉丝运营

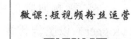

短视频运营者要想让自己的作品成为爆款，除了打造优质内容，还要懂得利用各种方式为短视频"吸粉"。短视频运营者要做好粉丝运营，这样才能获得众多粉丝的关注和支持，让创作的短视频被更多人看到，使短视频账号被广泛关注和传播。

1. 保持稳定的更新频率

短视频运营者要想收获忠实粉丝，首先要培养用户良好的观看习惯，这要求短视频运营者保持稳定且有规律的更新频率。

1）保持每日更新

如今是信息爆炸的时代，各种碎片化信息层出不穷，如果短视频运营者很长时间不更新作品，短视频账号就很容易被用户遗忘。因此，短视频运营者要尽量每日更新短视频，以保证短视频账号的持续活跃，从而持续获得用户关注。

2）固定更新时间

每日更新短视频，而且在固定的时间更新，就会给用户一定的暗示，用户每天会准时上线观看短视频。长久下去，用户就会形成定时观看的习惯，甚至产生催促短视频运营者更新作品的心理。用户可能会在评论区留言："怎么还没有更新？""什么时候更新啊，不是说好的每日一更吗？"这表明短视频运营者创作的短视频对用户具有很强的吸引力，用户很期待看到新的短视频。如果短视频运营者在此基础上继续保持稳定的更新频率，就能继续强化用户的观看习惯。

如果短视频运营者无法保证每日更新短视频，那么可以间隔一两天发布新的短视频，但要力争将短视频内容做好，以弥补数量上的不足；也可以每周发布一条新的短视频，但要在固定的时间发布，同时保证短视频的质量。短视频运营者每周发布一条新的短视频的优势在于可以让用户产生期待感。

2. 引导粉丝点赞和评论

为了增强粉丝黏性，短视频运营者要主动引导粉丝进行互动，可以从以下几个方面引导粉丝点赞和评论。

1）情绪驱动

短视频运营者若希望粉丝参与互动，就要增强短视频内容的情绪渲染力。容易产生情绪互动的因素有敬畏、同情、愉悦、悲伤、愤怒等。例如，短视频的内容是幽默搞笑的段子，就会让人开怀大笑，激发粉丝转发和评论的欲望。

2）"请教"粉丝

有时候，短视频中的主人公可以在视频中针对视频内容直接"请教"粉丝，这是最直接的互动方式。主人公在向粉丝"请教"问题时要谦虚、真诚，让粉丝在一瞬间产生成就感，从而提高粉丝点赞、评论的积极性和主动性。

3）结尾"相邀"

很多短视频运营者在短视频的结尾会加一句"关注我吧，会有惊喜"；有的短视频运营者还会在短视频结尾播出节目预告，或者留下悬念。例如，一些悬疑推理类的短视频通常会在结尾处让粉丝对剧情内容进行推理，并表示答案会在下一期短视频中公布。这类结尾会使粉丝产生强烈的好奇心，纷纷在评论区参与互动，对剧情进行分析和探讨。

> **小常识**
>
> 短视频运营者可以借用其他短视频平台现成的搞笑内容进行创作，因为这些内容本身就有笑点，表现时再夸张一些，很容易让人捧腹大笑，引起更多的转发、评论和点赞。

4）利益引导

短视频运营者要想吸引粉丝积极参与评论互动，还可以利用一些利益来实现。既可以是物质利益，如优惠券、折扣券、体验券、小礼品等；也可以是精神利益，如电子书、软件、教程等。需要注意的是，不同的平台对利益引导的包容程度不同，短视频运营者要遵守平台规则，在实际操作的过程中进行分析和总结，不断地积累经验。

3. 积极回复粉丝评论

短视频运营者要与粉丝做好互动，尽可能在第一时间回复粉丝的评论。这种勤互动、多交流的方式会带给粉丝亲近感，让粉丝感受到短视频运营者对他们的重视。

短视频在刚发布时，评论量比较少，这时短视频运营者可以自己撰写评论，用其他账号评论、好友评论等方式进行评论预埋。短视频运营者要多发布有趣、有"干货"、有话题性的评论，或者发布非常犀利的提问等，引导粉丝畅谈自己的观点，并与其他粉丝进行互动交流。自评可以作为对短视频内容和相关背景故事的补充说明，也是短视频运营者经营粉丝的重要阵地。自评不宜太长，也不要刻意进行广告宣传，否则可能适得其反。

当然，并非所有评论都是必须回复的，如广告信息，评论者往往只是无目的性地在所有平台与账号下面进行宣传，对作品的传播没有积极意义，短视频运营者无须回复。而对于一些希望通过共同话题参与讨论，共同探讨作品，或者真心求教问题的评论，短视频运营者应及时回复。短视频运营者还可以将高质量的评论置顶，以引导粉丝产生更大范围的互动。

除了在评论区回复,短视频运营者还可以对粉丝的评论信息进行整理,在下一条短视频中进行整体答复。当短视频账号发展到一定阶段后,短视频运营者可以就粉丝评论单独开通一个问答环节,这样做可以极大地增强粉丝的参与感。

6.3.3 短视频数据运营

短视频运营者要想做好短视频运营,必须懂得运用数据发现问题,然后寻找解决问题的方法,从而调整并优化短视频运营策略,让短视频运营更加科学、高效。

1. 搜集短视频数据的渠道

搜集足够多的有效数据是开展数据分析的基础,短视频运营者可以通过以下两个渠道搜集短视频的运营数据。

1)账号后台

在短视频账号后台有各个短视频的数据统计,包括点赞量、评论量、转发量等,短视频运营者可以通过这些数据了解自己账号中各个短视频的运营情况。

2)第三方数据分析工具

在市场上有很多专门为用户提供短视频数据分析的第三方数据分析工具,如新榜、飞瓜数据、卡思数据、蝉妈妈等,它们为短视频运营者提供各类短视频"达人榜"、短视频播放排行榜、热门素材、爆款商品等数据,短视频运营者可以利用这些工具搜集自己需要的数据。

2. 常用的短视频数据分析指标

短视频运营者开展数据分析之前,需要对短视频数据分析指标有所了解,这样才有利于获得科学、有效的数据分析结果。短视频数据分析指标分为固有数据指标、基础数据指标和关联数据指标三大类。

1)固有数据指标

固有数据指标是指短视频时长、短视频发布时间、短视频发布渠道等与短视频发布相关的数据指标。

2)基础数据指标

基础数据指标主要是指播放量、点赞量、评论量、转发量和收藏量等与短视频播放效果相关的数据指标。短视频基础数据指标的具体说明如表 6-1 所示。

表 6-1 短视频基础数据指标

指标名称	释义	所代表的意义
播放量	短视频在某个时间段内被用户观看的次数,代表短视频的曝光量	衡量用户观看行为的重要指标。短视频的播放量越高,说明短视频被用户观看的次数越多
点赞量	短视频被用户点赞的次数	反映了短视频受用户欢迎的程度。短视频的点赞量越高,说明用户越喜欢这条短视频
评论量	短视频被用户评论的次数	反映了短视频引发用户共鸣、引起用户关注和讨论的程度

续表

指标名称	释义	所代表的意义
转发量	短视频被用户分享的次数	反映了短视频的传播度。短视频被转发的次数越多,所获得的曝光机会就会越多,播放量也会提高
收藏量	短视频被用户收藏的次数	反映了用户对短视频内容的喜爱程度,体现了短视频对用户的价值。用户在收藏短视频后很可能会再次观看,从而提高短视频的播放量

3）关联数据指标

关联数据是指由两个基础数据相互作用而产生的数据。关联数据指标包括完播率、点赞率、评论率、转发率、收藏率5个比率性指标。

短视频的播放量、点赞量、评论量、转发量、收藏量等数据变化浮动性较大,经常会出现不同的短视频,其播放量、点赞量、评论量、转发量、收藏量相差几倍甚至几十倍的情况。在这种情况下,将这些短视频放在一起进行比较与分析,得出的分析结果往往是不科学的。此时,就需要使用比率性指标。因为比率性指标比较稳定且具有规律性,运营者使用比率性指标分析短视频数据,使播放量、点赞量、评论量、转发量、收藏量数据相差较大的短视频也具有可比性。短视频关联数据指标的具体说明如表6-2所示。

表6-2 短视频关联数据指标

指标名称	计算公式	所代表的意义
完播率	完播率=短视频的完整播放次数÷播放量×100%	短视频完播率越高,其获得系统推荐的概率就越高
点赞率	点赞率=点赞量÷播放量×100%	反映了短视频受欢迎的程度。短视频的点赞率越高,所获得的推荐量就越多,进而提高短视频的播放量
评论率	评论率=评论量÷播放量×100%	反映了用户在观看视频后进行互动的意愿
转发率	转发率=转发量÷播放量×100%	反映了用户在观看短视频后向外推荐、分享短视频的欲望。通常转发率越高,越能为短视频带来更多的流量
收藏率	收藏率=收藏量÷播放量×100%	反映了用户对短视频内容的肯定程度

3. 短视频数据分析维度

短视频运营者可以从以下两个维度进行数据分析。

1）同IP下的短视频分析

同IP下的短视频分析是指短视频运营者对相同账号下的短视频进行分析,包括单视频分析、横向对比分析和纵向对比分析3种方式。

（1）单视频分析。单视频分析是指短视频运营者对自己账号中的某条短视频的相关数据进行分析,从而发现其是否存在问题,并寻找相关原因。

（2）横向对比分析。很多短视频运营者为了提高粉丝总量会选择在多个平台上运营短视频账号,而横向对比分析针对的就是这种情况。横向对比分析是指短视频运营者将自己发布在不同平台上的短视频的数据进行整合、统计,分析这些短视频在不同平台上的运营情况。相同的短视频在哪个平台上的数据表现较好，说明其比较符合该平台的用户需求，这样短视频运营者就可以确定适合自己的平台，将该平台作为自己的运营重心。

（3）纵向对比分析。纵向对比分析是指短视频运营者将自己账号中的短视频按照选题或拍摄风格的不同划分为不同的类型，然后分析各种选题、各种拍摄风格的短视频的数据，根据数据分析结果优化短视频的选题、短视频拍摄方法等。

2）竞品分析

竞品分析是指短视频运营者对竞争对手的短视频进行分析，了解竞争对手的短视频在哪些方面具有优势，自己的短视频存在哪些不足，从而不断优化自己的短视频内容。短视频运营者可以按照以下3个步骤进行竞品分析。

（1）确定竞品。对短视频运营者来说，与自己的短视频的类型相同或相似的短视频及其账号，都可以称为竞品。

一般来说，竞品分为核心竞品、重要竞品和一般竞品3类。以短视频运营者自己的账号及短视频的水平为基准点，高于自己账号及短视频水平且非常有竞争力的竞品为核心竞品；高于自己账号及短视频水平但竞争力一般的竞品为重要竞品；在自己账号及短视频水平之下，或者竞争力不如自己的竞品为一般竞品。

短视频运营者可以选择不同类别的竞品，并对其进行长期跟踪和分析，以此来研究竞品的发展动向和自身潜在的危机，不断提高自己账号及短视频的水平。

对于核心竞品，如果短视频运营者很难与之竞争，就学习其长处来优化自己账号的内容，实施"避强"策略；对于重要竞品，短视频运营者要分析它们的优势，找到超越它们的突破口；而对于一般竞品，短视频运营者则不需要花费太多的时间，主要研究其短板，避免自己出现同样的问题。

（2）收集竞品资料。短视频运营者在收集竞品资料时，要秉持客观、准确的原则，可以借助第三方数据分析工具来收集竞品资料。

（3）竞品分析。短视频运营者在分析竞品时，需要重点关注竞品的账号定位、目标用户群体特征、短视频内容定位、短视频数据表现、账号盈利模式等信息。

4. 常用的短视频数据分析方法

短视频运营中常用的数据分析方法是对比分析法和特殊事件分析法。

1）对比分析法

对比分析法又称比较分析法，是指将两个或两个以上的数据进行对比，并分析数据之间的差异，从而揭示其背后隐藏的规律。对比分析法包括同比（一般情况下是指今年第 N 月与去年第 N 月之比）分析、环比（指报告期水平与其前一期水平之比）分析和定基比（指报告期水平与某一固定时期水平之比）分析。

通过对比分析，短视频运营者可以找出短视频账号的异常数据。异常数据并非指表现差的数据，而是指偏离平均数值较大的数据。例如，某短视频运营者每条短视频的点赞量一般在1万~5万次，但某天他发布的一条短视频的点赞量超过了10万次，与之前相比偏差较大，这就属于异常数据。此时，短视频运营者需要对此数据进行仔细分析，寻找造成这种现象的原因，分析是因为短视频的主题与当前热点相契合，还是因为运营者为短视频投放了付费推广，使其获得了更多曝光机会，收获了更多的流量。

2）特殊事件分析法

特殊事件是指短视频平台规则发生变化，或者短视频运营者变更发布短视频的时间、变更短视频发布的平台等，这些事件容易导致异常数据的出现。短视频运营者在记录短视频的日常数据时，也要记录这些特殊事件，以便在短视频运营数据出现异常时，能够找到这些特殊事件与数据变化之间的关系。

案例 6-2

直击 11.1 苏宁专场直播，两小时抖音直播带货销售额破亿元

6.4 短视频活动策划

在这个"内容为王"的时代，短视频的活动策划是决定短视频账号运营成败的关键因素之一。短视频运营者要想让自己的短视频脱颖而出，就要策划好短视频的脚本和内容，选题要新颖、贴近用户，内容要能够满足用户的需求，同时还要设计好短视频的文案。

6.4.1 短视频脚本策划

短视频脚本是短视频制作的灵魂，用于指导整个短视频的拍摄和后期剪辑，具有统领全局的作用。虽然短视频的时长较短，但优质短视频的每一个镜头都是精心设计的。好的短视频脚本可以提高短视频的拍摄效率与拍摄质量。

1. 短视频脚本的前期准备

在撰写短视频拍摄脚本前，需要确定短视频整体的内容思路和流程，主要包括以下几个方面。

（1）在撰写脚本之前，需要从拍摄主题、故事线索、人物关系、场景选择等方面出发完成脚本框架的搭建。

（2）做好脚本主题的定位，包括脚本要表现的故事背后的深意是什么，想反映什么主题，用怎样的内容表达形式，等等。例如，对于服装穿搭类短视频来说，拍摄连衣裙的颜色搭配技巧就是具体的主题定位。

（3）确定短视频中需要设计几个人物，他们分别承载剖析主题的哪一部分使命。

（4）确定拍摄时间，一是提前与摄像师约定时间，以免影响拍摄进度；二是确定拍摄时间后，制定可落地的拍摄方案，以免出现拍摄进度慢等问题。

（5）拍摄地点和拍摄场景非常重要，需要提前确定是室内场景还是室外风光，是棚拍

还是绿幕抠像。例如，在美食短视频的拍摄中，野生美食视频要选择在有青山绿水的地方拍摄，室内场景要选择普通的家庭厨房或开放式厨房。

（6）对于剧情类的短视频，运营者要考虑剧情怎么发展，可以根据事件发生顺序拍摄，也可以采用倒叙的方式，先用结果调动观众的情绪，然后展开整个故事的剧情。

（7）根据视频主题的情绪（如悲伤、欢快、怀念、搞笑等）选择采用冷调还是暖调。

（8）背景音乐和音效是短视频创作的重要组成部分，配合场景选择合适的背景音乐和音效非常关键。例如，如果拍摄时尚短视频，就选择流行、快节奏的背景音乐；如果拍摄中国风短视频，就选择节奏偏慢、唯美的背景音乐。

（9）有时客户想要的视频效果和最终的拍摄效果存在差异，运营者可以找到同类型的短视频作品与客户进行沟通，确定哪些场景和镜头是客户想要的，这样就能根据客户的需求进行相应的内容创作。

2. 短视频脚本的类型

短视频脚本大致分为 3 类：拍摄提纲、分镜头脚本和文学脚本。运营者可以依照短视频的拍摄内容选择脚本类型。

1）拍摄提纲

拍摄提纲是指短视频的拍摄要点，只对拍摄内容起提示作用，适用于一些不易掌控和预测的拍摄内容。如果要拍摄的短视频没有太多不确定的因素，一般不建议采用这种脚本类型。

拍摄提纲的撰写主要分为以下几步。

（1）明确短视频的选题、立意和创作方向，确定创作目标。

（2）呈现选题的角度和切入点。

（3）阐述不同体裁短视频的表现技巧和创作手法。

（4）阐述短视频的构图、光线和节奏。

（5）呈现场景的转换、结构、视角和主题。

（6）完善细节，补充音乐、解说、配音等内容。

2）分镜头脚本

分镜头脚本是在文字脚本的基础上，导演按照自己的总体构思，将故事情节、内容以镜头为基本单位，划分出不同的景别、角度、声画形式、镜头关系等，相当于未来影片视觉形象的文字工作本。短视频后期的拍摄和制作中基本以分镜头脚本为直接依据，所以分镜头脚本又被称为导演剧本或工作台本。

分镜头脚本适用于故事性较强的短视频作品，其包含的内容十分细致，每个画面都要在导演的掌控之中，一般按镜号、机号、景别、摄法、时间、画面内容、解说词（对白）、音响、音乐、备注的顺序制成表格，分项填写，如表 6-3 所示。对于有经验的导演来说，如果可以灵活掌握分镜头脚本的编写格式，则不必拘泥于此。

表 6-3 分镜头脚本格式

镜号	机号	景别	摄法	时间	画面内容	解说词（对白）	音响	音乐	备注

以下为分镜头脚本中每项内容的含义。

（1）镜号：每个镜头顺序的编号，从1开始。拍摄短视频时，不一定按照镜号的顺序来拍摄，但编辑分镜头脚本时必须按照镜号的顺序进行编辑。需要注意的是，并非一格就是一个镜号，有时为了详细地表现镜头中的运动方式或镜头中角色的行为等，会使用长镜头，有的长镜头画面会占用几个格子。

（2）机号：多个机位拍摄时机位的编号。

（3）景别：拍摄画面内容所选择的视野、空间范围，有远景、全景、中景、近景、特写等。

（4）摄法：镜头的具体运镜方式，如固定镜头、推镜头、拉镜头、摇镜头、移镜头、跟镜头、甩镜头等，以及镜头的组合，如淡出淡入、切换、叠化等。

（5）时间：每个镜头应呈现的时间长度，一般以"秒"为单位，方便在后期剪辑时快速找到重点，提高剪辑师的工作效率。

（6）画面内容：视频画面上要出现的内容，具体来说就是拆解脚本，把内容拆分到每一个镜头中，语言描述要具体、形象，能够达到拍摄要求。

（7）解说词（对白）：配合分镜头画面内容或主题要求，以文字稿本的解说为依据，对画面中的内容进行文字解释和说明，要具体、形象，注重描述上的文学性。

（8）音响：用于创造画面身临其境的真实感，如现场的环境声、雷声、雨声、动物的叫声等。

（9）音乐：用于增强叙事效果和气氛，使用音乐时应标明起始位置。

（10）备注：拍摄计划、注意事项、道具、资料及其出处等。

3）文学脚本

文学脚本要求运营者列出所有可能的拍摄思路，但不需要像分镜头脚本那样细致，只规定短视频中人物需要做的任务、说的台词、所选用的拍摄方法和整个短视频的时长即可。文学脚本除了适用于有剧情的短视频，也适用于非剧情类的短视频，如教学类短视频、评测类短视频等。

3. 分镜头脚本的撰写

分镜头脚本是导演将文学形象转变为视觉形象的具体化的设计，可以体现导演创作的风格特点。常见的分镜头脚本分为两类：一类是用文字将拍摄内容描述出来的文字分镜头脚本，另一类是用画面直接将拍摄内容绘制出来的画面分镜头脚本。画面分镜头脚本没有固定的格式，有的导演会直接绘制出一张张的分镜头画面，并在分镜头画面旁边加上相关的文字说明。

编写分镜头脚本时，主要包括以下工作。

（1）将文字脚本的画面内容加工成一个个具体、形象的，可供拍摄的画面镜头，并按顺序列出镜头的镜号。

（2）确定每个镜头的景别，如远景、全景、中景、近景、特写等。

（3）把需要拍摄的镜头排列组成镜头组，并说明镜头组接的技巧。

（4）用精练、具体的语言描述出要表现的画面内容，必要时可以借助图形、符号来表达。

（5）编写相应镜头组的解说词。

（6）写明相应镜头组或段落的音乐与音响效果。

对于没做过分镜或没有经过系统训练的初学者来说，直接上手编写分镜头脚本是比较困难的。运营者在初期锻炼编写分镜头脚本的能力时，可以选取经典的影视片段或优秀的短视频案例来反复观摩，然后将内容以分镜头的方式还原出来。

这种训练相当于间接地向经验丰富的导演学习分镜头技巧，揣摩他们对景别、时间、画面内容、拍摄法、声音及节奏等方面的掌控方法。当初学者有了一定的还原分镜头脚本的能力后，就可以尝试将已有的剧本、小说中的短小情节以分镜头的方式创作出来。下面举一个文字分镜头脚本示例，如表6-4所示。

表6-4 文字分镜头脚本示例

镜号	机号	景别	拍摄法	时间	画面内容	歌词	音响
1	固定机位	远景	摇镜头	9秒	城市夜景	歌曲前奏	
2	侧前方	特写	固定镜头	8秒	男生坐在床上，把头深埋进膝盖里，月光打在他身上，显得很落寞	夜深了，我还为你不能睡	
3	正前方	全景	以闹钟为前景，人物在镜头里虚化	7秒	床头柜上的闹钟显示现在是凌晨4点多	黎明前的心情，最深的灰	指针走动声
4	俯拍	特写	从手部慢慢推到照片	8秒	男生手上拿着一个女孩的照片，正在看，照片上的女看起来不知所措，男生看得深沉，笑得无奈	左右为难的你不知怎样去面对	
5	侧前方	中景	男生给中景，然后慢慢拉到全景	7秒	男生慢慢抬起头、侧过脸，盯着床上到处散落的照片，一张张都是回忆	我能做的只剩沉默体会	
6	平拍	远景	固定镜头	8秒	男生拿着相机在街上拍照	爱情是让人沉溺的海洋	
7	侧后方	全景	移镜头，从侧后方移到侧前方	8秒	切到镜头5	孤单的时候想要去逃亡	
8	男生侧后方	全景	固定镜头	4秒	回到男生拿着相机转身准备找其他的地方拍照	转身的一瞬间	
9	正面	远景	以第一视角平拍	4秒	女生戴着耳机、拿着手机安静地坐在椅子上，好像在哭，或许是被感动了	你出现在我身旁	
10	侧面	中景	俯拍	2秒	女生在哭	你的眼泪	
11	正面	中景	移镜头	4秒	男生站在女生不远处，想要去安慰，却不知何开口	让我不敢开口讲	
12	后面	中景	固定镜头	4秒	女生擦着眼泪从男生身边走过	我想大声告诉你	

6.4.2 短视频文案策划与写作

在短视频创作中，虽然内容是核心，但是要想使短视频传播得更快、更广、更深入人心，短视频运营者要在发布短视频之前对短视频进行文案策划，主要元素包括标题、文案、封面，这些元素会在很大程度上影响短视频的形象，进而影响短视频的传播效果。

1. 拟定吸睛标题

标题是用户对短视频形成第一印象的重要影响因素，一个好的标题能够瞬间吸引用户的眼球，让用户有看完视频的兴趣，并激发用户的认同感，促使用户评论，从而提高短视频的完播率和互动率，带来良好的传播效果。

拟定标题的方法有很多种，短视频运营者要想取一个吸引眼球的好标题，可以选择以下方法，并结合自己短视频账号的风格、调性及内容领域进行创作。

1）数字法

数字法就是将短视频中最重要、最引人注目的内容以数据形式呈现在标题中，带给用户直观、具体的感受，使用户快速接受，吸引用户打开短视频观看（阿拉伯数字与文字相比，前者表现力更强）。例如，"60秒快速入睡的方法""3天2晚人均500元就能搞定的适合毕业旅行的海岛目的地"等，都是利用数字直截了当地将内容概括出来，让用户一目了然，从而产生学习或了解短视频中内容知识的想法。

> **小常识**
>
> 运营者在拟定短视频标题时需要注意短视频标题的以下特性。
> （1）精准性。短视频的标题要精准，能够准确地表达短视频运营者的观念和态度，让目标用户一眼就知道短视频的核心内容。
> （2）真实性。在拟定短视频标题时，短视频运营者要从事实出发，切忌虚假夸大，避免视频内容和标题严重不符，否则会降低用户的满意度。
> （3）情感性。短视频运营者用心创作的充满情感的内容，更能引发用户的共鸣。蕴含情感、带有温度的标题更容易拉近与用户的距离，赢得用户的信任和认可。
> （4）新颖性。新颖、有创意的标题往往更能吸引用户的眼球，因此短视频运营者最好能充分发挥想象力，打开思路，在标题中融入一些创意元素。有时标新立异的内容更能吸引人，更容易使短视频运营者达到"吸粉引流"的目的。

一般来说，"干货"盘点类或总结分析类短视频适合使用数字式标题。使用数字法命名标题时，短视频运营者可以套用一个公式：核心内容数字+带来的益处、效果、改变、结局。当然，数字的前后顺序可以灵活变动，可以用数字强调核心内容，也可以用数字强化结果。需要注意的是，公式中提到的益处、效果、改变、结局要与用户的自身利益密切相关，只有这样才会驱使用户点开观看。例如，"用数字6621画小狗"，核心内容是"数字6621"，结果是"画小狗"，对于简笔画爱好者或学习者来说，运用简单的数字画出可爱的小动物是他们非常感兴趣的事情。

2）好奇法

短视频运营者在拟定短视频标题时，若能激发用户的好奇心，便可以促使其对短视频产生浓厚的兴趣，进而产生点击观看短视频的欲望。激发用户好奇心的方法一般有以下几种。

（1）使用疑问句。用户看到标题中的问题后，迫切地想知道答案，就会不由自主地点击观看短视频，以满足自己的好奇心。例如，看到标题"2小时读完一本书"后，用户就想了解如何在2小时内读完一本书，为了解除疑惑，他们就会观看短视频寻找答案。

（2）设置矛盾冲突。存在矛盾冲突的标题会让用户产生好奇的心理，短视频运营者可以在标题中提供两个完全不同甚至对立的观点和事实，以此吸引用户点击观看短视频。例如，标题"既然要放手，为何要接住？""放手"和"接住"是两个相悖的行为，却发生在同一人身上，标题的结尾用反问的语气为这个人的行为设置了矛盾冲突，引发用户的好奇心，吸引用户点击观看。

（3）制造悬念。例如，标题"吃了这么多次闭门羹，为什么还对她念念不忘"，一般情况下吃了闭门羹，很多人会选择放弃，但标题中的"念念不忘"让这条短视频带给用户更多的悬念，让用户产生联想，从而点击观看短视频。

3）热词法

热词法是把近期生活中的热点新闻、流量热词、名人姓名、品牌名字等应用在标题中，以提高短视频热度。例如，"秋天的第一杯奶茶"火了，随后平台上出现了很多以此进行创作的短视频标题，如"秋天的第一杯奶茶的正确喝法""奶茶一杯，爱情起飞""秋天的第一杯奶茶，姥姥给你们安排一下"等，这些短视频受到了很多用户的喜爱和点赞。

热词自带流量光环，在标题中使用热词更能吸引用户观看短视频。如今的生活节奏越来越快，短视频的时效性就显得更加重要。短视频运营者平时要关注新媒体平台上的热点话题，关注社会新闻，在相关的视频作品中引用热词、热点等，能够轻松提高短视频热度。

短视频运营者在使用热词设计标题时，要注意标题应与短视频的自身定位保持一致。例如，美食类短视频的标题一般不宜出现娱乐热词，如果短视频的内容与娱乐热点没有太大关联，那么即使短视频获取了巨大的流量，用户也难以转化为粉丝，推广效果并不明显，甚至有可能起到反作用，引起用户的反感。

4）对比法

对比法是利用人的认知心理，在短视频中将事物、现象放在一起进行比较，目的是突出事物的本质特征，制造冲突性看点。对比的差异越大，往往越能吸引人。例如，"婚后和婚前对比有什么不同""以前的手机VS现代的手机"等。

5）体验法

体验法是利用一些文字信息将用户带入特定场景，使用户产生前所未有的体验或精神上的认知、共鸣。例如，"终于吃到了这家蛋包饭""开了24年的麻辣烫，搭配鸡架，真的是太好吃了""旅行中千万不要去的刺激景点，我怕你回不来！""你有没有想过，千与千寻里面的世界有可能是真实存在的"等。

短视频运营者使用体验法拟定标题时，可以运用"内容+地名"或"美食名称+自我感受"的方法，将准确的内容信息与地名、人名、事物名称等传递给用户，以吸引用户观看视频内容。

6）引用法

经典的电影作品和歌曲中往往会有广为流传的金句，将某个电影或歌曲歌词中的金句引用到短视频标题中，会颇受用户的喜爱。例如，"'立刻有'—'Like you'""我只相信，属于我的东西，就一定是我的""想留不能留，才最寂寞"等。这些标题一般和短视频运营者想表达的意图或情感密切相关，引用经典语录更容易触动人心，引发用户共鸣。

7）第二人称法

短视频运营者在拟定短视频标题时使用第二人称"你"，可以快速拉近与用户的距离，使用户不自觉地代入自己。例如，"这个技能，对你很有用！""把你的一生拍成电影，你想取什么名字？""别辜负一个视你如命的人""如果时光可以倒流，你会回去弥补什么遗憾？""2021年，知道你很累，2022年，总有人会穿过生活的一团乱麻来拥抱你"等。尽管短视频是呈现给所有用户的，但使用第二人称可以给用户一种为其量身定制的感觉，使其产生强烈的代入感，从而更愿意点击观看短视频。

8）名人法

名人法是将一些名人、"大V"等人物的名字作为标题的关键词，利用这些人的名气和对粉丝的吸引力达到吸引用户观看的目的。例如，"如果你忘记努力，请听听科比的故事"等。这类标题的重点集中在一些热点人物身上，短视频运营者在拟定此类标题时要注意热点人物及事件的完整性，即热点人物做了什么，前因后果是什么，对外传递了哪些信息，他们与自己创作的短视频内容有何关联，等等。

2. 撰写动人文案

每条高流量的短视频都少不了好文案的支撑。文案不仅使短视频更立体、更丰富、更具有传播力，还可以迅速传达短视频运营者的思想和意图，感染用户的情绪，并吸引其关注。

目前比较常见的短视频文案主要包括以下几类。

> **小常识**
>
> 大多数用户喜欢实用的内容，最好看完视频就能马上用上。实用性也是视频受欢迎的关键因素之一。

1）互动类

为了有效激发用户的互动欲望，互动类文案一般采用疑问句或反问句。这种带有启发性的开放式问题不仅可以很好地制造悬念，还能为用户留下较大的回答空间，从而提高短视频的播放量和评论数，如"有你喜欢的吗？""哦，做错什么了？""你认为怎么样？"等。

2）悬念类

悬念类文案能够带给用户无限的想象空间，使其产生意犹未尽的感觉，有效地延长用户在短视频页面的停留时间。一般来说，这类短视频会在最后设置反转或者留下悬念，给用户留下深刻的印象，如"最后一秒颠覆你的认知！""一定要看到结尾，相信我不会让你失望""我猜中了开头，却猜不中结尾"等。

3）叙述类

叙述类文案通常是对画面进行叙述，为用户营造置身其中的感觉，使用户产生共鸣。因此，短视频运营者在撰写这类文案时要选用富有场景感的故事，不能平铺直叙。

4)"段子"类

"段子"类文案具有一个共同的特征,即幽默风趣,结尾有出乎意料的反转效果。这类短视频文案不需要与短视频本身的内容有紧密的联系,但要有超强的场景感,让用户身临其境,更愿意去评论。

5)共谋类

当用户在做某件事情时,总想找一个人或一群人与自己一起努力,用户的这种心理使共谋类文案能够产生良好的效果。

共谋类文案可以分为励志类文案、同情类文案等多种类型,这类文案可以引发用户的情感共鸣,获得更多用户的关注,如"春天来了,愿意和我一起打卡健身吗?""春节这几天,你是否也感受到不一样的快乐?"等。

6)"恐吓"类

"恐吓"类文案能够制造紧迫感,让用户产生怀疑,并促使用户迫切地想在短视频中寻找正确的答案,如"我们每天都在吃的蔬菜,你真的懂吗?"等。

3. 设置优质封面

优质的短视频封面不仅可以吸引用户的注意力,还可以成为展示短视频内容的窗口,是提高短视频播放量的重要因素。

设计优质封面的方法主要有以下几种。

1)悬念封面

悬念封面是通过封面上吸引人的场景、画面、人物等元素,让用户产生进一步了解的欲望,并且迫切地想知道事实真相,洞悉事件走向。

此类封面通常是短视频内容的开端,短视频运营者要确保短视频内容有始有终,有因有果,有悬念、有答案,切忌哗众取宠。短视频运营者在选择悬念封面时,不能为了吸引用户而故意选取与内容没有任何关系的画面,而应选择与内容相关的画面,并与自身账号定位一致。

2)效果封面

效果封面是指将经过加工、美化、创作等过程呈现出来的最美、最吸引人、最好的画面作为短视频的封面。效果封面会让用户眼前一亮,带给用户赏心悦目的舒适感觉。需要注意的是,采用效果封面时,短视频运营者可以选取视频中事物最美、最酷、最炫的一面,并搭配合适的文案。如果感觉视频中没有理想的封面图案,也可以摆拍一张与内容相关的图片作为视频封面。

3)猎奇封面

人们一般有猎奇心理,它也是一种通过寻找、探索新奇事物满足好奇心的心理。凡是与猎奇相关的内容,通常会受到大众喜爱。

4)借力封面

借力即借助他人的力量,使自己受益。在短视频创作上,借力是指借助外界的热点、人物、事件等元素吸引用户观看短视频,因为这些元素都自带流量,所以可以迅速抓住用户的眼球。一些短视频运营者会将自己与名人的合影设置为封面,或者将一些热点事件、人物作为封面主打元素,这些都可以有效地吸引用户的注意力。

短视频运营者采用借力封面时可以蹭热点,也可以关联热点人物,但是所创作的内容要言之有物。封面上展现出来的热点可以作为内容的引子,但真正的核心是短视频运营者的观点以及能够带给用户的价值。

5)故事封面

故事封面是通过图片场景和文案信息向用户传递极强的情感力量,从而达到吸引用户注意力的目的。例如,一些以拍摄自身生活视频为主的短视频运营者,通常会使用"图片+文案"的形式设置封面,以第一人称诉说亲身经历的文案信息加上一些重要的故事场景,能够快速调动用户情绪,使短视频产生极强的感染力。短视频运营者在使用故事封面时,要向外传递出情绪的力量,如快乐、悲伤、愤怒等,通过情绪的力量感染用户。

6)人设封面

人设封面是采用真人出镜的方式在封面中传递情绪、信息,以吸引用户观看短视频。人设封面中,短视频运营者或者短视频核心人物一般亲自出镜,搭配文案信息,可以让内容具备统一性与完整性。短视频运营者采用人设封面时,将个人形象作为对外输出的信息,相当于一种自我品牌输出,可以加深用户对自己的印象,增强自身IP的塑造力。需要注意的是,人物形象应与视频内容、人设紧密相关。

另外,采用人设封面要保持内容、封面的统一性。如果采用"人设+内容"的方式作为封面的主打,那么每期的短视频创作都尽量采用此种方式,或根据每次内容进行微调,但要形成固定的表现方式,这样有助于提升自身人设形象在用户心中的品牌价值。

6.4.3 短视频内容策划

不管是在哪个平台上创作与运营短视频,短视频运营者都要找到适合自己的内容,也就是找到正确的创作方向,找到适合自身的创作之路。

1. 短视频选题策划

在短视频创作中,选题意味着创作的方向,代表着对外传递的观点与立场。要想创作出爆款短视频,选题是关键。选题不能脱离用户,只有保证短视频主题鲜明,为用户提供有用、有趣的信息,才能吸引用户关注。

1)策划选题的基本原则

不管短视频的选题是什么,其内容都要遵循一定的原则,并以此为宗旨,落实到短视频的创作中。

(1)以用户为中心。目前,短视频行业的竞争越发激烈,用户对短视频的要求也越来越高,所以短视频运营者要注重用户体验,以用户为中心。短视频的内容切忌脱离用户的需求,也就是说,短视频运营者在策划选题时要优先考虑用户的喜好和需求,这样才能最大限度地获得用户的认可,并保证短视频的高播放量。

(2)注重价值输出。短视频的内容要有价值,要向用户输出"干货"。选题要有新鲜的创意,从而促使用户产生收藏、点赞、评论和转发等行为,促进短视频的裂变传播。

小常识

运营短视频账号别想着走捷径，踏踏实实创作与定位领域相关的优质内容才是正确的选择。

（3）保证内容垂直度。确定某一内容领域之后就不要轻易更换，否则短视频账号会由于垂直度不够而不能精准定位用户。因此，短视频运营者要在某一个领域长期输出有价值的内容，提高自己在该领域的影响力，这样更容易获得短视频平台的"头部流量"。

（4）选题内容与运营相结合。做好选题并非意味着短视频一定会成为爆款，很多短视频运营者创作出来的短视频虽然画面精美、内容优质，但点击量很少，其原因可能只是标题不合适。短视频的内容与标题的匹配度越高，就越容易被平台推荐，从而吸引用户点击观看。

另外，最好不要等到发布短视频时再构思标题，而应在选题策划时就把标题想好，起码要有一个大致的标题选词思路。这样一来，短视频运营者在确定选题之后可以迅速让短视频标题跟进热点。

（5）选题内容多结合热点。短视频运营者要提升新闻敏感度，善于捕捉并及时跟进热点，这样创作出来的短视频可以在短时间内获得大量的流量曝光，快速增加短视频的播放量，吸引用户关注。但是，并非所有的热点都可以跟进，如果跟进不恰当的热点，就有违规甚至被封号的风险。

（6）远离平台的敏感词汇。当前，有关部门加强了对短视频平台的管理，不断出台相关法律法规文件，而且每个短视频平台都对敏感词汇做出了规定，所以短视频运营者要时常关注政策导向和平台出台的相关管理规范，以防因为触发敏感词而违规。

（7）增强用户互动性。因为短视频中的内容要以用户需求为导向，所以短视频运营者要围绕用户来构架内容，其中很重要的一点就是互动性，互动性能够很明显地影响短视频的推荐量。增强短视频互动性的方法主要有以下几种。

① 选择互动性强的话题，如旧物利用、健身减肥等，用户普遍关注的热门话题往往会引发用户热烈的讨论。

② 有意识地引导用户。短视频运营者可以有意识地在短视频中加入一两句互动的话语，引导用户发表评论。

③ 引发用户"吐槽"。可以在短视频中加入一些常见的"梗"，引发用户的集体"吐槽"，这样也能吸引用户互动评论。

2）选题的素材来源

要想持续地输出优质内容，短视频运营者就必须拥有丰富的储备素材。选题的素材来源主要有以下几种。

微课：选题的素材来源

（1）日常积累。短视频运营者要养成日常积累选题的习惯，通过身边的人或事，以及每天阅读的图书和文章等，将有价值的选题纳入选题储备库，训练自己发现选题的嗅觉。

（2）各媒体平台。各媒体平台是短视频运营者获取优质选题的重要来源之一。

① 平台的热点。短视频运营者可以根据各个平台上有关热点的位置获取素材，如微博的"微博热搜"、快手的"快手热榜"、抖音的"抖音热榜"等，在这些位置可以快速获取整个平台用户关注的热点话题，围绕这些热点还会有热度数值的呈现，短视频运营者可

以清晰地看出哪些热点快速上升、哪些热点适合创作等。

② 在平台上搜索相关的话题词。当短视频运营者发布短视频内容时，需要填写标题、文案介绍，还要搭配和内容匹配的话题，这些都有利于作品得到精确分发。同理，当为创作的短视频选取素材时，短视频运营者也可以在平台内搜索相关的热度话题词，依据热度选择创作方向，找到创作的内容来源。例如，当创作与美食相关的内容时，短视频运营者可以在平台输入"美食"查看与美食有关的话题，如 vlog 美食记、美食教程、自制美食、美食分享等，选择其中一个话题，查看该话题下最近播放量高、受用户欢迎的短视频，并从中选取适合自己的创作方向。

（3）分析竞争对手的爆款选题。短视频运营者可以搜集竞争对手的选题并进行整合、研究与分析，从而获得灵感和思路，拓宽选题范围。短视频运营者可以进入相关网站（如卡思数据），获取竞争对手的账号数据，如粉丝量、集均点赞、集均分享、集均评论和爆款选题。

通过关注竞争对手的短视频，短视频创作者可以预先察觉用户喜欢与不喜欢的内容，从而避开创作陷阱。关注竞争对手短视频时，短视频运营者需要注意以下两点。

① 要关注竞争对手最近一段时间发布的内容，将其作为选取素材的参考依据，而不要参考发布时间太久的作品，因为这类内容的市场或许已接近饱和，即使采用，意义也不大。

② 关注竞争对手发布的内容是为了找到创作方向，而不是照搬照抄。同质化内容不仅不会得到平台的更多推荐，而且可能会因为涉嫌抄袭收到下架警告，甚至被封禁账号。

（4）收集用户想法。收集用户想法是一种自下而上的选题决策，可以帮助短视频运营者有效利用群体智慧，增强短视频的互动性，丰富短视频的内容。

收集用户想法的方法主要有以下两种。

① 从用户评论中寻找有价值的选题。评论是短视频运营者与用户有效交流的渠道，它可以折射出用户的很多态度，如赞同、反对、质疑或者提出新的问题，这些都可以被发掘为短视频的选题。

② 搜索关键词。在寻找选题时，短视频运营者可以使用不同的搜索引擎搜索关键词，常用的搜索引擎有百度、微博搜索、微信搜一搜、头条搜索等，然后对搜索到的有效信息进行提取、整理、分析与总结。

2. 短视频内容结构设计

根据短视频时长的分布，可以把短视频内容分为以下阶段。

1）第 1 阶段：建立期待感

短视频开场的前几秒是用户快速浏览的时间段，如果短视频不能在这个阶段有效地吸引用户，就很有可能被用户忽略。因此，短视频运营者在这个阶段要建立用户期待感，从用户心理角度出发，想办法让用户产生看下去的动机，快速抓住用户的心智，做到"开头即高潮"。

要想建立期待感，短视频运营者可以从以下几方面着手。

（1）音乐期待。运营者要擅用音乐渲染情绪。选择合适的背景音乐可以调节短视频的内容节奏，制造期待感。用音乐制造期待感的方法分为两种：一种是选择合适的音乐类型对应不同的情绪,如欢快的、舒缓的、诙谐的等;另一种是选择由某位达人带火的特定音乐,直接对应某种特定内容。

(2)人物期待。人物即短视频的主人公,主人公要有特点。如果是真人出镜,用户的心理预期会因为人物类型不同而产生变化,但好看和新奇能直接抓住用户的眼球。例如,观感上"好看"的人物、名气上有知名度的人物、造型上超出日常认知的人物、有新奇的特殊才艺的人物等。

(3)视觉期待。眼睛是人类认识世界的主要感官,所以视觉刺激往往更容易激起用户的向往和好奇心。这一点主要体现在视频开头的画面设置上,主要有两个关键要素:一是要突出"美",二是要体现"新"。短视频运营者要想办法使短视频画面具有罕见、意外、崭新等特点,这样才能建立起用户的视觉期待。

(4)开门见山式期待。开门见山式期待是指视频开场就明确主题,给出结论,并用剩下的时间来回答相关问题,如要说什么事,这件事和谁有关,事件的起因、发展、结果等。

需要注意的是,由于短视频主题多出现在开头或封面,所以抛出的主题要足够有趣,或者能够触动用户的痛点、笑点等,这样才能引发用户的好奇心与求知欲,让他们对内容产生期待。

(5)身份期待。人们往往会特别关注与自己有关的内容,因此如果在短视频开始时提及受众人群的身份标签或共同关注的话题,就能成功引起用户的兴趣,让用户对接下来的内容充满期待。

(6)文案期待。短视频虽然以视频为主,但人们在刷短视频时,眼睛会不自觉地瞄向文案。因此,配合吸引人的文案,用户会在不知不觉中捕捉到短视频的关键信息。

2)第2阶段:给出价值吸引

用户经过了第1阶段的开场,大致了解了短视频的类型,下一步就会判断此视频是否有观看价值。因此,短视频运营者在这个阶段需要让作品充分体现出价值性,让用户看完短视频后有所获得。价值可以涉及很多方面,包括使人愉悦、引发好奇、给人惊喜、获得知识与技能、提供信息及服务等。例如,旅游类短视频为用户提供旅游攻略;情感类短视频为用户讲解情感问题的处理方法与技巧;美妆类短视频教用户在不同场合中通过化妆提升自身气质;穿配类短视频帮助用户解决不懂穿配的问题;搞笑类短视频让用户放松,使用户愉悦。短视频运营者应注意结合自己的定位,在自己的视频作品中给出价值吸引,赢得用户的喜欢和关注。

3)第3阶段:设置转折点

在设计短视频的内容结构时,转折点的设置非常重要。经过开场的期待、价值的提示,接下来的内容是否有亮点、是否有转折决定了短视频是否能吸引用户继续观看。

短视频运营者要为视频内容设置转折点,使内容有深度,主题更鲜明,人物更立体,从而吸引用户继续浏览。例如,在抖音平台上一些比较火爆的、成熟度比较高的短视频,一般都会恰当地设置转折点,特别是搞笑短剧类内容,设置转折点能够很好地推动剧情的发展,吸引用户继续观看。

需要注意的是，设置转折点的关键在于制造假象，方法是在细节方面使用多义性表达，加入干扰性元素，使观众陷入假象的惯性思维，从而在真相被揭示时形成最大程度的戏剧化效果。

4）第4阶段：制造高潮

优质的短视频内容让用户回味无穷，引发他们深入思考。短视频内容要有高潮部分，能够引发用户共鸣、共情，让用户不自觉地把自己代入场景。打动用户的方式有很多，一般来说，在短视频的后半段都要设置共鸣点，引发用户互动。各种不同类型的短视频制造高潮、引发用户共鸣的关键点包括以下几个。

（1）喜：唤起用户的兴趣，使用户产生愉悦感，如搞笑段子、趣味视频。

（2）萌：巧设萌点收获喜爱，设置各种萌镜头，让用户感到惊喜。

（3）美：从感官上给予用户美好的体验，促使他们产生向往之情，如美丽的风景、漂亮的人物或美好的事物类视频。

（4）忧：为用户排忧解难，使用户转忧为喜，如专业技能类视频。

（5）敬：激发用户的敬佩之情。自己做不到的事别人却做到了，这会使用户产生敬佩之情，如正能量类短视频。

（6）羡：挖掘用户的羡慕之情，现实中人们总有各式各样无法满足的欲望或无法实现的愿望，从这些点切入，挖掘用户的羡慕情感和情绪。

（7）真：捕捉生活小细节、小情绪，从一些微小、真实的事件或事物出发，进行揭露、解读，抒发情绪，以此拉近与用户的距离，使用户产生认同感。

（8）暖：让用户产生爱。通过细心、体贴的举动，使人产生温暖的正面情绪，触动人们心中柔软的感情，引发共鸣。

（9）奇：满足用户的猎奇心，利用人们的猎奇心理引发共鸣，如开箱测评、冷知识类视频。

运营者围绕以上关键点制造短视频的高潮，能够大概率地引发用户的共鸣。

5）第5阶段：巧设结尾

爆款短视频常见的结尾一般有3种，分别为互动式结尾、共鸣式结尾和反转式结尾。

（1）互动式结尾。互动式结尾是视频结束时和用户互动，询问用户有没有类似的经历。一些爆款短视频常以问句结尾，以引发用户互动，如在视频结尾发问，"你怎么看？""你身边有这样的人吗？""你遇到过这样的情况吗？""赞同的话请点赞，感谢你们的支持"等。

（2）共鸣式结尾。共鸣式结尾是短视频经过开场、发展、剧情反转等达到高潮，一般以语言、文案、画面细节等升华主题，引发用户的情感共鸣，促使用户主动点赞、评论或转发。例如，抖音账号"慧慧周"有一条短视频，标题是"妈妈说，生活是美丽的，无论它怎样不尽如人意"。视频内容的开场是小孩听到吵架声，大声喊着妈妈，妈妈走进来，面对孩子扮了一下鬼脸，张开双臂，想要拥抱孩子。这时画面中出现一对非常大的翅膀，妈妈告诉孩子："别怕，妈妈在呢！"在最后的画面细节中，妈妈的翅膀遍布伤痕，使主题得到升华：虽然在外伤痕累累，但就算体无完肤，妈妈也会保护孩子。

（3）反转式结尾。反转式结尾是通过讲述、表情、动作等在结尾部分完成反转，引发用户深思。例如，抖音账号"姜十七"的一条短视频，标题是"不要片面地评判一个人，耳听为虚，眼见不一定为实"。视频内容前半段塑造了特别讨厌的主人公形象，她买东西不给钱、插队、把别人的手机摔坏，最后结尾给出反转，其实她前面的所作所为都是有原因的，是出于好心，想帮助他人。

3. 短视频内容创意方法

短视频运营者要想持续地生产优质内容，需要找到正确的内容创意方法，然后按照这些方法进行操作，从而建立规模化的内容生产流水线。

1) 搬运法

所谓搬运法，简单来说是从别的地方把自己认为不错的内容搬运过来作为视频素材进行二次创作，然后发布到自己的短视频账号上的一种方法。短视频运营者即使没有很好的原创能力，但只要掌握了搬运法的精髓，同样可以打造出属于自己的爆款作品。

在信息爆炸的今天，内容搬运的途径多种多样，这就像捕鱼一样，广撒网，捕到的鱼自然多。短视频内容搬运渠道包括各种社交媒体、经典影视剧及关注的账号等。

值得注意的是，创新加工是搬运法关键的一步，短视频运营者要时刻记住"搬运≠照抄"。对搬运的内容进行创新加工，赋予其自身的特色，就可以让其焕发出新的光彩。在对搬运内容进行创新加工时，可以采用以下3种方法。

（1）创新展现形式。创新展现形式是指改变原来内容的展现形式。例如，如果搬运的内容是文字版的，那么在进行视频展现时，可以把纯文字的内容转换为人物的台词，或者使用方言、说唱等能够展现自我特色的形式来呈现，这样不仅能够更好地呈现文字内容，还能彰显个人风采，达到引人注目的效果。

（2）创新内容。创新内容是指对搬运的内容进行加工改造。例如，如果搬运的内容是讲解道理的，则可以用生动的故事诠释这个道理，这样用有剧情的故事来呈现比单纯地讲道理更能激发用户的情感共鸣，更能赢得他们的认可和好感；如果搬运的内容是剧情故事，则可以改变故事结局，因为故事情节的反转更能激发用户的好奇心，引发互动评论，并得到用户的持续关注。

（3）创新框架结构。创新框架结构也是一种对搬运内容进行创新加工的方法。例如，如果搬运的内容有一个大的框架，那么可以把这个大的框架分成几个小板块。

2) 模仿法

模仿是创新的基础。短视频运营者在运营短视频账号时，在尚未完全形成自己的风格前要学会模仿，甚至可以采取模仿的方式创作出更具创意的短视频，这是一种帮助自己快速找到内容创意方向、实现快速引流的有效方式。模仿法又分为随机模仿和系统模仿。

（1）随机模仿。随机模仿是指短视频运营者发现哪条短视频比较火爆，就参考该条短视频，拍摄同类型的短视频。例如，变装短视频因变装前后的巨大反差给用户直接的即时视觉刺激而在抖音上快速蹿红，因此有不少短视频运营者开始模仿创作此类短视频，大家互相模仿，使得此类短视频经久不衰。

（2）系统模仿。系统模仿是指短视频运营者寻找一个与自己账号运营定位相似的账号，对其内容进行长期的跟踪与模仿。短视频运营者要先分析该账号中短视频的选题方向、拍摄手法、运营策略等，然后将其运用到自己的短视频创作中，进行模仿拍摄。在模仿时，短视频运营者可以融入一些新的创意，从而形成自己的风格。

3）场景扩展法

场景扩展法是运营者明确短视频的主要目标用户群体后，以目标用户群体为核心，围绕他们关注的话题，通过构建九宫格扩展场景，寻找更多内容方向的方法。

例如，目标人群是 30 岁左右、为人父母的青年男女，可以围绕他们分步骤进行扩展。

（1）围绕"青年男女"画出九宫格，列出与之相关的 8 对关系，如图 6-18 所示。

（2）以这 8 对关系为核心，再分别构建九宫格，并在每个九宫格中列出 8 个常见的、存在冲突的沟通场景。例如，以"青年男女和孩子"这对关系为核心再次构建九宫格，列举出 8 种常见的沟通场景，如图 6-19 所示。

爸妈	亲密朋友	公婆
同事和领导	青年男女	孩子的老师
兄弟姐妹	夫妻	孩子

上学	家教	购物
辅导作业	青年男女和孩子	旅游
做游戏	做家务	吃饭

图 6-18　构建九宫格核心关系　　图 6-19　构建九宫格沟通场景

（3）分别为九宫格中列出的每个沟通场景规划 3 段对话。例如，选择"做家务"这个沟通场景，规划 3 段对话，可以是拖地、洗碗、洗衣服时的对话等，然后分别为其他沟通场景规划对话。

（4）分别列出剩余的 7 对关系的 8 个常见沟通场景，并分别为每个沟通场景规划 3 段对话。

这样角色之间的冲突关系会在每一个场景里体现出来，短视频运营者可以拓展出多段对话，为短视频内容创意提供参考。这种方法能够持续不断地生产出符合现实场景的多种内容创意思路。

4）代入法

代入法，即短视频运营者将某个场景作为拍摄短视频的固定场景，然后根据自身需要在这个固定场景中不断地代入各种不同的元素来填充内容，丰富固定场景中的内容表现。

下面以 4S 店销售汽车短视频为例，介绍代入法的操作要点。

（1）设置固定的场景，如将 4S 店的大厅作为固定场景。

（2）在固定场景中填充不同的内容。从现实生活中提炼出与客户在 4S 店买车过程相关的内容，如销售员向进入 4S 店的客户发放宣传资料、销售员为客户讲解车型、客户试乘试驾汽车、销售员和客户进行价格谈判、成交签约、客户提车、客户来店保养车辆等。运营者可以将这些内容填充到 4S 店的大厅这一固定场景中，即在 4S 店的大厅里设置这些事件来拍摄。

（3）以充满创意的方式呈现这些内容。以上内容都是买车过程中经常遇到的情景，如果直接拍摄这些情景，短视频的内容可能会显得过于平淡，为了提高短视频内容的吸引力，短视频运营者可以为这些内容添加新的创意。例如，销售员向进入4S店的客户发放宣传资料，可以策划成销售员穿着玩偶服装，边唱边跳；销售员为客户讲解车型，可以策划成客户提出各种搞笑的问题，销售员机智幽默地作答；客户提车，可以策划成4S店为提车的客户准备一场别开生面的特殊仪式等。

这样，短视频运营者将日常生活中人们在4S店买车可能会遇到的各种情景提炼出来，并在这些情景中融入新的创意，拍摄成各种具有趣味性、娱乐性的短视频，更容易吸引用户的关注。

5）反转法

所谓反转法，是在剧情的结尾制造一种戏剧性的"神转折"，或者形成一种强烈的"反差萌"，并用"神转折"或"反差萌"形成的强烈对比效果来带动观众的情绪，给他们留下深刻的印象。例如，抖音账号"楚淇"的短视频中，主人公就是利用高超的化妆技巧制造出一个个反差巨大的形象。主人公化妆前是典型的"宅男"形象；化妆后变身翩翩公子，气质脱俗，征服了很多用户。

反转法的关键是要找到合适的参照物。参照物除了要具有鲜明的特点，一些电商类短视频还要求其与商品的特点完全相反，以此形成对比和反差，利用反差制造强烈的冲突，形成转折。

6）嵌套法

嵌套法是在故事里套故事，在场景里套场景，使视频内容更加丰富、有趣，信息量更大。具体来说，嵌套法的应用方法如下：首先，制作一个故事脚本；其次，制作第二个故事脚本；最后，通过嵌入点把第二个脚本嵌入第一个脚本。例如，一个帅气的男孩子在前面认真地做事情或讲话，后面有一个女孩一脸崇拜地看着男孩，观众都在评论"后面的女孩喜欢你"。这就是加大信息量的嵌套法，即看似无意实则刻意地在视频中嵌套其他故事脚本。

短视频运营者在生活中要注意观察，积累短视频创作素材，如果看到有趣的内容，但是这个内容不足以拍成一个完整的短视频，这时就可以运用嵌套法，把该内容嵌入已有的故事，让视频的内容更丰富、信息量更大。

利用嵌套法在故事里套故事，短视频传达的信息量就会翻番，表达更具戏剧性，更能引发用户观看的兴趣。因此，合理使用嵌套法对提升短视频的内容创作质量大有裨益。

案例 6-3

金龙鱼外婆乡小榨在抖音上发起一场"真香"年味挑战

技能实训

【实训题目】

短视频营销与运营实训。

【实训目标】

（1）能够通过教师讲解、案例讨论掌握相应知识点。

（2）能够初步认知短视频营销。

（3）能够形成初步的独立思考能力。

（4）能够培养初步的自主学习能力。

【实训内容与要求】

（1）由教师介绍实训的目的、方式、要求，调动学生参加实训的积极性。

（2）由教师布置模拟实训题目，题目如下：

试以"生活中的平凡点滴"为主题，以小组为单位，拍摄短视频并上传至抖音平台，一周后观测各组视频观看量及点赞量，并分析原因。

（3）由教师介绍短视频营销与运营的相关案例及讨论的话题。

（4）所有同学相互评议，教师点评、总结。

【实训成果与检测】

1. 成果要求

（1）提交案例讨论记录：教学分组按 3~5 名学生一组，设组长 1 人、记录员 1 人，每组必须有小组讨论、工作分工的详细记录，以作为考核成绩的依据。

（2）能够在规定的时间内完成相关的讨论，学习团队合作方式，撰写文字小结。

2. 评价标准

（1）上课时积极与老师配合，积极思考、发言。

（2）认真阅读案例，积极参加小组讨论，分析问题思路较宽。案例分析基本完整，能结合所学理论知识解答问题。

（3）团队配合较好，积极参与小组活动，分工合作较好。

思考与练习

1. 名词解释

（1）短视频。

（2）短视频营销。

（3）搬运法。

（4）视频博客。

（5）共鸣式结尾。

2. 简答题

（1）简述短视频营销的价值。

（2）简述搜集短视频数据的渠道。

（3）简述编写分镜头脚本的主要工作。

（4）简述选题的素材来源。

（5）请说明设计优质封面的方法。

第 7 章

微博营销与运营

【学习目标】

(1) 初步认识微博,并掌握微博的特点;
(2) 掌握微博营销的内涵、功能、模式等;
(3) 掌握微博营销的定位及常用策略;
(4) 熟悉微博的营销策略;
(5) 学会微博营销活动的策划与推广。

【思维导图】

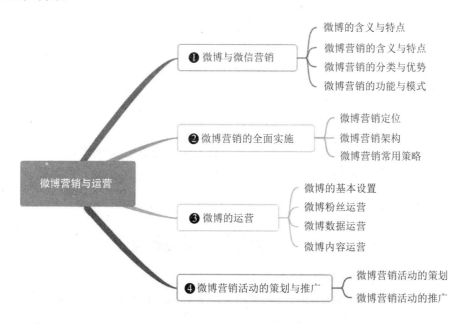

【导入案例】

战"疫"中微博为何能成为企业社交营销的标配

新冠肺炎疫情期间,微博数据可视化和实时性、公开性充分展现出微博的核心价值,而大众参与、全民互动更使得社交媒体的信息高效传播优势凸显，让信息"无距"挑战。

据微博数据统计，疫情发生以来，微博活跃用户规模大幅增长，平台流量连续两月增长50%及以上。平均每天都有2亿用户在微博上消费疫情相关的内容。而对应的，有5120万用户累计发布了3.5亿条疫情相关的博文。

同时，微博第一时间上线"肺炎防治"专区，之后升级为"抗击肺炎"专区，累计曝光量达328亿，让疫情信息实时高效地打破距离，成为民众了解疫情动态的重要途径。

新浪微博作为公共舆论场，汇聚着千万信息，也整合着千万资源，并可以让上亿人关注、围观，每次鼠标点击都是一个响亮的鼓点，这鼓点从四面八方传来，激活了微博原有的信息传播价值潜能，使得疫情可以隔离公众距离，但无法阻挡信息的力量。

微博的社交场域力量让疫情援助吹响集结号，知屋漏者在雨下，知重事者在微博。

正是由于微博的场域力量在这里得到了最大化的发挥。在微博上，通过多元主体、多元声音以及不同力量的碰撞、共鸣、协同、行动，最后以众志成城之力，共同实现了这样的改变。

多元主体：在微博上，每一个个体都可以发出自己的声音，不论弱小与强大。譬如病人、媒体、政府、权威学者，还有一线医护、爱心企业、各国政府、公益机构等都在这个场域上发声、互动。

多元声音：不同甚至相反的视角都可以在微博这个场域中互相碰撞、交锋，形成公开、透明的视角，这个视角是微博场域才具备的360°的视角。多元化的声音带来了碰撞与融合。

从共振到改变：在微博场域上，随着多元主体、多元声音的出现，各地政府、监管部门、医疗机构、公益机构、企业以前所未有的速度快速协同起来，众志成城，让武汉病患一"床"难求的问题快速得到改善。让所有问题以最快速度暴露，同样也以最快速度、最高效率得到各方协同的努力，从而实现了改变。

资料来源：战"疫"中，微博为何能成为企业社交营销的标配？[EB/OL].（2020-03-03）.https://ishare.ifeng.com/c/s/7uZ7X608mr2.有改动.

> **辩证思考**：分析以上内容，讨论并思考为何微博有这样的作用。

分析提示：微博作为目前主流的社交产品之一，有其独特的产品特点，企业进行营销推广，需要发掘和遵从这些特点，从而制定出顺应时代发展、满足用户需求的营销策略。

7.1 微博与微博营销

在移动互联网高速发展的时代，越来越多的手机用户喜欢在空余时间玩微博，如在微博上发布照片或者浏览最新的社会热点等，使微博逐渐成为用户传播和获取信息的新渠道。基于个人社交网络的微博作为人人可以发言传播信息的新媒体，承载着数亿用户，而对新媒体营销者来说，用户也就意味着市场，这样看来，新媒体营销者在微博平台上开展营销活动的意义自然不言而喻。

7.1.1 微博的含义与特点

微博作为新媒体时代的社交工具之一，具有平民化、碎片化、交互化、病毒化传播的特征，这也使其成为人们生活中重要的社交工具。不论是个人还是企业，都可以利用微博提高影响力，打造品牌。

1. 微博的含义

最早的微博形态产品是美国的 Twitter，之后同类型产品迅速在全世界出现。2009 年，新浪网推出新浪微博，此外还有腾讯微博、网易微博、搜狐微博等。但随着新浪微博的不断发展壮大，其他微博平台渐渐没落并不再运营。2014 年，新浪微博正式改名为微博，成为我们熟知的社交产品。

微博（micro-blog），即相对博客（blog）而言的微型博客，是一种允许用户及时更新简短文本并可以公开发布的博客形式，是更轻便的社交分享平台。它允许任何人阅读或者只能由用户选择的群组阅读。最初，单条微博至多 140 个字，但加大了图片权重，相比撰写博客的长文章来说，大大降低了用户发布信息的难度。

> **小常识**
>
> 博客时代是互联网发展的重要阶段，标志着网民从互联网信息的受众变成信息的参与者与创造者。而微博是互联网发展的再次提升，有了微博博客时代的精英化信息创作方式不再是主流，全民能便捷、无门槛地参与信息的创造和传播，即互联网信息的传播更加大众化、多元化，实现了互联网的深度普及。

微博成为主流的社交产品，标志着互联网从文字时代进入图文时代。微博的文字配图片发布形式，既提高了发布效率，也提高了阅读和传播效率，成为互联网演化出的新的内容传播形式。近两年，随着短视频行业的发展和普及，微博等社交平台也在向短视频倾斜。

2. 微博的特点

下面从新媒体营销的角度阐述微博的特点。

1）社交化

社交是微博的核心特点，也是微博的灵魂。与微信相比，微博是开放式社交平台，微博的内容及其转发、评论、点赞都是开放式的，所有人都可以参与互动、讨论和传播。社交是微博的魅力所在。社交化营销是目前最主流、最核心的营销方式。

2）碎片化

碎片化既是微博的信息分发特点，也是目前互联网的主流信息传播特点。微博以信息流的形式展示内容，既能为用户展现丰富的信息，又能降低用户获取单条信息的时间成本，让用户在信息碎片中选取自己中意的内容，这符合用户的阅读习惯。

3）全民化

全民化是微博的生命力。每个人都能在微博中找到自己存在的价值。全民化特点也让企业找到了产品营销的落脚点，各类产品都能在微博中找到自己的受众群体，找到与用户沟通的渠道和方式。

4）矩阵式

微博作为开放式社交平台，在用户关系上具有矩阵式特点。各类用户因为不同的兴趣和关注点，凝聚成不同的矩阵，而矩阵的核心就是知名博主。

5）裂变式

一个社会热点的出现，通常首先在微博平台引爆，实现裂变式传播，进而扩散到全网。微博具有的开放式社交、碎片化和矩阵式特点，让信息能够在微博平台上实现公开透明的快速裂变式传播。

6）视频化

随着短视频行业的发展和内容消费形式的改变，视频化已成为各大社交平台和内容平台的转型战略。微博近两年也在进行视频化转型，短视频已成为微博新的产品核心，能使微博平台获得更多的流量和青睐。

7.1.2 微博营销的含义与特点

微博作为新媒体的重要代表，其应用范围越来越广，在营销方面的重要价值也逐渐被企业挖掘出来并加以研究应用。

1. 微博营销的含义

微博营销是指通过微博平台为商家、个人等创造价值，也是指商家或个人通过微博平台发现并满足用户的各类需求的商业行为方式。微博营销以微博作为营销平台，每一个粉丝都是潜在的营销对象，企业可利用微博向网友传播企业信息、产品信息，树立良好的企业形象和产品形象。每天更新内容就可以跟大家交流互动，或者发布大家感兴趣的话题，以此达到营销的目的，这样的方式就是微博营销。

> **小常识**
>
> 在微博上实现一站式购物已不再遥远，在打通线上与线下日渐成为不少互联网企业的核心战略之际，微博营销的闭环行动也在提速。新浪微博进一步优化了移动端的用户体验，浏览、下单及支付过程均可在微博上完成，用户抢购时可使用微博支付快速购买，同时，可以对微博上预约、购买的用户进行客户关系管理，完善后续服务。
>
> 自新浪微博与支付宝合作推出微博支付后，新浪微博增强了营销闭环中最为关键的"支付环节"。与魅族的合作，使新浪微博再次跑通了微博"浏览—兴趣—下单—支付—分享"的闭环。

2. 微博营销的特点

微博营销是以传播学理论为基础，以营销学经典理论与案例为指导，集成以往网络媒介营销手段的一种营销途径。微博营销具有以下几个特点。

（1）注册简单，操作便捷，运营成本较低，方便实现"自营销"。微博具有媒体属性，是将信息广而告之的媒介，但是与其他媒体相比，微博注册免费、操作界面简洁、操作方法简易（所有操作基于信息发布、转发、评论），又有多媒体技术使信息呈现形式多样；

而运营一个微博账号,不必架构一个网站,不必有专业的计算机网络技术,也不需要专门拍一个广告,或向报纸、电视等媒体支付高额的时段广告费用,等等。充分利用微博的"自媒体"属性,做好"内容营销",是微博营销的"王道"。

(2)微博营销的"品牌拟人化"特征使其更易受到用户的关注。社交媒体时代,传播强调人性化与个性化,企业用人性化的方式塑造自身的形象,不仅可以拉近和受众的距离,达到良好的营销效果,而且品牌的美誉度和忠诚度会大大提高。

品牌拟人化是指通过饱含个性、风趣、人性化的语言,使品牌账号富有"人"的态度、性格与情感,真正与消费者互动,从而获得消费者的认可。这种认可不是传统的、单纯的买卖关系,更像是建立并维系一种"友情"关系。这样品牌的忠诚度和美誉度就很高,用户就会支持这个企业的产品,甚至还会主动参与品牌的塑造过程,这也是实现口碑营销的绝佳途径。在SICAS(感知、兴趣互动、联系沟通、行动、分享)消费行为模式时代,品牌拟人化更能够在每一个消费环节发挥作用。

(3)多账号组成的微博矩阵,在保持整体协作的企业文化的同时,便于针对不同的产品受众进行精准营销。

微博矩阵是指在一个大的企业品牌之下,开设多个不同功能定位的微博,与各个层次的网友进行沟通,达到360°塑造企业品牌的目的。换句话说,矩阵营销是内部资源在微博上的最优化排布,以达到最佳效果。

(4)微博"造星",可以借助知名微博主的影响力进行营销。微博的传播机制建立在六度分隔、二级传播等人际传播理论的基础之上,换句话说,微博中的社交关系是现实社交关系链的扩张性虚拟迁徙。微博的影响力代表了一种关系的信用值,按照新浪微博的计算方法,微博影响力由活跃度(原创微博的转发次数、评论次数、私信数)、传播力(原创微博被转发与评论的数量)和覆盖度(即粉丝数)共同决定。借助拥有大量粉丝人气和较高影响力的微博主的平台,一则可以和更多的潜在用户接触,达到广而告之的效果;二则扮演意见领袖的人往往具有消费引导的功能。微博是无可争议的自媒体,借具有大量粉丝受众的微博账号做推广,也是一种打广告的方法。值得一提的是,这种方法和渠道多为营销公关公司利用,开展专业的微博营销有偿服务业务,且根据粉丝量的多少给不同微博账户不同的报酬。

7.1.3 微博营销的分类与优势

1. 微博营销的分类

微博营销根据不同的主体,可以划分为3种类型。

1)个人微博营销

很多个人微博是通过个人本身的知名度来得到别人的关注和了解的,如明星、成功商人或其他成功人士,他们运用微博,往往是通过这样一个媒介让自己的粉丝更进一步地了解自己和喜欢自己,功利性并不是很明显,一般是通过粉丝跟踪转发达到营销目的。

2）企业微博营销

企业一般以盈利为目的，他们运用微博往往是想通过微博来提升知名度和产品销量。普通企业进行微博营销一般较难，因为企业知名度有限，较短的微博文字不能让消费者直观地理解商品，而且微博更新速度快、信息量大。企业进行微博营销时，应当建立固定的消费群体，与粉丝多交流、多互动，多做企业宣传工作。

■ 课程思政

> 对企业来说，忘却数字的微博情怀营销，不仅要做出情怀，更要做出温度，让用户真正感受到来自企业的热情和诚意，尤其要让用户感受到家人一般的温暖。

3）行业资讯微博营销

行业资讯微博以发布行业资讯为主要内容，往往可以吸引众多用户关注，类似于通过电子邮件订阅的电子刊物或者 RSS 简易信息聚和订阅等。微博内容是营销的载体，订阅用户数量决定了行业资讯微博的网络营销价值。因此，运营行业资讯微博与运营一个行业资讯网站在很多方面类似，需要在内容策划及传播方面下功夫。

2. 微博营销的优势

企业开展微博营销活动有巨大的优势，发布一条微博的成本几乎是零，却可以快速地将企业及产品相关信息传达给消费者。同时，企业还可通过微博直接与粉丝及潜在用户进行互动，从而拉近与用户的距离。概括起来，企业开展微博营销的优势有以下几点。

1）形式多样化

企业进行微博营销的形式多种多样，主要表现在微博发布的内容和发布形式两个方面。

从内容上看，企业可以将微博作为对外宣传的窗口，发布与公司有关的新闻活动、新品上市、促销活动等消息。

从形式上看，微博营销的活动形式非常多，除了今日话题、互动问答、投票抽奖，还可借助微博平台的广告中心开通微博粉丝通、微任务、搜索推广等广告服务进行广告推广。

2）信息传播快

近年来的很多网络热门事件都是最先通过微博发布的。用户只要能够上网和拥有计算机或智能终端设备，即可随时随地将信息发布出去。

3）覆盖群体广

新浪微博的注册用户非常多，覆盖了不同职业、不同地区、不同阶层、不同民族，其中不仅有超聚人气的社会名人，还有报道新闻的大众媒体及发布公告的政府机构。当然，新浪微博的用户还是以个人用户居多，因而企业通过微博发布的消息覆盖范围更广。

4）宣传成本低

同传统的报纸、广播、电视等媒体广告相比，企业通过微博开展营销活动而支出的费用要低很多。发布一条普通微博的成本几乎为零，即便是借助"微博大 V"或者粉丝通推广，其费用与电视广告费用相比也低得多。

7.1.4 微博营销的功能与模式

随着互联网媒体运用的逐渐加深，社会化营销被众多企业所青睐，微博作为一种信息传播迅速的新型媒体，显示出巨大的商业价值，越来越多的企业将目光转向微博营销。

1. 微博营销的功能

微博营销指企业或个人以微博为营销平台，通过内容更新、活动策划、粉丝互动等方法，传播企业或个人的宣传信息，从而达到树立良好形象的目的。

对于企业和个人来说，微博的营销功能包括 5 个方面：品牌推广、用户维护、市场调查、危机公关、闭环电商。

1）品牌推广

微博具有内容门槛低、传播效率高、互动更多元的特性，可将信息迅速传递给广大用户群体。任何企业都可以按照宣传需求，随时随地在微博平台发布广告或其他内容。

通过微博运营，企业可以快速聚合用户关注度，提升品牌知名度；与用户形成情感共鸣，提升品牌好感度；扩大品牌传播，曝光新产品和服务。

> **小常识**
>
> KOL 是营销学上的概念，通常被定义为：拥有更多、更准确的产品信息，且为相关群体所接受或信任，并对该群体的购买行为有较大影响力的人。

微博平台本身就具有高聚合和强互动的特点，KOL 可以在很大程度上对普通用户产生态度和行为上的影响。因此，KOL 介入微博营销可以有效提升信息传播速度，并且加大信息传播的范围。

2）用户维护

微博营销的便利之处就是在通过内容、活动触达用户的同时，还可以一对一地进行用户维护，提升用户的满意度，进行用户管理。

现在越来越多的企业在用户购买、产品包装、物流、体验等各个环节中引导用户"晒单"，鼓励用户在使用或体验完企业的产品或服务后，通过微博拍照分享。企业在用户发布此类内容后，通过微博与他们进行一对一互动，可以极大地提高用户满意度。

同时，企业可以通过微博挖掘用户的问题，为他们解决遇到的问题，提供持续性的服务，维护用户关系；通过优质内容与用户深度互动，逐渐将其转化为品牌忠实用户。如果企业能及时发现产品的一些问题，便可通过微博提前告诉用户，快速消除影响，避免负面信息大量传播而陷入被动。

在以用户为核心的商业模式中，用户关系管理强调时刻与用户保持和谐关系，不断地将企业的产品与服务信息及时传递给用户，同时全面、及时地收集用户的反馈信息。

3）市场调查

市场调查是企业开展营销不可缺少的环节，通常企业可以通过问卷调查、人工调研、数据购买等方式调查用户的需求。但这些调查方式耗费的财力和人力都较大，不同的行业，调查效果也参差不齐。然而，微博的出现为企业提供了一个低成本、高效率的调查工具。

基于微博用户的巨大数量，以及微博平台几十个垂直领域划分，每个用户都有其对应的兴趣领域标签，企业可以有针对性地触达特定偏好的用户并进行调研，这为企业制定个性化服务提供了极大的便利。同时，企业还可以对目标用户发布的微博内容进行有针对性的分析，更深入地挖掘需求，更精准地制定营销策略。

4）危机公关

在微博平台上，涉及知名企业产品质量、企业信用问题等的公众事件会迅速登上热搜排行榜。企业如果不进行处理，事件持续发酵会对企业非常不利。

企业可以通过微博快速了解并应对突发情况。通过检索关键词，企业可以迅速了解对事件高度关注的用户群体，从话题中可以全面了解用户对此事件的评价和意见。由此，企业能够迅速在微博上锁定危机公关的目标人群，了解危机发生的原因和经过，并据此迅速做出有针对性的措施。

快速、有效的微博危机公关不仅能有效地将危机影响降到尽可能低的程度，甚至能将危机转化为重塑企业形象的一次机遇。利用微博快速对事件做出声明和正确的回应，有利于企业形象的建设。

5）闭环电商

企业或个人通过微博运营获取一批粉丝后，可以直接导流销售，获取收益。例如，企业在微博平台发布产品推文时，植入产品的购买链接，粉丝看到微博内容后，可直接通过链接进行购买。

企业通过微博与目标用户进行一对一沟通，促使目标用户购买或追加购买产品，这也是很多企业推广的基本策略。此外，有的企业还配合微博粉丝通、微博橱窗进行精准投放，为产品带来更多的曝光，从而让更多的目标用户看到产品并产生购买行为。

2. 微博营销的模式

在微博营销的过程中，要重点关注以下6种运营模式。

1）明星策略：丰富形象，提升商业价值

从2007年的博客到2009年的微博，微博逐步取代了博客的地位，演艺人士也纷纷将微博作为自我营销的重要阵地，其强曝光、强宣传的特点，让企业愿意邀请知名艺人通过微博代言。

2）"网红"模式：受用户关注，具备独特的个人魅力

微博等互联网新媒体平台的兴起，极大地降低了构建个人品牌的技术难度和传播门槛，许多人可以凭借技能才艺在互联网上"走红"，通过优质的内容吸引大量用户关注，形成了独特的"网红文化"。

3）企业管理者：为行业发声，有魅力和说服力

许多企业家、公司高管也开通了微博账号，构建个人的发声渠道，他们的个人形象对树立企业品牌在用户心中的形象有很重要的作用。同时，企业管理者也责无旁贷地担起了企业代言人的职责。

一些企业家在微博的运营上，一方面为企业品牌、产品进行宣传；另一方面，他们也会发布一些个人相关的内容，包括日常生活、社会热点、公益活动等。

4）媒体运营：积极拥抱，从传统媒体到新媒体

用户在微博移动端发布新闻有更大的便利性，可以随时随地获取和发布信息，信息的形式也趋于多样，如文字、图片、视频、直播等。

很多传统媒体把微博作为自己的主要网络平台进行运营。除了新闻媒体积极拥抱微博，依托微博传播的实时性，更快速地发布新闻消息之外，其他传统媒体也纷纷转向新媒体，通过微博发布内容，与用户进行在线互动。

5）专家策略：内容付费和打赏收入

微博平台上汇聚了各个领域的专家。作为拥有过硬技能的人，专家的变现能力相比普通人有很大的优势。微博的功能也在不断进化，"打赏"、付费问答、广告收入等功能的开发层出不穷。

6）电商模式：社会化电子商务

微博和阿里巴巴联手后，社会化电子商务有了更多的可能性。虽然微信对电商形成了一定冲击，但是很多商家通常是"多头开花"。微博由于互动性和传播性好，仍然是很多企业进行新品推广的首选平台。

微博博主也可以通过电商渠道变现。博主可以通过转发抽奖配合干货内容的输出，这种方法非常常见，而且参与者众多。大数据支持下的微博推荐会根据用户的搜索习惯进行筛选，精准度越来越高。

案例 7-1

疫情期间，宝洁不忘关爱女性医护人员

7.2 微博营销的全面实施

互联网和网络社交平台的不断发展为微博营销提供了更多的机会。微博为营销提供了平台，但是优质的营销效果离不开微博营销的全面实施，只有在某一行业中有热度、有影响力的微博号才具有真正的营销价值。

7.2.1 微博营销定位

微博营销定位是指企业微博的形象及其功能的专业化，企业根据定位的要求发布相应的微博内容并开展一系列的微博营销活动。换言之，微博的定位是否清晰明确会直接影响微博营销的效果，清晰明确的定位是开展微博营销的重要前提。概括起来，微博定位主要包含以下几类。

微课：微博营销定位

1. 品牌推广型微博

品牌推广型微博定位于推广品牌，目的在于树立品牌形象。例如，宝马中国官方微博主要发布宝马公司的重大新闻活动、新品发布等内容，通过微博传递企业品牌形象，提高企业知名度和美誉度。宝马中国官方微博曾发布公司举办明星慈善夜活动的博文，旨在推广企业品牌，提升品牌亲和力，塑造良好的企业形象。

2. 内容互动型微博

内容互动型微博的主要功能在于维系企业同粉丝之间的客户关系，强化企业在消费者心中的形象。因此，该类型微博的主要内容是向用户传递关怀，突出企业的用户导向理念。例如，星巴克中国官方微博的形象定位是一个有亲和力、懂得生活的服务员。星巴克的微博营销目的是塑造亲和力、营造轻松融洽的氛围，让粉丝感觉自己正在一家咖啡馆和服务员闲聊，并将这种形象定位在用户心中。如图 7-1 所示为星巴克官方微博发布的博文。

从本质上说，开展微博营销的最终目的是盈利，因而还可将微博直接定位于产品销售或服务购买，通过微博直接带来经济收益。例如，美特斯邦威天猫店官方微博主要发布产品促销活动信息，将微博作为企业产品销售的一个平台，通过微博促进产品的销售。如图 7-2 所示为美特斯邦威天猫店官方微博发布的关于毕业季产品促销活动的博文。

> **小常识**
>
> 微博的特性是关系、互动，因此，尽管是企业微博，也切忌使用冷冰冰的方式。要给人感觉像一个人，有情感，有思考，有回应，有自身的特点与个性。

图 7-1　星巴克官方微博发布的博文

图 7-2　天猫官方微博发布的博文

7.2.2　微博营销架构

发条微博虽然简单容易，但想要做好微博营销却没那么简单，尤其是对于规模大、业务广、产品多的公司，由于其品牌线较多，影响力较大，单一的官方微博很难满足企业微博营销的需求，这时就需要建立微博营销架构。微博营销架构主要包含微博营销组织的构成、微博矩阵营销及微博账号认证 3 个方面。

1. 微博营销组织的构成

微博营销是一项有组织的活动，需要根据实际情况和需要来构建微博营销组织。通常来说，微博营销组织一般包括企业官方微博、产品官方微博和中高层管理人员微博3部分。

1）企业官方微博

企业官方微博是以企业在工商行政管理部门核准的注册字号为昵称关键词而建立的微博账号。它主要以企业名义向社会公众、消费者传递与企业的思想文化、经营理念、品牌、产品和服务等紧密相关的微博资讯。

2）产品官方微博

产品官方微博主要是针对大型的集团公司而言的，尤其是拥有多条品牌线的公司，各品牌各具特色，且各产品的性质和功能以及针对的目标消费者各不相同，很难将其放到一个微博之上，因而可以根据产品特色分别开设产品官方微博。

例如，小米科技公司旗下拥有小米手机、小米手环、小米电视等多个产品线。因此，小米公司为其产品分别开设了产品微博，如小米手机、小米手环、小米电视、小米平板等企业产品微博。公司根据各个产品以及目标用户群体的属性，赋予每个产品不同的个性。

3）中高层管理人员微博

中高层管理人员作为公司核心部门的人员，代表着企业的形象和企业文化理念，有较大的社会影响力，所以开通中高层管理人员的微博，可以增加企业文化和企业品牌对外宣传展示的窗口。同时，利用管理人员的微博，可以将一些企业官方微博不宜发布的信息发布出来，二者相得益彰。如图7-3所示为朴塑合伙人油果的个人微博。

图7-3　朴塑合伙人油果的个人微博

2. 微博矩阵营销

微博矩阵是指在一个大的品牌之下，开设多个不同功能定位的微博，从而与各个层次的网友进行沟通，达到360°塑造企业品牌的目的。微博矩阵是指以品牌微博和客户微博为主线，同时与产品微博、员工微博、活动微博、粉丝微博相联系，形成"4+2"模式下的矩阵分布。

一般情况下，开展微博矩阵营销可以根据企业规模、品牌及营销人员等进行架构，而规模较大的微博营销组织可以按照企业官方微博、产品官方微博、中高层管理人员个人微博的模式进行架构。

3. 微博账号认证

微博账号认证即实名加V，这是微博平台针对知名企业、机构、媒体及其高管，以及行业内有影响力的人物账号推出的一项服务。认证通过的微博账号能够为微博营销带来很多好处：可以树立良好形象，微博信息可以被外部搜索引擎收录，更易于传播，快速提高影响力和传播力；尤其是对于产品微博，认证后的微博所发布的信息公信力更强，容易消除用户的疑虑。

7.2.3 微博营销常用策略

企业微博作为企业对外宣传展示的重要窗口，对于企业开展网络营销活动有着重要的意义。运营企业微博时，仅仅发布内容是很难起到营销效果的，要注意运用策略，如关注策略、转发策略、评论策略、回复策略以及时间规划策略。

1. 关注策略

企业微博作为企业在微博上的形象代言需要从多维度选择关注账号，一般企业微博需要关注以下 5 种微博账号类型。

（1）行业资讯号。企业微博关注行业资讯号可以在第一时间得到行业内的信息，同时可以关注该行业资讯账号的动态，在适当的时候与资讯号进行互动。常见的资讯号类型主要有行业资讯、时事新闻等。

（2）意见领袖。意见领袖也称"大V"或者微博大号，主要包括文艺明星、著名学者、草根名人等几种类型，他们在微博平台上高度活跃，拥有大量的粉丝，其观点和行为对粉丝有较大的影响力。在运营企业微博时，可关注与企业具有相关性的微博大号，选择恰当的时间进行借势营销。

（3）目标网友。企业账号需要关注的目标一般包括品牌的目标用户和积极互动的网友，前者是企业的目标用户，是企业下一步需要转化的目标；后者是企业的粉丝，能够以第三者的身份给予企业公正评价，提高企业微博的可信度和活跃度。

（4）企业内部账号。企业运营微博开展营销活动时，通常不止运营一个企业微博账号，而是同时运营多个账号进行推广，常见的有企业子品牌微博、企业产品微博、公司中高层管理人员微博等。将这些账号相互关注形成微博矩阵，有助于企业微博的营销活动取得良好的效果。

（5）其他。除了上述需要企业微博关注的账号，还有其他方面的微博账号需要加以关注，如竞争对手、知名企业、新浪官方等账号。其中，关注竞争对手的微博可以及时获得对方的动态，而关注新浪微博官方账号则可以第一时间了解最新的微博相关规则。

2. 转发策略

转发策略作为企业微博借势营销的重要方式，常常会在不经意间取得出人意料的营销效果。

在选择转发微博时，应首选对企业发展有利的积极正面的消息。在转载他人的优秀微博时，注意标注内容出处，以尊重原创作者，避免产生版权纠纷。另外，转发微博的数量不宜过多，转发时可在微博中适当地植入企业广告信息，但注意语言要简洁明了，富有创意。

3. 评论策略

在评论微博时，注意语气和措辞应当与该微博定位形象相符合，和发布微博时的语气一致，避免给网友造成认知上的混淆。当然，注意评论的语气和措辞，并不是主张企业微博在评论时使用千篇一律的内容，而是应当根据所评微博的实际内容，灵活选择不同的内容来评论。

4. 回复策略

除了评论微博，在日常运营中，企业微博还需要回复其他网民的评论。适时恰当的回复可以帮助粉丝解疑释惑，二者的良性互动还有利于企业拉近与用户的关系，提升企业的品牌影响力，塑造企业的良好形象。

运营新人在面对大量的网民评论时，往往无从下手，这时首要的工作就是将评论的用户分类整理，如分为负面情绪的网友、提出建议的网友、微博认证的用户、草根意见领袖、企业忠实粉丝等几类。回复粉丝的评论时同样需要采取一定的策略。将评论的网民分类整理后，需优先回复负面情绪的网民，努力安抚其情绪，防止负面情绪在群体暗示下影响网民的舆论导向，要将他们向积极正面的方向引导。其次要及时回复给予企业赞扬的用户，这样做可以起到强化营销效果的作用，为此可以考虑给予适当的奖励，鼓励网民回复好评。

■ **课程思政**

企业应用好、用足企业和个人微博的影响力，凝聚网络正能量，传播企业好声音，讲好企业故事。

5. 时间规划策略

良性的微博营销不仅需要对关、评、回、转进行规划，还需对微博的发布时间进行规划。用户并不是每时每刻都活跃在微博上，对于企业而言，活跃的目标用户就更少了，因而参照用户在微博上的活跃时间，找到目标用户活跃的时间段推送企业微博，往往会得到事半功倍的营销效果。企业微博的时间规划可按照日、周、月及季度4个维度开展。

1）每日时间规划

根据现代城市生活规律，早晚上下班时间人员流动性较大，人们通常喜欢在这一空闲时间段上网，因而这一时间段也是微博用户的活跃时期。企业微博运营人员可以选择在这个时间段发布微博，以最大范围地覆盖目标用户。

企业微博每日发布的微博条数不宜过多，一般以5～8条为宜。每日发布微博的时间段应相对固定，每隔3～4小时发布一条微博。21:00—23:00为网民上网的高峰期，可选择在这一时段内发布重要的微博。

2）每周时间规划

微博运营的重点在与粉丝的互动上，根据运营统计数据，在每周的7天中，微博运营的效果不同。总的来说，周三与周四时微博用户相对活跃，用户更愿意参与企业活动。因此，运营人员可在这两天发布比较热门的微博内容，并适当地植入企业品牌、产品相关信息，与粉丝互动。

除此之外，周末也是粉丝较活跃的时间。周末时，网民的闲暇时间较多，更愿意参与微博娱乐活动，所以企业可以在周末发布一些投票参与、征集作品、有奖转发等话题活动类内容，号召用户参与企业活动，增强与用户之间的积极互动。

3）每月时间规划

微博每月运营时间规划可以按照日常时间、活动发布时间、热点事件、突发事件 4 个方面开展。

（1）日常时间。在了解目标受众需求的基础上，选择他们喜欢的内容，并将产品或品牌软性植入其中，可选择发布行业资讯动态、娱乐休闲、企业资讯等内容。

（2）活动发布时间。在微博上通过活动预告、现场直播等方式发布企业本月要举办的活动的图片和消息。在活动前期发布活动预告，中期发布现场信息，活动结束之后发布活动结果。

（3）热点事件。当有热点事件发生时，需要第一时间关注该事件并发表自己的观点，巧妙地进行借势营销，避免单纯地转发和评论。

（4）突发事件。当企业有突发事件发生时，企业需要第一时间发布消息，向广大受众明确态度，快速处理事件，争取把负面影响降到最低。

4）每季度时间规划

每季度时间规划是指在企业的特殊纪念日或者季度中的重要节日，发布一些纪念活动、活动预告的微博文章，或以现场直播等方式与粉丝进行互动。

案例 7-2

赋能传统文化，比亚迪汽车微博获营销奖

7.3 微博的运营

> 小思考
>
> 你可否总结出常见微博内容运营的技巧？

微博庞大的用户群体造就了微博快速传播的特点，企业要充分利用微博优势进行品牌、产品或服务的营销，必须掌握微博运营的一些技巧，以便快速提升营销的效果。

7.3.1 微博的基本设置

微博是一个基于用户关系的信息分享、传播以及获取平台，是通过关注机制分享简短实时信息的广播式社交媒体。在微博上，用户可以使用文字、图片、视频、音频等多种媒体形式，实现信息的及时分享、传播和互动。使用微博进行营销前，运营人员应首先对微博账号进行设置，确定微博账号的定位，使用户在看到微博账号时就能初步了解该微博的类型。

1. 微博账号的类型

微博具有便捷性、传播速度快、原创性等特点，能迎合用户碎片化、快节奏接收信息的需求。微博账号可根据使用目的和作用的不同分为 5 种类型。

1）个人微博

个人微博是占比最大的微博账号类型，注册个人微博的用户身份多种多样。用户可通过个人微博分享生活中的趣事、抒发感悟、发布原创作品或转发喜欢的内容，也可通过发布有意义的内容引起其他用户的注意，吸引用户关注，扩大个人微博的影响，打造自己的品牌。其中，一些企业高管以及名人的个人微博还需要配合所属企业或合作企业微博，对企业或产品进行宣传，扩大企业、品牌或产品的影响力。

2）企业微博

企业微博是基于微博出现的、作为商业化网络工具的微博账号类型，企业微博就是企业的官方微博。通过企业微博，企业可以进行客户关系管理，了解客户需求，找到新客户并与之互动，丰富客户数据库；可以进行各种营销活动，制造与企业有关的热点话题，将消息有效地传达出去；还可以建立企业文化，方便管理者以个人身份与企业内部员工建立联系。运营人员应结合微博自身的特点，策划适合企业微博的运营方案，对企业进行宣传，提高品牌的影响力。

3）政务微博

政务微博是指代表政府机构和官员，因公事设置的，用于收集意见、倾听民意、发布信息、服务大众的官方微博。政务微博可调和公民与政府之间存在的各种矛盾，也可以起到监督政府工作的作用，如图 7-4 所示为共青团中央的官方微博。政务微博没有盈利目的，只用于政务机关随时发布信息，与公民进行良性互动，进行社会化网络参政、议政、问政的交流。

图 7-4　政务微博

4）组织机构微博

组织机构微博是指学校、机构、组织开设的官方微博，可用于发布重要决定、与用户沟通等。组织机构微博在教育教学、危机公关等方面发挥了重要作用，如图 7-5 所示为吉林大学的官方微博。

图 7-5　吉林大学的官方微博

5）其他微博

除了上述类型明显的微博，还有基于特定用途、具有时效性的微博，如为演唱会、娱乐节目、电视宣传等特意开设的微博。这类微博一般不会长久运营，但其带来的宣传效果却不容小觑，如图7-6所示为电视剧宣传期的临时微博。

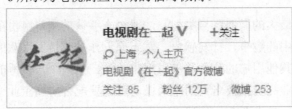

图7-6　电视剧宣传期的临时微博

2. 设置合适的微博账号名称

微博类型不同，其名称设置也有区别。新媒体运营人员掌握了个人微博与企业微博的取名方法，可将其运用于其他类型的微博名称设置。

1）个人微博名称

个人微博名称就是个人微博的昵称。根据微博的规定，微博昵称应体现个人属性，简洁个性、拼写方便，避开高频昵称，避免选用敏感时政词汇、不雅词汇、类段子账号昵称、代购名称、名人姓名等。简洁个性的昵称能体现微博博主的个性，给其他用户留下深刻的印象；拼写方便的昵称在搜索时较为方便，特别是对于通过其他平台引流而来的粉丝来说；避开高频昵称能保证微博的独特性，将自己的微博与其他微博区别开，在众多微博昵称中脱颖而出，尤其是推广产品或品牌的微博，更要避开高频昵称。

个人微博的昵称，非会员用户每年可修改1次，会员用户则依据是否认证和会员等级的不同，每年可修改2~6次。微博会员用户可通过抢昵称活动，抢占其他用户的昵称，但抢占成功后，原昵称会因被其他用户抢占而无法找回，因此修改昵称前微博用户应仔细思考。需要注意的是，长期不使用且活跃度低的微博昵称会被收回。

2）企业微博名称

企业微博的名称通常与企业名称保持一致，也可根据微博性质、特色、功能和服务等添加修饰，如"华为""华为应用市场""欧莱雅校园招聘"等。此外，企业必须有意识地进行名称保护，避免企业昵称被无关用户占据，导致企业自身无法使用。

3. 设置标识性的微博账号头像

微博头像可以让用户建立对微博博主的直观印象，了解微博的风格和定位。个人微博头像可以按照微博博主的喜好设置为清晰的真人照片或有特殊意义的图片，如手绘头像、代表作人物等。企业微博头像则最好能够代表企业形象，如使用企业logo、企业著名产品图片、企业卡通形象等。

微博头像风格应该与微博类型一致。例如，萌宠类微博，选择宠物的照片作为微博头像；搞笑类微博，选择一些搞笑图片作为微博头像；盘点类微博，选择比较具有代表性的盘点事物作为微博头像。如图7-7和图7-8所示，"ZQQ虹or虹君"将微博博主代表作品中男主角的卡通形象作为头像,"联想中国"将企业logo作为头像,都是非常具有代表性的例子。

图 7-7 个人微博头像

图 7-8 企业微博头像

4. 进行微博账号认证

微博认证能提高微博账号的辨识度,提升媒体的营销能力,促进品牌成长,其包括个人认证和机构认证。进行微博认证时,可在 PC 端微博首页右上角单击"设置"按钮,在打开的下拉列表中选择"V 认证",进入微博认证页面,选择需要认证的类型,如图 7-9 所示;也可在手机微博 App"我"页面中点击"设置"按钮,在"设置"页面选择"客服中心"选项,在打开的页面中选择"申请加 V"选项,进入"微博认证"页面,选择需要认证的类型即可。下面对不同类型的微博认证进行介绍。

1)个人认证

个人认证也叫橙 V 认证,其标识为一个橙色的 V 字图标,认证成功后会显示在微博昵称后。个人认证后可以基于身份构建个人平台个性化模块,更加多元化地进行自我展示,微博平台会在搜索页面中进行推荐,能够增加个人微博的曝光度以吸引粉丝,提高知名度。个人认证根据认证类型的不同,又分为身份认证、兴趣认证、超话认证、金 V 认证、视频认证和文章/问答认证,如图 7-10 所示。每种认证要求的申请条件不同,下面分别进行介绍。

图 7-9 V 认证　　　　　　　　　　图 7-10 个人认证

(1)身份认证。申请身份认证的个人微博用户需要满足图 7-11 所示的条件。身份认证分为 3 步：补充基本信息，填写认证信息，邀请好友帮助。其中，在填写认证信息时，提供的认证材料上盖的章一定要清晰；在邀请好友帮助时，需要是已认证满 3 个月、开通辅助认证功能的橙 V 好友，并且好友辅助认证人数当月不能超过 4 人，总量不能超过 50 人。

图 7-11　身份认证申请条件

（2）兴趣认证。申请兴趣认证的个人微博用户要满足图 7-12 所示的条件。为达到兴趣认证的要求，用户可在个人的基本信息里添加想要认证领域相关的标签，关注相关领域的超级话题，在超级话题里坚持签到、发帖，再关注相关领域的知名微博博主，坚持每天发布相关领域微博。

图 7-12　兴趣认证申请条件

（3）超级话题认证。超级话题认证可与现有身份认证、兴趣认证、自媒体认证叠加。申请超级话题认证需要满足下面 5 项条件。

① 申请账户需有清晰的头像。

② 已绑定手机号。

③ 完成身份验证。

④ 申请账户粉丝数及关注用户数均大于等于 50 个。

⑤ 担任超话主持人或小主持人的用户以及超话等级至少为 12 级。

目前，超话社区不支持用户主动取消超话认证，当用户不再担任超话主持人时，超话认证将自动取消。

（4）金 V 认证。金 V 是个人微博账户中最具影响力的橙 V 账号，要求认证的个人用户粉丝数不少于 1 万人，月阅读量不低于 1000 万条。认证成功的金 V 账户不仅可以享受微博提供的服务，如专属客服、专属标识、专属权益（赠送会员、新功能体验）等，还能获得各渠道的热门推荐，增加账号的曝光率和关注度。一般带有金 V 标识的个人微博账号都是具有较高影响力的"大 V"账号,如网络红人、知名作家等,如图 7-13 所示。个人微博用户金 V 认证成功后即代表自己拥有成为超级"大 V"的潜力,更容易获得粉丝的青睐。

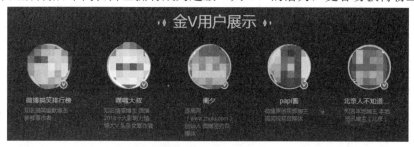

图 7-13　金 V 用户展示

（5）视频认证。视频认证是微博管理和激励微博自媒体作者的机制,它要求申请认证的微博用户有某一固定领域的持续贡献内容,并且要达到一定的数据要求。其中,固定领域是指用户所发布的头条文章或视频内容的归属领域,应该与用户申请认证视频所选择的领域相同,并且微博用户还要保持内容的发布频率。视频认证分为原创认证和二次创作认证。

① 原始认证。2022 年,微博正式与中国版权维护中心、平擎科技达成协作,接入中国版权维护中心 DCI 体系,为平台原创内容守旧版权认证。原创认证分为微博原创视频博主认证、微博 VLOG 博主认证、微博故事红人认证。以上三类认证可同时申请,不同的认证形式申请条件也略有区别。

② 二次创作认证。二次创作认证视频社区投稿类型需选择"二次创作",包括译制、解说、剪辑类视频。若发布视频中搬运、卡段、拆条等非二次创作内容占比过高,以及未能持续发布二次创作类自制内容将无法通过审核。二次认证分为微博解说视频博主认证、微博译制视频博主认证、微博剪辑视频博主认证,以上三类认证仅可选其一,不可同时申请。

（6）文章/问答认证。文章/问答认证主要分为头条文章作者认证和问答答主认证。头条文章作者要求在微博上有文章产出能力,并且以头条文章为主要内容;问答答主要求在微博上有免费公开问答产出能力,并且以免费公开问答为主要内容。同时,内容要达到以下标准。

① 头条文章作者。发布原创内容,原创文章发布量≥20 篇,原创度≥80%;持续发布原创头条文章,90 日内发布原创文章,每月发布量≥2 [内容健康,不包含营销广告、造谣（包括文不对题）、中伤他人、迷信、色情等违规内容]。

② 问答答主。发布原创回答,原创度≥80%,30 日内有原创回答发布（回答内容非商业广告,作者有自己的独到见解,具有一定的科普性）;250 字回答量≥20 条,180 日内 250 字以上原创回答量≥20 条。

2）机构认证

机构认证也叫蓝 V 认证,认证成功的微博昵称后会有一个蓝色的 V 图标。能够申请机构认证的主体有企业、机关团体、政府、媒体、学校、公益组织等。机构认证根据认证类型的不同,又分为企业认证、机构团体认证、政府认证、媒体认证、校园认证和公益认证,如图 7-14 所示。这里以企业认证为例进行介绍。

申请企业认证的微博应准备好营业执照（副本原件的照片或扫描件）和认证公函（加

盖企业彩色公章）。企业认证申请成功后可拥有专属蓝 V 标识，可通过多种运营工具玩转粉丝经济，也可使营销推广更精准高效。

图 7-14　机构认证

5. 打造微博运营矩阵

微博矩阵是指在一个大的企业品牌之下，开设多个不同功能定位的微博，与各个层次的网友进行沟通，达到 360°塑造企业品牌的目的。微博矩阵具有多平台布点、多账号协作、一体化管理的特点，遵循对症下药、内部利用最大化、一个核心的原则。

对企业来说，建立微博矩阵可以将不同定位的内容发布在不同账号上，使各个微博账号各司其职，避免信息混乱、定位不清。常用的建立微博矩阵的方法有 4 种，分别是按品牌需求进行建设、按地域进行建设、按功能定位进行建设和按业务需求进行建设。

1）按品牌需求进行建设

大多数企业拥有不同的品牌，不同品牌可通过微博矩阵连接起来，同一微博矩阵中的微博可以互相引流，便于维护粉丝。例如，雅诗兰黛集团的品牌微博营销矩阵有 Jo Malone（祖·玛珑）、Clinique（倩碧）、LAMER（海蓝之谜）等。

2）按地域进行建设

按地域进行建设的方法常用于银行、网站、团购行业，便于企业进行区域化管理。例如，苏宁易购官方微博根据地域建设了陕西苏宁易购、四川苏宁易购、重庆苏宁易购等微博子账号。

3）按功能定位进行建设

根据微博账号功能的不同，可以建设不同的微博子账号以形成微博矩阵，如苏宁易购官方微博不仅根据地域建设了子账号，还根据功能建立了苏宁易购物流、苏宁客服中心、苏宁易购招聘等不同功能需求的子账号。

4）按业务需求进行建设

业务较多的企业可以直接根据业务需求建立微博矩阵。例如，腾讯公司为其主要服务建立了腾讯动漫、腾讯新闻、腾讯游戏等子账号，打造了覆盖面更加广泛的微博矩阵。

除了根据上述方法建立微博矩阵，一些企业还根据高管、领导职务建立微博矩阵，如小米公司以联合创始人、首席科学家、董事长、总裁等团队成员建立微博矩阵。

微博子账号和主账号共同组成了企业的微博矩阵,当需要进行营销时,企业可通过有影响力的主账号或某个子账号的互动与造势打造热度。

7.3.2 微博粉丝运营

在互联网时代,所有企业都在同一个大平台上竞争,大部分用户会选择比较知名或比较了解的品牌进行消费,粉丝成为新媒体运营的重点。

只有拥有足够多的粉丝,在微博上发布的内容才能快速地传播出去,吸引更多用户。微博账号要想拥有足够多的粉丝,不仅需要吸引新用户,还需要维护老用户,只有经过长期的积累,才能拥有越来越多的粉丝。特别是对于有质量的粉丝,更需要微博博主进行持续长久的运营。

1. 微博粉丝的获取

微博粉丝的获取与账号类型有关,不同的账号类型可采用不同的方法获取粉丝。下面以个人微博与企业微博为例对微博粉丝的获取进行介绍。

1)个人微博的粉丝获取

个人微博的粉丝获取很大程度上依赖网络上的社交关系,主要有以下5种方法。

(1)与同类人互粉。在微博上,存在很多拥有相同或相似爱好、对同一事物感兴趣的群体,群体中的用户会彼此吸引,交流互动,从而互相关注(即互粉)。因此,在创建微博前期,可以加入自己感兴趣的群体,如话题、超话、微博群等,踊跃发言,融入其中,与群体中的用户互相关注,再结合下述方法,进一步扩大微博的影响力,形成粉丝的自然增长。

(2)外部引流。外部引流是指将其他平台如豆瓣、知乎、抖音、百度知道、微信、QQ等已有的粉丝导入微博,甚至可以在出版物上注明个人微博账号,引导用户关注。外部引流是非常直接且快速的积累粉丝的方法,且用该方法积累的粉丝质量普遍比较高,所以要利用好各种平台资源,形成一个完整的传播矩阵。

(3)依靠微博内容增粉。依靠微博内容增粉是指通过发布有价值、有趣的内容吸引用户。依靠微博内容增粉也可以结合微博内容的运营技巧来进行,如利用热门话题、借势等。如图7-15所示为借助热门话题"西安千年银杏进入观赏期"发布的微博内容。

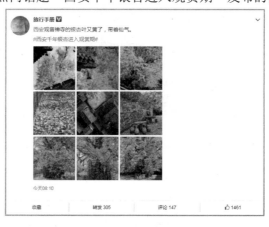

图7-15 借助热门话题发布的微博

（4）活动增粉。活动增粉是指通过举办一些有趣、有奖励的活动，吸引用户关注微博账号，传播微博内容。常见的活动形式包括关注+转发抽奖、关注+参与话题讨论、参与某某挑战等。图7-16所示为微博上常见的关注+转发抽奖活动，图7-17所示为OPPO的"全国防抖四级考试"活动。

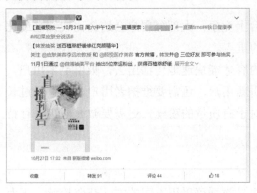 

图7-16　常见的关注+转发抽奖活动　　　　图7-17　OPPO的"全国防抖四级考试"活动

（5）合作互推增粉。如果微博账号的粉丝不够多，影响力就不够大，能够吸引的粉丝数量有限，此时，可以通过与其他同类型、相关类型的微博博主合作，联合各微博博主的影响力，扩大宣传范围。一般来说，应选择有影响力的微博合作，或者邀请网络"大V"互动，为合作双方带来利益。如图7-18所示为合作互推增粉示例。

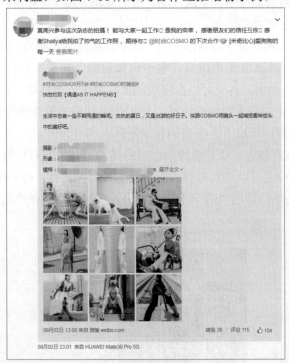

图7-18　合作互推增粉

2）企业微博的粉丝获取

企业官方微博不具备个人微博的网络社交优势，在创建之初主要利用内部人员和已有用户等资源形成第一批粉丝，再通过积累起来的影响力吸引新粉丝。

> **小思考**
> 你还记得自己创建微博一个月的时候有多少粉丝吗？现在你的微博又有多少粉丝呢？和身边的朋友讨论微博粉丝都是怎么获得的，看看对方有哪些方法是值得借鉴的。

（1）内部推荐。内部推荐是让企业内部员工关注企业微博，以及通过一些奖励措施激励员工发动人脉，增加企业微博粉丝。

（2）合作关注。合作关注是指企业与合作伙伴进行沟通，双方利用各自的资源互相宣传和关注。

（3）邀请已有用户关注。企业在官方网站或其他电子商务平台网站为用户提供服务时，可以给予一定利益，吸引购买产品的用户关注企业微博，以便更好地为用户提供服务和信息。

（4）对外宣传。对外宣传是指在公司网站、员工名片、各种印刷宣传品、媒体广告、行业展会，甚至在产品包装上添加官方微博的相关信息，邀请用户关注。

（5）开展活动。企业可设计微博活动，提供诱人的奖励，吸引微博用户转发和关注。

除以上方法外，企业官方微博也可以与有影响力的个人微博账号互动，以提高微博的曝光率。

2. 微博粉丝的维护

在获取粉丝后，微博运营人员还需要对粉丝进行维护，才能使微博运营得更长久，活跃度更高，粉丝的黏性更好，传播力更强。下面将从与粉丝互动和粉丝维护的注意事项两个方面进行介绍。

微课：微博粉丝的维护

1）与粉丝互动

与粉丝互动是提升微博活跃度非常重要的手段。粉丝越活跃的微博，其传播力和影响力越大，展示给其他微博用户的机会越多。在微博上与粉丝保持互动的方式主要有 4 种，分别是评论、转发、私信和提醒。

（1）评论。评论是指直接在微博内容下方发表看法或观点，可以供所有人查看。粉丝可以在微博内容下方发表自己的评论；微博博主则可以对时间早、内容精彩或有趣的粉丝评论进行点赞、回复，拉近与粉丝的距离，提高粉丝的积极性。

（2）转发。转发是指将他人的微博内容转发至自己的微博上。粉丝可以通过转发将自己喜欢的微博内容展示在微博中，微博博主可以通过转发将粉丝评论的内容展示在微博中。

（3）私信。私信是一种一对一的交流方式，讨论内容仅讨论双方可以查看。

（4）提醒。提醒是指通过@微博昵称的方式，提示用户关注某信息。微博博主可以对较有趣的提醒内容进行点赞、评论、转发，甚至私信。

微博博主除了与粉丝互动，还可以引导粉丝互动，如微博账号"微博搞笑排行榜"经常通过发布话题等方式引导粉丝进行互动，如图 7-19 所示。引导粉丝之间的互动可以调动粉丝的积极性，保持粉丝的活跃度，但由于粉丝的脾气、性格等各不相同，在发表看法时很容易发生争执，影响微博的氛围，此时微博博主不宜直接介入争执，否则可能会因处理不当造成粉丝流失。

> **小思考**
>
> 你关注过哪些微博博主？选5个你最喜欢的微博博主，说一说你关注他们且至今未取消关注的理由。想一想你曾取消关注过哪些微博博主，思考是什么原因导致你不再关注他们。

图 7-19 引导粉丝互动

2）粉丝维护的注意事项

在进行粉丝维护时，应注意以下4个方面的问题。

（1）刷屏。刷屏是指微博博主不断地发送微博内容。这些内容可能毫无意义，也可能是在不停重复同一主题。不管是什么形式、什么原因的刷屏，都有可能引发粉丝的反感，使粉丝取消关注。

（2）微博内容无价值。粉丝关注微博的一个原因是希望获得知识、快乐、资讯等。如果微博博主长期发送无价值的微博内容，也会造成粉丝的流失。

（3）频繁发广告。微博有一定影响力后，就会有商业价值。微博博主应适当地发布商业广告，否则会让粉丝产生厌烦心理，进而取消关注。

（4）与粉丝观点相反。粉丝关注微博的另一个原因是认为彼此理念、观点相合，若粉丝发现事实并非如此，就会产生排斥心理，从而取消关注。

7.3.3 微博数据运营

数据是指导一切工作的科学准则。企业微博运营也应该以数据为准绳，建立运营目标，并且用数据把控运营方向，保证运营效果。企业微博运营应该从粉丝数量、阅读量、互动量等维度进行数据分析，在微博 PC 端的"管理中心—数据服务—数据助手"里，提供了微博运营的详细数据，运营人员可以通过分析这些数据更好地运营微博。

1. 粉丝分析

企业微博运营首先应该关注的指标就是粉丝数据。

1）当前粉丝数

当前粉丝数是指截至目前的粉丝总数。此数据指标的意义在于统计粉丝现状及阶段性的粉丝增长情况。

2）粉丝增加总数

粉丝增加总数是指一个周期内新增的粉丝数量。增加总数越高，代表这个阶段内的增加粉丝效果越好。粉丝增加总数体现了微博内容的传播力度和对新用户的吸引程度。

企业要想实现粉丝的增加，可以通过话题曝光、粉丝转发、广告投放等方式增加曝光，从曝光中增加关注量。如果采用了曝光传播，却没有新增加粉丝，则说明微博内容没有吸引力，粉丝增长转化效果不佳。

3）粉丝减少总数

粉丝减少总数是指一个阶段内取消关注粉丝的数量，此数据指标反映了微博内容质量。如果粉丝持续减少，或某一阶段粉丝减少较多，则表明微博内容质量降低了，或微博进行了变动性运营，须马上调整。

比如企业通过一次转发有奖活动增加了大量粉丝，但在活动过后，粉丝持续减少，这表明用户对企业微博内容并不感兴趣，只是为参与抽奖才关注，因此需要考虑粉丝增长的精准性和微博内容的针对性。短期不精准的粉丝增长和没有优质内容的微博运营，都是不可持续的。

4）粉丝净增总数

粉丝净增总数是指一个阶段内净增长的粉丝数量，其代表微博持续增加粉丝的能力。此数据指标越高，表明微博增加粉丝的能力越强，运营效果越好；此数据指标为负，表明微博内容的黏性不足，取消关注的粉丝数量比新增的粉丝数量多。

在企业微博的运营中，要从粉丝增加、粉丝减少、粉丝净增3个维度综合判断微博粉丝的情况。例如，粉丝净增总数高，但粉丝减少总数也高，则表明微博虽然增加粉丝能力强，但内容黏性不足，新的增长有较大流失，需要通过提高微博内容质量提高粉丝的留存率。

粉丝是微博内容的风向标，"健康"的粉丝增长数据能反映微博内容的传播能力和质量。

2. 博文分析

微博后台数据会以阅读量趋势图和"转、评、赞"趋势图的形式显示每天的总阅读数和"转、评、赞"数据。

1）微博阅读趋势

阅读数可以理解为微博的曝光传播数据，阅读数越高，微博的曝光量就越高。

微博的阅读数一般由关注者基数决定，关注者基数越大，微博的阅读数就越高。除关注者基数外，"转、评、赞"数据和微博本身的话题也对阅读数有影响，如果是热门话题，则阅读数会较高。

微博阅读趋势体现的是当天微博的阅读数据，在微博个人主页的每条微博下方还会显示这条微博的阅读数。因此，微博数据既能统计微博的整体阅读量，又能体现每一条微博的阅读量，其能从整体和局部两个角度进行数据分析。

2）微博转发、评论和点赞

一条微博发布后，用户可以对这条微博进行转发、评论和点赞，"转、评、赞"是一条微博内容质量的风向标。转发量越高，表明用户对这条微博的传播意愿越强。评论则表明用户的参与意愿和互动积极性，评论数越多，表明这条微博的话题性越高。点赞体现的是用户对这条微博的认可程度。

"转、评、赞"完成了微博的社交功能，用户可以通过"转、评、赞"表达或分享观点，参与话题互动。企业在运营微博时，要追求微博内容的"转、评、赞"数据。高"转、评、赞"既能体现微博内容的高质量，还能体现微博整体的关注者黏性。"转、评、赞"的互动数据也是微博运营的核心数据指标。

3. 互动分析

互动分析是指分析微博整体的互动情况，既包括自身微博的互动情况，又包括关注者互动及对外互动情况。微博作为一个社交平台，互动是其特色和属性，提高微博的互动性是提高微博运营水平的重要方式。

1）互动数

互动数是指微博内容、微博的评论和微博故事被互动的总数，是从微博内容互动性、评论互动性和微博故事3个维度统计的整体互动数据。互动数越高，表明微博的活跃度和互动性越好，也可以体现微博的高黏性。

2）近7天账号互动前10名

近7天账号互动前10名展示的是近7天和博主互动频率最高的10个账号，可以称这10个账号为"铁杆关注者"。在运营微博的过程中，可以通过给互动前10名奖励的方式回馈关注者的互动，或者发起前10名互动奖励活动提高微博互动数。

3）我的影响力

"我的影响力"是从活跃度、传播力和覆盖度3个维度统计的微博影响力。活跃度指发布微博的频率，发布微博越频繁，活跃度分值越高；传播力指微博内容的阅读量和互动情况，阅读量越高、转发互动越多，传播力越强；覆盖度指一条微博发布后的传播覆盖范围，关注者基数越大、影响力越广，则覆盖度越高。

4）我发出的评论

微博的互动是双向的。微博不仅鼓励运营者创作优质的内容进行传播和互动，也鼓励运营者自身多进行互动。运营微博不能只追求关注者与自己互动，运营者自身也应积极出击，主动与关注者互动，对关注者的评论和转发进行回复。保持频繁的双向互动，既能提高微博整体的互动率，又利于提高关注者的黏性。

▌课程思政

作为微博运营者，要更加主动地团结更多网络人士，发挥"防火墙""净化器"作用，自觉抵制网络谣言，共建网络文明，传递正能量，展现网络人士新作为、新形象，主动为党和政府分忧解难，共同维护网络空间的"碧水蓝天"。

从整体上来说，运营微博主要考量关注者、传播和互动3个维度的数据指标。三者是相辅相成、相互促进的。有了好的内容，就会有好的传播和关注者增长，进而带来互动量的增加。任何一方的短缺，都会造成另外两方数据的下降。运营企业微博时，应该以内容为基础，以互动为核心，通过创作优质内容和进行持续互动实现曝光传播和关注者增长，这是微博运营保持良性增长的必由之路。

7.3.4 微博内容运营

一般说来，企业官方微博通常发布的是企业的重大新闻活动、企业产品问题答疑解惑等内容。想要发布一条内容优质的微博没有那么容易。

1. 微博内容表现形式

在进行微博运营时，可根据不同的内容表现形式选取运营技巧，发布微博内容。下面分别对短微博、文章、话题3种表现形式进行介绍。

1）短微博

短微博是指可以直接通过微博首页文字输入框发布的内容。短微博一般比较随意，不要求特定的内容与格式，可以是百字以内的随笔感悟，也可以是上千字的整理归纳等。如果希望短微博被关注和传播，则应选择能吸引用户注意力的、引起用户共鸣的、有趣的、有创意的或真实的内容。

2）文章

文章即头条文章，是微博中的长文产品，包括封面图、标题、导语、正文内容等元素，适用于短微博无法表述清晰或内容完整可独立成篇的情况。头条文章能获得更多的推广，容易被更多用户看到，形成二次传播，因此能产生较大的影响力，提高文章的阅读数和互动量。

3）话题

话题指微博中围绕一个主题展开的讨论，一般以"#XX#"的形式出现，是微博运营的一大利器。微博话题的内容应与微博主要内容保持一致，要能够引起用户的注意，让用户主动参与话题，提升话题的热度，扩大话题的覆盖范围。在微博中，任何用户都可以发布话题，微博话题人气足够高时，还可以升级为超级话题，形成更广泛的传播，更有利于产品或品牌的推广。如图7-20所示为以话题为表现形式的微博内容。

图7-20 微博话题

> **小常识**
>
> 用户可以申请微博话题的主持人，当成为主持人后，就可以拥有话题的管理权限，可以对话题的基本信息、模块、内容、管理员进行管理。

2. 微博内容规划技巧

下面介绍微博内容规划的几个技巧。

1）注重实用性

求真务实和负责任的态度是任何一家企业都应该重视和强调的，因而，运营人员在发布微博时可以从实用性角度出发，向用户提供有价值的、实际应用性较强的内容，从而在粉丝群中产生高认可度和信任感。如图7-21所示为同仁堂健康官博发布的普及知识，内容具有较强的实用性。

2）富有趣味性

在互联网时代，越来越多现代人的生活时间被网络占据，用户刷微博更多是为了放松和娱乐，因而，运营人员应当站在用户的心理需求角度，发布一些有料、有趣的博文，向粉丝传递企业亲和力形象。如图7-22所示为美的空调官方微博发布的博文，内容富有趣味性。

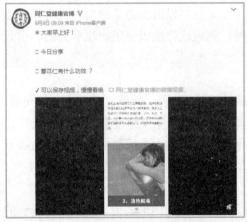

图7-21　同仁堂健康官博发布的博文　　　　图7-22　美的空调官方微博发布的博文

3）追求独特性

在人人追求个性化的时代，用户不再满足于大众化的标准产品，私人定制式的需求在网络世界变得更加强烈。企业的微博营销正是顺应了用户市场新的发展方向，改变了过去单一的营销理念，以奇制胜，吸引消费者的关注。具体而言，即企业微博发布的博文要新颖独特、富有创意。如图7-23所示为可口可乐官方微博发布的博文，可谓以轻松幽默的方式发布企业广告的典范。

4）讲究故事性

有故事才会有情怀，有情怀才会有品牌。用户认可企业品牌是每一家企业都渴望的事情，真正能够打动用户的更多的是有人文情怀的故事。因此，企业一定要用好微博这个平台，发挥其窗口的效用，讲好企业故事。例如，联合利华中国官方微博曾经发布了一条关于该企业举办四川洪雅县支教活动的博文，以关注山区教育的公益之心彰显企业情怀。

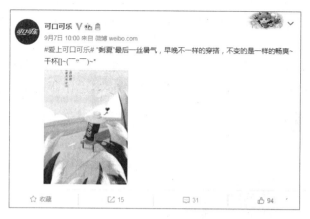

图 7-23　可口可乐官方微博发布的博文

当然，上述只是对企业微博内容规划方面的引导，在实际工作中还需要综合考虑多方面的影响因素，整合协调，才能写出内容优质的好微博。

撰写微博时还需注意以下几个细节。

（1）未经企业核实的信息内容不得发布。

（2）涉及政治、宗教等敏感性话题，或存在争议的内容不能发布。

（3）容易产生社会争议，或违背社会主义核心价值观的内容不能发布。

（4）出于个人情绪的报复性内容不能发布。

（5）对于同行业竞争对手的贬低或批评的内容不能发布。

（6）过于冷淡、没有感情色彩的内容不能发布。

3. 微博内容写作方法

为保证微博内容的吸引力，运营人员应掌握一些写作方法，以提升微博账号的影响力，打造品牌效应。下面将从微博的不同表现形式对微博内容的写作方法进行讲解。

1）短微博

短微博按内容可分为纯文字短微博和图文结合短微博，下面分别介绍其写作方法。

（1）纯文字短微博。在纯文字短微博中，有价值的、发人深省的、容易让人产生认同感的、有趣的、有名的、有创意的、真实的内容更容易受到用户的欢迎，从而能够获得较多评论和转发。因此，想要利用纯文字短微博吸引用户的注意力，需要从用户的爱好和需求出发，结合故事、上新预告、寻求共鸣、话题讨论、购物分享、第三方反馈等进行展现。图 7-24 所示为纯文字短微博示例。

图 7-24　纯文字短微博

（2）图文结合短微博。与纯文字短微博相比，图文结合短微博更加符合当代人的阅读特性。一般来说，图文结合短微博包括单图、多图（最多 9 张）和拼图（最多拼 9 张）3 种形式，其图片可以是长图，也可以是动图。

在图文结合短微博中，图片要与文字内容相匹配，可用作补充微博内容，或强调、说明微博文案。图 7-25 所示的微博搭配了一张对微博内容进行补充说明的图片。

图 7-25　图片补充微博内容

除了为微博文案服务，图片还可以是微博文案的主体，因为图片的表现能力更强，视觉效果也更佳。大多数文案类图片只包含关键文案，其句子简练、可读性强，其中以对偶句式最为常见。在为短微博配图时，可使用漫画、壁纸、美景、人物等类型的图片将主题简洁地表达出来，再结合幽默、夸张等元素给用户留下充分的想象空间，引起用户的情感共鸣，加深图片在用户心中的印象。图 7-26 所示为文案式配图。

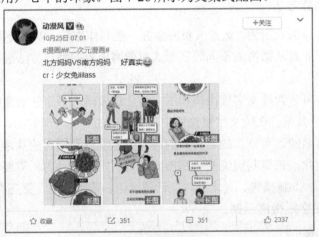

图 7-26　文案式配图

微博图片要与微博内容互相呼应，图片、内容都应该贴近用户，尽量简单、浅显，在不表达太多信息的基础上，搭配合理的背景和色彩，突出图片主题；也可以结合一些网络热点进行合理扩展。例如，喜茶发布的活动微博将其热门产品波波冰与微博文案"大楼"相结合，以与奶茶颜色同一色系的浅色为背景，既能体现微博内容的主题，又能激起消费者的购买欲望，如图 7-27 所示。

图 7-27 喜茶宣传图片

2）文章

文章的篇幅较长，包含的元素较多，其标题和摘要、正文内容、表达风格、排版设计等都会影响文章的阅读量。

（1）标题和摘要。头条文章的标题和摘要是直接显示在微博中的，用户第一眼就可以看见，只有标题和摘要能引起用户的兴趣，才能促使用户点开文章阅读正文内容，因此标题和摘要应该将文章提供的价值直截了当地表达出来，让用户可以快速做出是否阅读文章的决定。

（2）正文内容。正文内容必须是有价值的内容，且要与标题相呼应，不能使用户产生被标题欺骗的感觉。

（3）表达风格。表达风格与微博博主的个人写作风格有关，应该与用户的特点相呼应，可根据目标用户的喜好来调整。

（4）排版设计。排版质量关系到用户的阅读体验，一般应选择适中的字号，将标题、重要句子和词语等加粗显示，以突出重点；也可以添加一些图片、表情等，使版面更美观，提升用户阅读体验。

3）话题

话题可以是运营人员自己发布的，也可以是已有的热门话题。话题的写作可以利用微博的话题功能，也可以利用有热度、有讨论度、容易引发用户共鸣、激起用户表达欲望的信息。话题的发布方法也十分简单，只需在微博首页单击"#话题"按钮，在打开的下拉列表中选择"插入话题"选项，并在文本框中输入话题即可，如图 7-28 所示。

图 7-28 发布话题

话题写作的关键是话题的选择，选择的话题有热度，输出的微博内容有深度，在运营微博时可以达到事半功倍的效果。一般来说，实时热点和微博热搜榜、微博话题榜中的内容都适合作为话题的切入点。如果没有合适的话题，还可以围绕企业主推关键词、活动或品牌创建话题。

> **小常识**
>
> 在设置话题促进粉丝互动时，通常需要遵循几个基本原则：首先，话题必须有话题感，最好与用户的生活相关度较高，以充分引起用户的兴趣；其次，话题最好比较简单，便于用户快速回答；最后，话题不要与已有话题重复。

热门话题是具有庞大阅读量与讨论量且发展方向时刻受人关注的话题。运营人员可在微博话题榜中查看热门话题的实时排行，选取最容易与自己的产品或服务相结合的热门话题，点击话题名称进入话题页面，然后写一段与话题相关性较高的内容并带上该话题，就可以使话题本身的用户群体加入讨论与互动，增大信息的传播力度。

话题与微博一样，需要进行维护，以调动话题粉丝的活跃性，使用户积极参与话题讨论，提升话题的热度。在有条件的情况下，可以联合知名微博博主，借助其热度提升话题热度。

案例 7-3

@成都发布——10 周年活动，助力城市品牌宣传

7.4　微博营销活动的策划与推广

微博营销活动为微博日常运营内容，新浪微博针对目标用户专门推出了营销推广的服务活动中心。

7.4.1　微博营销活动的策划

用户类型不同，微博服务活动中心提供的活动形式也不相同。其中，企业账户（也叫蓝 V）可发起的活动包括有奖转发、有奖征集、免费试用、预约抢购、限时抢、预约报名 6 种形式；而个人账户（也叫橙 V）可发起的活动只有有奖转发和限时抢两种形式。这里主要以企业微博为介绍对象，讲解营销活动的相关知识。

1. 有奖转发

有奖转发活动形式以企业官方微博发布的博文为主，通常会设置诱人的奖品刺激和吸

引粉丝转发该微博所提示的活动。该活动形式主要适用于刚开通官方微博的企业，其急需告知广大网民和吸引更多用户的关注；很多企业在新品发布时期，需要加大宣传力度时也会采用这种活动形式；对于已经有大量粉丝的企业微博，为了与粉丝互动，会定期举办有奖转发活动。如图 7-29 所示为北京四季酒店官方微博在中秋节来临之际发布的有奖转发活动博文。

图 7-29　有奖转发活动

2. 有奖征集

有奖征集活动是通过微博就某一问题向广大网民征集解决方案或征集创意等，常见的有奖征集活动有征集广告语、段子、祝福语及创意想法等，设置奖品有助于调动用户的积极性，吸引其参与活动。

有奖征集活动主要适用于企业征集广告语、广告口号及创意等。如图 7-30 所示为《新京报》官方微博发起的有奖征集活动博文。

图 7-30　有奖征集活动博文

3. 免费试用

免费试用活动是指企业通过微博发布广告促销信息，与传统广告不同的是，其产品是免费的，以此吸引目标用户积极参与活动。

这种活动主要用于企业发布新品开拓市场时，或者为了获取市场反馈，进行口碑营销时。如图 7-31 所示为豌豆思维官方微博发布的免费试听活动博文。

4. 预约抢购

预约抢购活动形式的火爆得益于小米公司的"饥饿营销"策略，小米公司在其新品发布期，通过各大网络平台对新品进行了高度的曝光宣传，然后以预约抢购的限量销售模式出售产品，所以该活动非常适合企业上新品或者开设新业务时采用，尤其适用于3C数码产品的预售。如图7-32所示为中兴手机官方微博发布的"中兴A20"预约抢购活动博文。

图7-31　免费试听活动博文　　　　　图7-32　预约抢购活动博文

5. 限时抢

限时抢活动是指企业在指定的活动时间内发起的游戏活动，该活动支持的形式有幸运转盘和一键参与两种。活动以随机的方式抽选出获奖者，一般来说，奖品设置比较丰厚，会有不同等级的奖励，用户参与即可抽奖，以此吸引用户参与活动。

该活动形式适用于电商行业及O2O企业举办营销活动。如图7-33所示为春秋航空官方微博发布的"宠粉盲盒"限时抢活动博文。

图7-33　限时抢活动博文

6. 预约报名

预约报名活动与预约抢购活动模式相似，也是提前邀请粉丝参与企业开设的最新服务或者业务，常见的预约报名活动有试驾、试吃活动等。该活动形式更适合于服务性行业或者开展O2O业务的企业。如图7-34所示为景德镇古窑官方微博发布的开窑活动的预约报名活动博文。

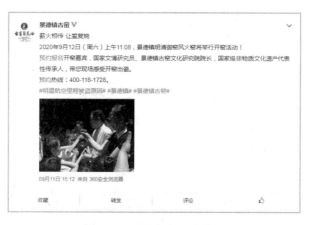

图 7-34 预约报名活动博文

在运营企业微博的过程中，营销人员可以根据营销活动的实际需求灵活选择活动形式。当然，企业在发起活动时需要遵循新浪微博制定的活动规则。

7.4.2 微博营销活动的推广

有微博运营经验的人都知道，单一的渠道推广通常很难吸引更多粉丝，也不利于企业品牌的曝光和产品转化，因而在运营过程中还需要借助其他渠道推广，以更加多元化的策略展开微博营销活动。目前，以微博平台为主的推广渠道有群发私信、微博粉丝通、微任务、热门话题、广告等几种形式。

> **小常识**
>
> 新浪微博制定的创建活动的基本流程分为两步：设置活动内容和提交审核。如果审核通过，活动会按照企业设置的上线日期自动上线；如果审核未通过，审核方会以私信的方式告知企业方，企业方修改后可重新提交审核。活动审核时间一般在24小时以内，运营人员可在"管理活动"中查看审核状态。

1. 粉丝服务平台——群发私信

群发私信是微博用户（主要指认证用户）与其订阅用户（粉丝）进行互动沟通、传达信息的一种有效方式，通过这种方式，微博用户可以直接将想要发送的信息快速发送给其订阅用户（粉丝），让他们了解微博活动内容，从而引导订阅用户（粉丝）积极参与活动。

粉丝服务平台是帮助微博认证用户为其粉丝提供精彩内容和互动服务的平台。粉丝服务平台下有群发、自动回复、自定义菜单、素材管理、开发者中心等功能。登录微博后，进入"个人主页"—"管理中心"，在导航栏中单击"粉丝服务"进入粉丝服务平台，如图7-35所示。群发私信属于粉丝服务平台下的附属功能，每天只能发送一次。目前群发私信功能支持发送文字、图片、语音等多种形式的信息。

2. 微博粉丝通

微博粉丝通是基于微博平台的海量用户，将广告信息直接推送给粉丝和潜在用户的一项广告投放服务。广告主可以根据用户属性和社交关系将信息精准地投放给目标人群，从而使广告营销更加有效。此外，微博粉丝通也具有普通微博的全部功能，如转发、评论、收藏、点赞等，可实现广告的二次传播，从而大幅提高广告转化率。

图 7-35　新浪微博粉丝服务平台

小常识

粉丝通的计价方式有 CPE 和 CPM 两种。CPE 方式按照用户的互动行为收取费用，互动标准为转发、单击链接、加关注、收藏，但不包括评论，最低价格为互动 1 次 0.5 元；CPM 方式按照千次展示收费，最低价格为 1000 人次 5 元。

企业在选择粉丝通付费方式时，可根据实际需求灵活决定。如果对短期内曝光有比较高的要求，同时对用户群的精准度要求较高，可以优先选择 CPM 方式。如果要进行长期推广，对曝光又没有严格要求，可以优先选择 CPE 方式。

粉丝通推广功能需要用户自助申请开通。用户可以通过微博广告中心完成自助申请，平台一般在 3 个工作日内完成审核，将结果以私信方式发送给用户。不过，并不是所有行业都可以开通粉丝通服务，目前限制推广的行业有医疗医药行业、金融行业、招商行业及美容行业等。

企业在利用微博粉丝通推广信息时需按照相应的流程，根据粉丝通平台的规则并结合企业营销目的，按照实际情况灵活地选择和设置投放条件。想要取得好的投放效果，还需注意一些投放技巧。

（1）微博创意一定要新颖出众。通常来说，一个优秀的微博广告创意可以从文案、配图、着陆页 3 方面进行考虑，即出众的文案配上精美的图片，还要有好的着陆页面。

（2）设置人群定向时，需要优先考虑性别、年龄、地域等人口学属性。此外，还可以选择指定账号相似粉丝和兴趣图谱来设置。

（3）设置出价时，建议新用户使用 CPM 方式。它可以让广告创意获得高曝光率，企业可通过数据反馈调整出价、创意和人群定向。如果开始选择 CPE，一旦互动率低或者出价低就可能无法曝光，也就没有足够的数据来分析和计划，无法指导接下来的广告投放。

（4）投放时注意区别手机用户和网页用户，在写文案、设置人群定向和出价的时候需要加以区分。

（5）评论是客服的阵地，用户在评论区留言之后，企业要在第一时间给予回复，引导并留住潜在用户。

3. 微任务

微任务也属于微博推广的重要渠道之一，目前支持个人用户、企业用户、自媒体账号3种类型。活动的形式为用户主体先在微任务上发布推广任务，再由自媒体账号承接用户发布的任务，帮其进行推广。自媒体在完成推广任务后，用户需向自媒体支付一定数额的佣金。微任务的活动类型有直通车推广和阅读加推广两种。

微任务对参与活动的用户的要求较低，企业认证用户无须经过审核，获得授权后即可进入微任务平台发布推广任务。不过，对于第一次进入微任务进行推广的用户，首次推广需要交一定数额的推广费。

企业发布微任务同样需要遵循相应的流程，但即使发布流程无误，也存在审核不通过的情况。审核不通过的原因通常包括以下几种。

（1）任务内容中含违禁词汇、违反国家相关法律法规的内容，所以不要在微博内容中使用违规词语。

（2）所推广的商品涉及广告法禁止的广告宣传商品（包括药品、保健品、减肥药、烟草等），不能在微博中推广类似的商品。

（3）所推广的待售商品未获得销售授权。

（4）涉及违反新浪微博运营规则的推广内容，如买卖粉丝、虚假粉丝等。

（5）在推广微博的链接中植入了第三方平台的统计代码。

（6）微博链接指向的网站含有非法内容、恶意弹窗等。

4. 热门话题/热门微博

热门话题和热门微博是新浪微博对微博平台上特定时段内活跃程度较高的微博和话题的客观反映，也被网民认为是网络热点的风向标，网民通过榜单可以对粉丝关注的兴趣和话题进行实时聚焦。如图7-36所示为微博热搜榜。

课程思政

> 社会文化与微博营销具有密切的联系，好的微博营销创意要体现出丰富的社会文化观念；通过社会文化意义的推动作用，微博营销会获得更加突出的推广效果。

图7-36 新浪微博热搜榜

热门话题和热门微博的活跃度较高，用户参与性较强，所以可以帮助企业在短时间内获得高曝光率,迅速地将企业广告内容以裂变方式传播出去,进而实现企业营销的目的。此外,借助热门话题和热门微博进行推广的成本较低,可以为企业省去高额的广告费用。因此,热门话题和热门微博营销备受青睐。

5. 广告

除了上述几种微博营销推广方式,还有一种方式在企业微博营销过程中也很常见,即新浪广告。2013 年,新浪推出"推广信息流"广告系统,即在用户信息流中插播推广信息,在信息上方用灰色字体注明"广告"字样,并画出一条分割线。如图 7-37 所示为新浪微博话题页面广告。

图 7-37　微博话题页面广告

> **小常识**
>
> 　　对于企业而言,微博运营最主要的作用就是品牌传播和用户服务,因此活跃于微博且能取得不错效果的企业,通常是生活服务行业的企业、从事电子商务的企业和销售范围比较广的企业。
>
> 　　(1)生产经营生活需求品的企业。这类企业多从事服装、食品、日化用品、家居母婴用品、化妆品、珠宝首饰、文体书籍、家电数码、保健品、游戏娱乐等生活中使用频率比较高的、面向个人消费的商品的生产经营,如三只松鼠、花西子等。
>
> 　　(2)从事本地消费品生产的企业。这类企业能够生产通过团购网进行销售的商品,如餐饮、医院等,包括一些全国连锁企业。
>
> 　　(3)需要进行品牌推广的企业。这类企业利用微博并不是为了提高销量,而是借助微博进行品牌推广和社会服务,如一些社会机构、公益组织、高校和政府机关等。

案例 7-4

三八节成疫后营销第一战,自然堂如何通过微博营销脱颖而出?

技能实训

【实训题目】

微博营销与运营。

【实训目标】

(1) 能够通过教师讲解、案例讨论掌握相应知识点。
(2) 能够初步认知微博营销。
(3) 能够形成初步的独立思考能力。
(4) 能够培养初步的自主学习能力。

【实训内容与要求】

(1) 由教师介绍实训的目的、方式、要求，调动学生参加实训的积极性。
(2) 由教师布置模拟实训题目，题目如下：
发布宠物类短微博、话题和文章。
要求如下：
① 结合@功能，发布一条宠物类短微博并配图。
② 发布一条宠物类话题。
③ 借势当前热门事件，写一篇宠物科普类文章。
(3) 由教师介绍微博营销与运营的相关案例及讨论的话题。
(4) 所有同学相互评议，教师点评、总结。

【实训成果与检测】

1. 成果要求

(1) 提交案例讨论记录：教学分组按 3~5 名学生一组，设组长 1 人、记录员 1 人，每组必须有小组讨论、工作分工的详细记录，以作为考核成绩的依据。
(2) 能够在规定的时间内完成相关的讨论，学习团队合作方式，撰写文字小结。

2. 评价标准

(1) 上课时积极与老师配合，积极思考、发言。
(2) 认真阅读案例，积极参加小组讨论，分析问题思路较宽。案例分析基本完整，能结合所学理论知识解答问题。
(3) 团队配合较好，积极参与小组活动，分工合作较好。

思考与练习

1. 名词解释

(1) 微博。
(2) 微博营销。

（3）微博营销定位。

（4）微博矩阵。

（5）政务微博。

2. 简答题

（1）简述微博定位的类型。

（2）简述企业微博营销活动的类型。

（3）简述微博营销的常用策略。

（4）简述微博内容规划技巧。

（5）请说明微博粉丝维护的注意事项。

第 8 章

其他新媒体营销与运营

【学习目标】

（1）初步认识知乎，并掌握知乎的特点；
（2）了解知乎账号的基本设置；
（3）掌握知乎营销的定位及运营方法；
（4）初步认识头条号，并掌握头条号的特点；
（5）了解头条号账号的基本设置；
（6）掌握头条号营销的定位及运营方法。

【思维导图】

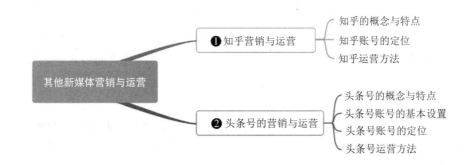

【导入案例】

知乎×特仑苏："知识营销"打造的刷"瓶"案例

由知乎与特仑苏联手打造的"知识营销"作品——自然的语言，获得了MMA（Mobile Marketing Association，无线营销联盟）的认可，荣获"MMA 无线营销大奖·移动营销策略提名奖"。而这一动态也让我们不得不开始重新审视"知识营销"的潜能。

娱乐化营销的优势在于能够在短时间内为品牌产品提供大量的曝光以及随之而来的庞大用户流量。但缺点也显而易见，在短暂的"狂欢"后，能够在消费者心目中建立清晰认知，形成长久影响的产品寥寥无几。究其原因在于品牌信息难以与娱乐化营销内容相契合，吸引消费者的往往不是品牌产品，而是娱乐化营销下的碎片化内容，本末倒置。同为快消品的特仑苏，在高端乳品市场同样面临着普遍的同质化问题。时值特仑苏产品升级节点，如何以有突破性的媒体创新手段强化产品概念，从而占据消费者心智，成为特仑苏所面临的抉择与挑战。而这一次，特仑苏选择了"知识营销"，与知识社交平台知乎展开了一场别开生面的跨界合作。知乎与特仑苏用全面覆盖线上线下，又环环相扣的"三级跳"式传播，验证了知乎上"知识营销"的力量。

第一阶段，唤醒用户的好奇心和求知欲，影响种子用户。特仑苏与知乎携手挖掘了知乎站内54个趣味十足的自然科学知识，并以原生广告的形式投放到知乎站内。以优质的自然科学知识内容，吸引并赢得知乎用户的信任，将其转化为品牌种子用户，将内容进一步扩散到全网范围。

第二阶段，对产品进行"知识包装"，让每一瓶特仑苏都承载一个"自然科学知识"。在线上通过知乎积累了大量自然科学知识内容，在初步建立自然科学知识与特仑苏的绑定关联后，特仑苏将线下产品包装全面升级，将54个自然科学问题和知识二维码印刷在特仑苏有机纯牛奶全新版产品包装上。在用"扫码获知识"的方式强化用户交互体验的同时，进一步把用户的互动体验从线下转移到线上知乎的相关内容讨论中，积累更多用户的互动评论反馈，转化为品牌内容资产的一部分，成为品牌产品的强背书。

第三阶段，进军知乎机构号，搭建长期用户沟通平台。在积累了一定的品牌内容资产与品牌种子用户后，特仑苏通过入驻知乎机构号，进一步与知乎用户展开更多且长期的沟通交流。以问答、文章等知乎用户熟悉而习惯的方式，继续以自然科学知识内容与用户保持亲密度，从而长期培养、渗透知乎上潜在的特仑苏消费者。

特仑苏之所以能得到知乎用户的热情参与，与其深耕自然科学知识内容离不开。强调"专业、认真、友善"的知乎，所孕育的知乎用户更崇尚有价值深度的内容。特仑苏投其所好，利用趣味性强的自然科学知识，兼备专业深度和趣味可读性，让特仑苏的营销内容成为提升用户体验的知乎优质内容，潜移默化地提升用户对品牌产品的认知，用知识的力量，将知乎用户与特仑苏紧密连接起来。这场别具一格的"知识营销"盛宴，也使特仑苏和知乎赢得了从行业到市场的认可。

资料来源：知乎×特仑苏："知识营销"打造的刷"瓶"案例[EB/OL].（2017-08-28）.https://www.sohu.com/a/167775387_578228.有改动.

➥ **辩证思考**：分析以上内容，讨论并思考为什么特仑苏会选择知乎。

分析提示：运用知识营销的方式，知乎与特仑苏携手完成了一次跨界营销盛宴。在这个过程中，知乎充当的不仅仅是拥有大量用户流量的媒介角色。知乎平台自身专业认真的UGC内容为品牌产品提供了强信任背书；特仑苏高端乳品的目标消费者群体与知乎上的"高净值"用户吻合，大量潜在的消费者在知乎有待开发；成功培育成"品牌种子"的知乎用户，不仅仅是消费者，更是品牌产品在传播过程中最具说服力的传播者，乐于分享且善于创作UGC内容的知乎用户为特仑苏积累了一大笔宝贵的品牌内容资产。

8.1 知乎营销与运营

如今新媒体盛行,各行各业都在绞尽脑汁利用新媒体提升流量。知乎平台用户黏性极强,因此可以通过知乎营销与运营扩大品牌影响力,吸进"精准粉"。

8.1.1 知乎的概念与特点

知乎的出现弥补了在互联网中对相关领域缺乏深入探讨的空白,解决了相对高质量用户之间平等对话的障碍问题。

1. 知乎的概念

知乎是一个中文互联网高质量的问答社区和创作者聚集的原创内容平台,于2011年1月正式上线,以"让人们更好地分享知识、经验和见解,找到自己的解答"为品牌使命。

知乎凭借认真、专业、友善的社区氛围,独特的产品机制以及结构化和易获得的优质内容,聚集了中文互联网科技、商业、影视、时尚、文化领域最具创造力的人群,已成为综合性、全品类、在诸多领域具有关键影响力的知识分享社区和创作者聚集的原创内容平台,建立了以社区驱动的内容变现商业模式。

> **小常识**
>
> 知乎,首先会让我们联想到"孔子曰:'知之为知之'。""知乎"一词就是从文言文中提炼出来的。顾名思义,知乎所代表的是社会网络性质的问答。所谓社会网络性质,就是探讨一些关于社会中发生的种种事件,或社会新闻、社会动态等,总而言之,关于社会的一切问题都可以查询并且提问、解答。

2. 知乎的特点

知乎以问答业务为基础,经过十多年的发展,已经成为综合性内容平台,覆盖"问答"社区、全新会员服务体系"盐选会员"、机构号、热榜等一系列产品和服务,并建立了包括图文、音频、视频在内的多元媒介形式,其主要特点包括以下几个。

微课:知乎的特点

1)用户自主生产内容

知乎作为社会化问答社区,其内容全部由用户自己生产,社区管理人员不参与任何提问或回答,也不提供专业人员问答服务。所有用户均可以就自己感兴趣的问题进行提问和解答,用户承担了传播者和受众的双重角色,他们可以通过对答案表示赞同或进行评论等多种形式参与其中。社会化问答社区以问答质量高而闻名,这决定了社会化问答社区门槛较高,在用户的进入方面具有较高的标准,这种高标准有助于提高社区内容的权威性和专业性。

> **小常识**
>
> 社会化问答社区又称社交问答社区，它介于百科和全功能性问答社区之间，用户可以通过关注话题、问题、答案及其他用户等途径找到感兴趣的优质内容。它超越了以往问答社区的单一模式，社交功能更加突出，目的是形成有黏度的社交网络。

2）包容性强

与百科和全功能型问答社区相比，知乎的讨论氛围更加浓厚。百科类的问答社区能够提供相对完整的定义，但不能提供更深层的核心内容，具有一定局限性。全功能型问答社区更偏重于从是非的角度回答问题，且提供的答案经过筛选，可能会忽略很多存在较高参考价值的答案，局限性也比较大。社会化问答社区中的用户可以对自己感兴趣的问题进行自由探讨，且所有用户可以看见所有问题的所有答案，具有较强的包容性。

3）社交因素突出

融入了社交关系的知乎社会化问答社区，是一个可以收集、分享众人智慧的社交平台。用户进入的高门槛，在一定程度上保证了社会化问答社区中用户的质量。第一批被邀请进入社会化问答社区的用户称为"种子用户"，他们是来自各行各业的精英，拥有行业内的资深经验和较高的专业水准，往往能产出高质量的答案。社会化问答社区中的用户可以通过关注某类话题、问题发现高质量的答案，关注给出此答案的用户，可以通过私信等方式与其进行交流，甚至建立线下的社交关系。

4）"马太效应"式传播

知乎话题种类繁多，为了使用户得到更优质的信息，必须建立信息筛选机制。针对每个回答，用户可以根据自己的判断进行"赞同"或"反对"投票，"赞同"数量多的答案排在前面。同时，"发现"页面的话题是经过人工筛选的热门话题或精选答案，这些话题会吸引更多用户的注意，导致热门话题越来越热，形成"马太效应"式传播。

5）信息的系统性与碎片化并存

知乎话题广场每个主话题下面会有多个子话题，话题基本能够覆盖当今社会各行各业的内容，这是知乎系统性的表现之一。此外，用户可以收藏自己感兴趣的问题、答案等，建立只属于自己的"收藏夹"。在"收藏夹"中，用户可以将收藏的内容进行分类，建立自己的知识系统。知乎用户登录后，在首页会看到所关注的用户、问题等的最新状态，但这些内容并没有进行分类，需要用户自己对这些碎片化的信息进行整理。同时，"发现"页面会推荐每天和每周最热门的内容，这些内容之间没有联系，内容碎片化特征明显。

6）强大的社交网络分享矩阵

知乎用户不仅可以将优质的内容分享给站内好友，还可以通过微信、新浪微博、QQ、印象笔记，甚至短信等方式将其推送到社交网络中。知乎通过对社交资源的整合，建立了强大的分享传播矩阵，使知乎的信息传播速度更快、传播范围更广。

8.1.2 知乎账号的定位

知乎是中文互联网最大的知识分享平台，以"知识连接一切"为愿景，让人们便捷地与世界分享知识、经验和见解。知乎汇聚了中文互联网上不同领域最具创造力的人群，用户通过知识建立信任和连接，找到感兴趣的高质量内容，发现并获得新机会。越来越多的品牌与机构纷纷加入知乎社区，与广大知友一起分享各自领域的相关知识，并参与站内互动。知乎已成为更多元化的知识平台。知乎账号要注意做垂直细分领域的定位，这样有助于在话题下的权重积累和推荐量增加。重点应从两个方面入手，一是人群定位，二是价值定位。

1. 知乎账号的人群定位

知乎账号运营和其他新媒体营销账号运营一样，注册完成后，需要进一步明确行业的选择、品类的选择、客户的画像、客户的分类、客户痛/痒点的洞察、产品的定位取舍、产品定价、服务体系设计、卖点的提炼、盈利模式设计、渠道建设、管理模式设计和营销模式设计等方面的内容。

所谓人群定位，是要明确产品或服务的对象，及时掌握他们经常在哪里出现，如何找到他们，如何跟他们连接。同时还要详细分析他们最喜欢什么，最在意什么，最渴望得到什么。

知乎的用户主体几乎都具有良好的教育背景，主要以青壮年人群为主，互联网从业者居多，男女均衡，高学历、高收入、高消费是知乎用户的三大特点。

2. 知乎账号的价值定位

价值问题，其实就是要账号运营者明白能够为用户提供什么创新价值。值得注意的是，想回答这个问题一定要站在客户的立场上思考，否则就会适得其反。创新价值主要体现在产品价值和服务价值上，产品价值是有产品线支撑的，而服务价值是企业的软实力支撑。

> **小讨论**
> 申请一个知乎账号，发布一个感兴趣的问题，再尝试回答一个自己知道答案的问题。

知乎上聚集了大量向往中产阶级生活的年轻人，他们关注财务自由、人格独立，常见提问方式有"如何优雅地××××""××××是怎样的一种体验"，身上有知识分子的理想主义特征，他们认为有品位、有态度、有深度的观点才符合其身份。期望与现实的落差促使他们产生强烈的求知欲，希望从各知友的犀利观点中获得自我提升的知识，他们需要通过获得"我在学习"的感受缓解现实焦虑。因此，在知乎这个话题广泛、内容繁杂的UGC社区中，用户需求主要分为内容消费、内容生产、社交三类。

1）内容消费

（1）搜索与关键词相关的深度内容。知乎是互联网深度内容的密集区，相当于一个深度版的搜索引擎。

（2）获取各领域的"入门指南"。资深人士分享的专业内容可作为初学者的入门资料。

（3）关注大V的动态。知乎催生了一批知识网红，评论区经常能见到粉丝抢占前排的现象。

（4）消遣娱乐。知友分享的奇闻轶事和抖机灵内容等具有极强的娱乐作用。

（5）获取达人推荐。从有经验的人那里获取经验和建议，延伸出一系列诸如导购、测评等的需求。

（6）获取关于时事热点的更多见解。热点事件的深度挖掘、内幕爆料、多角度分析都发生在知乎上。

2）内容生产

内容生产是为了满足用户的心理诉求，使其获取各种收益。

（1）满足心理诉求。满足心理诉求是为了释放表达的欲望，希望自己的想法能被他人了解并认可；获得成就感，成为意见领袖，被大众认同、追捧；实现自我价值，希望自己的观点能够改变他人、帮助他人。

课程思政

知乎营销倡导"寻根问底，真知造价值"。运营者可借助知乎平台，弘扬社会主义核心价值观，宣扬品牌文化、企业文化和中华民族传统文化，传播企业和社会的正能量，明是非，懂善恶，掌握先利国利民再利己的经营之道。

（2）获取各种收益。获取各种收益重点在于建立个人品牌，获取关注、吸引粉丝，从而通过知乎 live、推广等方式间接获利；以分享的形式进一步学习，最有效的学习方式就是教别人。另外，要注意自身版权保障，确保分享的内容不被抄袭。

3）社交

知乎社区为用户提供了绝佳的社交环境，用户在问答中交流想法、分享感受，每一个话题下都聚集着一群兴趣相近的人，很容易就遇到志同道合的人。

知乎的核心竞争力在于其打造了一套高效产生高质量内容的机制。在这套机制的作用下，知乎上聚集了一定规模的优质用户和内容，具备了知识平台的生态，影响力遍布中文互联网的各个角落。在精耕细作、注重服务质量的互联网下半场，知乎也因高质量的内容站稳了脚跟。

8.1.3 知乎运营方法

知乎使用时间偏碎片化，操作流程要求快速、便捷，侧重于满足一些耗时短、内容简单的需求，以下为知乎的具体运营方法。

1. 运营前期

（1）营造稀缺感。通过邀请机制控制用户数量，账号运营前期的用户非常少，每个受到邀请的人都非常自豪，让外围的人十分羡慕。这个做法维持了很久才真正开放普通注册的入口。

（2）营造氛围和体现价值。营造健康的氛围，建立高质量回答和高质量提问的"知识分子"圈子，让知友自觉遵循这样的规则。这也等于树立了高大的形象，可充分体现社区的价值。

（3）利用粉丝效应。邀请各领域名人入驻，通过他们自带粉丝的特性吸引大批用户加入，短期内用户增长数非常可观。

（4）定位。通过回答问题，可以体现知友的智慧并散发正能量，所以即使没有虚拟的积分或等级的限定，也能够调动知友的积极性，这一点归功于知乎本身的定位。

2. 运营后期

（1）约束和审核。随着用户的增加，问题和回答的质量变得难以控制。知乎顺势制定了约束和审核机制。也即每个回答的下方都有"举报"和"没有帮助"按钮，允许用户自行维护回答的质量和社区氛围。

（2）原创保护。社区内的内容爆发，导致一系列的抄袭问题。出于对回答者的知识保护和动力保护，知乎提供了"转载权限"选择功能。这个功能有利于知乎内容健康发展。

（3）分享机制。知乎每个问题和回答的下方都有"分享"按钮，符合基本的传播机制，有利于每一个问题和回答的影响力向外扩展，既实现了每一个回答的价值，也宣传了知乎，还有可能吸引新的用户。

（4）去中心化。每一个回答都关联回答者本身，会帮助回答者树立自己的形象，也就是每个回答者都可以成为新的大 V。

> **小常识**
>
> ISOOC 是社群五要素的缩写。社群运营和相关营销具有传播快、生态独有、针对性强、用户黏性高、实效性长、沟通顺畅、精准度高、品牌效应强、口碑可信度高等优点，因此借助知乎平台进行社群的搭建和运营，是新媒体团队必须掌握的能力。其中，为知乎社群建立起 ISOOC 五大构成元素可通过以下简单脉络进行：
>
> （1）找到同好——interest：寻找喜欢询问、回答某类问题的用户，关注并联络。
> （2）建立架构——structure：建立准入机制，提供交流平台。
> （3）持续输出——output：团体接单，通过软文写作、植入营销赚取收入。
> （4）规范管理——operation：计划、组织、引导、协作、激励、评价、反馈。
> （5）复制扩张——copy：模式复制，扩大社群规模。

案例 8-1

冬奥会开幕式后，张艺谋团队"盯"上了知乎

8.2 头条号的营销与运营

在移动互联网时代，新媒体发展迅速。其中，今日头条通过多种策略扩展阵地，如做好推荐引擎、开放头条号、打通与微博的联系等。更重要的是，在短视频方面，与抖音这一移动互联网流量洼地联合并最终崛起，成为一个"超级独角兽"。

8.2.1 头条号的概念与特点

头条号致力于打造一个良好的内容生态平台。基于移动端今日头条海量用户基数，通过强大的智能推荐算法，优质内容将获得更多曝光，而业界领先的消重保护机制，让原创者远离侵权烦恼，专注内容创作，借助头条广告和自营广告，让入驻媒体/自媒体的价值变现有更多可能。

1. 头条号的概念

今日头条是北京字节跳动科技有限公司开发的一款基于数据挖掘的推荐引擎产品，为用户推荐信息，提供连接人与信息的服务。头条号，又称为"今日头条媒体平台"，是今日头条推出的专业信息发布平台，其服务对象非常广泛，如个人、群媒体、新闻媒体、国家机构、企业等，都可以在头条号平台上找到自己的内容创作和推广的舞台。

> **小常识**
>
> 今日头条由张一鸣于 2012 年 3 月创建，2012 年 8 月发布了第一个版本。2016 年 9 月 20 日，今日头条宣布投资 10 亿元用于补贴短视频创作，之后独立孵化了 UGC 短视频平台火山小视频。2017 年 11 月 10 日，今日头条以 10 亿美元收购了北美音乐短视频社交平台 Musical.ly。

今日头条是一个典型的智慧媒体，基于个性化推荐引擎技术，根据每个用户的兴趣、位置等多个维度进行个性化推荐，推荐内容不仅包括狭义上的新闻，还包括音乐、电影、游戏、购物等资讯。它可根据用户的社交行为、阅读行为、地理位置、职业、年龄等挖掘出用户的其他兴趣。通过社交行为分析，5 秒计算出用户潜在的兴趣；通过用户行为分析，用户每次动作后，10 秒内更新用户模型。

2. 头条号的特点

头条号为今日头条提供优质原创内容，其特点包括以下几点。

1）智能推荐

头条号的推荐算法是主流内容平台里最智能的，遵循"旧闻查重——一级推荐反馈——二级推荐反馈——大量曝光"的内容推荐逻辑，以及多维度的内容评价数据体系，通过智能推荐引擎对优质内容进行精准分发，使其获得更多曝光。

2）原创保护

头条号十分注重原创和平台首发，从头条推出的千人万元计划、礼遇计划以及青云计划来看，足以说明：头条号注重原创的程度，内容发布者只要坚持输出原创、优质内容，就不用担心没有人阅读、关注，适合内容深耕。

8.2.2 头条号账号的基本设置

1. 账号注册

1）不同主体类型的选择

申请注册头条号需要经过审核。最初的账号审核相对严格，平台会视申请人的创作能力决定通过与否。自 2016 年 1 月 7 日起，平台放宽了入驻标准，现在每个人都可以拥有一个头条号。目前，头条号支持 6 种不同类型的主体注册账号，包括个人、企业、群媒体、国家机构、新闻媒体和其他组织。

（1）**个人**：主要是以个人身份入驻，适合垂直领域的专家、意见领袖、评论家及自媒体人士申请入驻。

（2）**企业**：公司、分支机构，以及企业相关品牌、产品和服务等能够申请入驻。

（3）**群媒体**：以内容生产为主要产出的机构能够申请入驻，如 36 氪、果壳网、Mtime 时光网等。

（4）**国家机构**：中央及全国各级各地行政机关、行政机关直属机构、党群机关、参照公务员法管理的事业单位能够申请入驻，如最高人民检察院、中国地震台网速报、上海发布、中国驻坦桑尼亚大使馆、平安广州等。

（5）**新闻媒体**：正规新闻媒体、报纸、杂志、广播电视等相关单位能够申请入驻，如新华社发布、时尚芭莎、《北京青年报》、《大河报》等。

（6）**其他组织**：各类公共场馆、公益机构、学校、公立医院、社团、民间组织等机构团体能够申请入驻，如石家庄市中乔养老院、天津市曲艺团等。目前不支持民营医院注册。

2）不同主体类型头条号的功能权限

部分创作履历不充足的申请人将被视为头条号"新手"。"新手"头条号的部分功能与一般头条号有所区别：发布内容频次上限为 1 篇/天；暂时无法申请开通头条广告、微信 RSS 同步、"原创"功能、"千人万元"计划等。但每个"新手"头条号都有转换为一般头条号的机会，以下为具体条件。

（1）每隔一段时间，平台将评估"新手"头条号所发布内容的数量、质量、违规处罚记录等数据，并结束部分账号的"新手期"。

（2）近 30 天内头条号指数超过 650 分，且"已推荐"文章超过 10 篇，可自助申请转为一般头条号。

目前需经历"新手"阶段的账号类型包括个人、群媒体、其他组织、企业。通过"新手期"，完成"转正"之后，不同类型的账号拥有不同的功能权限，如图 8-1 所示。

类型	个人	群媒体	新闻机构	国家机构	企业	其他组织
微信内容源同步功能	✓	✓	✓	✓	✓	✓
rss内容源同步功能	—	✓	✓	✓	✓	✓
头条广告	需申请	—	—	—	—	—
自营广告	需申请	需申请	需申请	需申请	—	—
原创功能	需申请	需申请	—	—	—	—
千人万元	需申请	—	—	—	—	—

图 8-1 头条号权限

3）注册头条号需准备的材料

根据申请注册头条号的类型的不同，申请者需提交不同的材料，如图 8-2 所示。

个人类型只需提交帐号头像、帐号名称、帐号介绍，即可完成注册。

企业	群媒体	新闻媒体	国家机构	其他组织
帐号头像	帐号头像	帐号头像	帐号头像	帐号头像
帐号名称	帐号名称	帐号名称	帐号名称	帐号名称
帐号介绍	帐号介绍	帐号介绍	帐号介绍	帐号介绍
运营者身份证姓名	运营者身份证姓名	运营者身份证姓名	运营者身份证姓名	运营者身份证姓名
运营者身份证号码	运营者身份证号码	运营者身份证号码	运营者身份证号码	运营者身份证号码
运营者完成实名认证	运营者完成实名认证	运营者完成实名认证	运营者完成实名认证	运营者完成实名认证
联系邮箱	联系邮箱	联系邮箱	联系邮箱	联系邮箱
企业名称	组织名称	组织名称	机构名称	组织名称
帐号申请确认书	帐号申请确认书	帐号申请确认书	入驻申请信息表	帐号申请确认书
营业执照/组织机构代码证	营业执照/组织机构代码证	营业执照/组织机构代码证		营业执照/组织机构代码证

图 8-2　注册头条号需准备的材料

4）注册头条号的基本步骤

登录头条号官网（https://mp.toutiao.com/login/），提交相关资料，通过审核后即可开通头条号。头条号登录方式有多种，包括手机号登录和第三方登录方式（QQ、微信、抖音），可选择任意一种方式进行注册。如是第一次登录，登录后则需按照提示完善账号注册信息，如图 8-3、图 8-4 所示。

图 8-3　头条号官网　　　　　　　　　图 8-4　注册头条号

5）头条号注册相关问题

（1）如何填写申请资料。

① 头条号用户名应为 2～10 个中文字符，建议使用中文名称。

② 头条号介绍应为 10～30 个字（25 个字以内最好），用于描述头条号的定位。要求完整通顺，不能含有联系方式或特殊字符。头条号介绍将会显示在头条号作者主页。

③ 头条号头像图片要求清晰度为 200 px×200 px，大小不超过 5 MB。

④ 在注册页面选择想要申请的媒体类型并提交相应资料，申请人需对材料真实性负责（详情请查看《头条号资料填写规范及审核标准》）。

⑤ 非个人账号确认书可以在账号申请后台自行下载并正确填写其中的各项内容，加盖公章后，扫描或拍照上传。确认书中的公章信息需与上传的营业执照或组织机构代码证、

页面填写的组织名称保持一致。

（2）如何修改头条号的类型和领域。申请账号前，应选择合适的账号类型进行注册，如果因账号类型和实际主体不符被退回，那么可按照原有方式登录，进入注册表单后，单击"上一步"按钮，重新选择账号类型进行注册，但账号注册成功之后，不支持修改媒体类型、领域。

（3）注册时提示身份证被占用怎么处理。出现该提示，说明该身份证号已经申请过头条号。平台规定，一个身份证号只能申请一个账号。无论账号申请成功与否，该身份证号将不能再用于申请。这时可以登录此前申请的账号，按照要求重新修改后提交申请。如果身份证号被他人冒用，可在登录后单击页面下方的"侵权投诉"按钮，选择"冒充他人/占用头条号名称"分类进行投诉。

（4）注册时提示该名字已存在怎么处理。每个头条号名称都是独一无二的，头条号名称已与今日头条用户名合并，若注册的头条号名称被今日头条用户占用，则该名称将无法注册，请修改名称后重新注册。若名称已注册商标，则可登录 https://mp.toutiao.com/complain/ 申诉取回名称。

（5）什么是永久拒绝注册申请。每个申请者有3次申请机会，申请超过3次均未按要求填写或提交资料的，平台将不再接受该账号的注册申请，且有可能会永久拒绝。申请者出现以下违规行为，一经发现，也将被永久拒绝申请注册。

① 涉嫌伪造或买卖身份信息的。
② 涉嫌批量注册头条号，有养号违规行为的。
③ 无法证明辅助材料中的第三方平台账号为本人所有的。
④ 涉嫌提供虚假资质证明的。
⑤ 微商、网络 SEO 等以营销推广为目的的。
⑥ 入驻时未提供健康、财经类专业资格证明，但发布了健康、财经类内容，被平台退回要求补充资质的头条号，再次提交入驻申请时未上传健康、财经类资质的。
⑦ 有其他违反平台运营规范的行为的。

（6）申请审核时间是多长。提交入驻资料后，头条号平台会在5个工作日内进行审核，可关注头条号平台的系统通知来了解审核结果。一般情况下，工作日为每周一至周五，不包括周六日及国家法定节假日，节假日期间审核期可能会延长。

> **小常识**
>
> 2018年11月16日，今日头条认证用户"头条号管理员"发文称，根据《互联网用户公众账号信息服务管理规定》第七条："互联网用户公众账号信息服务提供者应当对同一主体在同一平台注册公众账号的数量合理设定上限"，为贯彻相关法律法规，规范网络传播秩序，在互联网内容信息主管部门的指导下，头条号平台切实履行企业主体责任，进一步加强账号管理。即日起，头条号注册将做以下调整：
> （1）个人主体注册头条号数量上限由2个调整为1个；
> （2）企业主体注册头条号数量上限由5个调整为2个。

2. 内容管理

1）后台设置的内容格式无法在今日头条 App 显示的原因

文章发表通过后是需要与手机端 App 进行适配的，为了保证用户阅读体验的一致性，部分内容格式在今日头条客户端中会被自动清除。

2）自主选择文章的封面图片

发表文章时可以自主选择封面图片，后台提供自动、单图、三图 3 种封面图片模式。

3）头条号支持的图片和视频格式及大小

支持绝大多数图片格式，单张图片最大支持 5 MB；支持绝大多数视频格式，最大支持 2 GB。

4）在文章中添加视频

目前暂不支持在一篇文章中上传多个视频。为了保证用户体验的流畅度和统一性，暂不支持插入第三方视频。

5）文章分类选择

根据文章内容选择相近的文章分类即可。视频类内容可在发表时添加相应视频标签，以求更准确地描述视频信息。由于离散发文会影响垂直度，进而影响文章的推荐量，因此建议作者在擅长的垂直领域深耕。

6）修改和删除文章的方法

在头条号平台的"文章管理—手动更新"栏手动发表的文章可以自行修改和删除；在头条号平台的"文章管理—自动更新"栏自动更新的文章无法修改，但可以自行删除。目前不支持修改视频，只能修改文章标题和内容。另外，发文 14 天以上和由于违规（如疑似旧闻、视频重复、内容不适合收录、广告信息、泛时政、色情低俗等）等审核未通过的文章暂不支持修改。

在后台文章标题下方"更多操作"中选择"撤回"，可以删除文章，删除的文章不可恢复。已删除文章仍将占用当天发文篇数。需要注意的是，频繁删除和修改文章会影响文章推荐量。

7）头条号文章审核标准

每篇头条号文章都需要通过审核，这是因为它们可能被分发给成千上万个今日头条用户，只有拥有较完善的审核机制，平台才能保证用户接收到的信息合法合规，才能给用户提供优质的阅读体验。

在头条号发布的文章均经过机器与审核编辑的双重审核。其中，审核编辑会对文章进行初审与复审，如果内容被判定为标题党、低俗、广告、低质等，平台将对违规内容进行展示量的干预、退回修改、退回不收录等处理。若内容严重违规，则会对账号进行扣分或者封号处理。

8）内容审核时间

现有的审核包括机器审核和人工审核，但以机器审核为主，人工审核为辅。机器和人工会对文章进行过滤，根据文章具体情况决定是否推荐给用户。审核时间一般为 3~5 分钟，如遇特殊情况会有延迟，最迟不会超过 24 小时。

9）增加每日发文篇数

新手号转正以后，发文篇数会从 1 篇/天调整为 5 篇/天。平台暂不支持已转正的头条号申请调整发文篇数。修改文章不占发文篇数，审核未通过或者删除的文章占当天发文篇数。

10）内容管理功能

（1）文章撤回功能。为了方便头条号作者更加灵活地管理文章，在头条号后台对已发表的文章对应添加了"从主页撤回"功能，单击相应按钮后文章即从主页撤下，不再展示。

（2）原创文章管理功能。原创作者可以在后台查看自己已发布的原创文章是否被其他头条号抄袭，并可以查看疑似抄袭的文章及其作者主页，并进行举报。

（3）定时发文功能。头条号作者在发表文章时，可设定"定时发文"，文章在通过审核后，将按照作者设定的时间发表并进入推荐系统。

（4）趣味测试功能。这是头条号的一种新内容形式，利用趣味测试发布工具可方便地创作出趣味性强、互动性强、易分享传播的内容。

（5）文章置顶功能。头条号作者可以将自己认为最有价值的一篇文章进行置顶推荐，让最有价值的文章展示在最突出的位置。

（6）文章链接功能。为了便于头条号作者引用与发表与文章相关的其他文章，头条号新增了"文章链接"功能，可在文中添加头条网站内的文章链接。

（7）图集功能。这是专门为图片欣赏类内容打造的发布方式，发表成功的图集将以幻灯片的形式展示，具有更好的读图体验。

（8）评论管理功能。为方便头条号作者与读者进行互动，头条号新增了评论管理功能。头条号作者可以在头条号运营后台便捷地查看、回复、点赞读者的评论，还可以对恶意评论进行举报。

（9）图片水印功能。为了保护作者的权益和声明图片版权，平台上线了"图片水印"功能。

（10）在第三方开发平台发文功能。为完善头条号平台生态，优化创作环境，头条号开放平台正式上线，并开放第三方接口。目前已完成接入多家第三方编辑器平台，实现了"同步发文"功能。

3. 平台使用

1）登录问题

（1）更换账号密码。如需更换账号密码，可使用绑定的手机号登录手机客户端，然后依次选择"我的"→"设置"→"账号和绑定设置"进行修改。

（2）更换登录邮箱。出于账户安全考虑，平台暂不支持修改登录邮箱。可通过绑定其他授权方式的途径来变更登录方式，如需要绑定其他授权方式，可在手机客户端依次选择"我的"→"设置"→"账号和绑定设置"进行修改。

（3）更改头条号的登录方式。更改头条号的登录方式共有两种途径。

① 在手机客户端依次选择"我的"→"设置"→"账号和绑定设置"进行修改。

② 登录网址 http://mp.toutiao.com/，绑定或解除绑定多种第三方登录方式。

（4）忘记账号时的处理方法。如果无法登录头条号账号（如忘记账号），可发送标题为"登录问题反馈"的邮件到邮箱 mp@toutiao.com，并提供媒体名字、申请时使用的身份证号、身份证正反面彩色扫描件、账号绑定的手机号码、申请者手持身份证的照片。

2）修改账号信息

（1）修改头条号信息。头条号信息分为可修改的信息和不可修改的信息。

① 在头条号后台的"账号信息"页面中可修改头条号名称、头条号介绍、头条号头像、联系邮箱、网址。

② 不支持修改的信息包括联系人、联系电话、领域、所在地。

（2）修改绑定手机号。以下为修改绑定手机号的具体步骤。

① 如果记得头条号绑定的手机号，可使用绑定的手机号登录手机客户端 App，依次选择"我的"→"设置"→"账号和绑定设置"修改绑定的手机号。

② 如果不记得绑定的手机号，可在 PC 端登录网址 http://mp.toutiao.com/，设置绑定第三方登录方式，再在手机客户端使用第三方登录方式登录，在"账号管理"页面查看绑定的手机号首尾号码，自行回忆进行修改。若忘记了绑定的手机号码，则无法进行修改。

（3）企业/机构修改头条号信息。一般包括以下两种情况。

① 修改运营人信息。需更换运营人信息时，可发送标题为"更换运营者信息"的邮件到 mp@toutiao.com，并提供媒体名字、营业执照副本/组织机构代码证、加盖公章的运营人信息变更授权书（说明变更原因及变更后的运营人信息）。

企业/机构流动性大，建议使用法人代表身份证信息作为运营人信息，发送邮件后，平台会在 2 个工作日内处理并反馈结果。

② 修改企业/机构名称。如果企业主体未变、企业名称发生了变更，可发送标题为"头条号名称×××，申请修改公司名称"的邮件至 mp@toutiao.com，并提供注册时使用的营业执照副本/组织机构代码证、新的营业执照副本/组织机构代码证、工商局提供的更名证明、加盖新公章的公司名称变更说明书。

3）推荐相关问题

（1）"已推荐"标识。内容显示为"已推荐"，意味着该内容已经通过审核，并被推荐到一定数量的今日头条用户的信息流中。

（2）推荐量和阅读量的区别。推荐量是指头条号所发布的内容被推荐到今日头条用户信息流中的次数。阅读量是指用户点击进入内容详情页进行浏览的次数。

（3）头条号的内容推荐机制。为让受欢迎的内容被更多用户看到，不受欢迎的内容不占用过多推荐资源，头条号在推荐文章时，会分批次推荐给对其感兴趣的用户。文章首先会被推荐给一批最可能对该文章感兴趣的用户（这批用户的阅读标签与文章标签重合度最高，被系统认定为最可能对该文章感兴趣），这批用户产生的阅读数据将对文章下一次的推荐起到决定性作用。其中，阅读数据包括点击率、收藏数、评论数、转发数、读完率、页面停留时间等，其中点击率占的权重最高。这很好理解，能吸引众多用户点击的文章自然会被认为是好文章。

（4）文章的推荐量低于阅读量的情况。推荐量仅为站内系统预估，除了被推荐到今日头条用户信息流中，头条号所发布的内容还可能被用户分享到微博、微信等各类社交网络中并因此产生大量的站外阅读。

(5)"我的主页"/"频道"看不到被推荐的文章的情况。文章是根据读者兴趣进行个性化推荐的,会被系统个性化推荐给感兴趣的用户,因此每个人的头条页面都是不一样的。另外,为了避免重复推荐,如果在主页推荐就不会在相关频道进行推荐。

4)后台数据相关问题

(1)推荐用户、新增用户、累计用户。

① 推荐用户是系统通过对作者近期发文情况、文章热度等进行综合评估,预估作者的文章可能会被推荐给多少用户阅读。

② 新增用户是指昨日当天的独立访客数,即昨天有多少人看过作者的文章,相当于网站统计中的 UV(unique visitor,独立访客,即用户访问量)。

③ 累计用户是指历史累计的独立访客数,即累计有多少人阅读过作者的文章。同一人多次阅读仅计算一次。

(2)视频的阅读量和播放量的区别。有些头条号文章含有视频,所以存在阅读量和播放量两个概念。阅读量是指视频或含视频的文章进入详情页被播放阅读的次数。播放量是指视频或含视频的文章中视频的播放次数,包括在列表页直接播放和进入详情页后的播放次数。

(3)站内阅读与站外阅读。站内阅读是指文章在今日头条平台上产生的阅读。站外阅读是指文章被分享到其他平台后产生的阅读。

(4)阅读量不一致的原因。累计阅读量、文章管理中的阅读量及文章分析中的阅读量,三者的时间计算范围不同,所以会出现三者不一致的情况。

累计阅读量是按照文章篇数计算的,每两小时更新一次。文章管理中的阅读量(播放量)数据是实时更新的。文章分析中的阅读量(播放量)数据是按天计算的。

5)处罚和封禁

(1)头条号账号被扣分的原因及后果。随着头条号平台不断发展,为了规范作者的发文行为,构建一个健康的内容创作生态,平台提出了《头条号平台违规行为惩罚方案》。头条号作者需严格遵守文章审核规范,违规内容将被退回修改或直接不予推荐,部分严重违规内容还将触发惩罚条例。每个账号拥有 100 分起始账号分值,如触发惩罚条例,将被扣除相应分值,扣分可恢复。因含有反动内容被扣分的,分数不予恢复。

头条号账号违规行为及对应的扣分分值如图 8-5 所示;扣分分值与对应处罚关系如图 8-6 所示。

违规内容	账号分值
发布反动内容	扣50分
被举报且抄袭行为成立	扣40分
扭曲事实、恶意发布他人/机构的负面信息	
发布色情低俗内容	
发布违反相关法律法规的内容	扣20分
存在虚假宣传或欺诈消费者的行为	
发布与事实不符的各类信息	
发布侵犯他人人身权的内容	
发布广告或营销推广信息	扣10分
文章标题与正文内容不相符	
文章标题含错别字	

图 8-5 头条号账号违规行为及对应的扣分分值

扣分	对应惩罚
每扣10分	禁发文/禁微信和RSS接入1天
扣50分	关闭头条广告和自营广告权限
扣100分	封禁账号且不可恢复

图 8-6 扣分分值与对应处罚关系

（2）惩罚和禁言时间。惩罚不支持撤销，因此务必遵守头条号相关规定，共同维护良好的阅读环境。禁言时间是按自然日进行计算的。例如，今天上午 10:00 收到禁言 1 天的处罚，禁言时间从即刻起到第二天 24:00 结束。

（3）账号被封禁的情况。被封禁的账号无法解封，一般含有以下行为账号会被封禁。

① 发布反动和违反相关政策、法律法规的内容。
② 发布色情低俗内容，且行为恶劣。
③ 发布的内容与事实不符，且造成恶劣影响。
④ 发布恶意营销推广内容。
⑤ 伪造身份资料或机构资质、专业资格证明，恶意批量注册头条号，养号卖号。
⑥ 伪造或恶意传播虚假系统信息，包括但不限于系统通知、系统数据。

8.2.3 头条号账号的定位

运营者要对账号的发展有一个清晰的定位，这样才能为后续的运营打下良好的基础。

1. 三大流程，完成读者定位

目标读者定位主要是确定两个问题：一是了解自身的目标读者是谁，二是了解这些目标群体的主要特征。如果运营者明确了这两个问题，那么对后续的内容定位和服务定位都会起到促进作用，而且最重要的是，会对平台的吸粉引流具有很大的帮助。

目标读者定位的流程，通常来说分为以下 3 个步骤。

（1）收集信息：通过多种方式收集用户的信息，然后将这些信息制成表格，根据表格数据分析用户的基本属性。

（2）用户分类：根据用户的信息分析用户的基本属性，将用户分成几大类，然后给这些已分类的用户贴上标签。

（3）实现定位：在收集了用户信息、把用户分好类之后，就要对目标用户群体进行全方位的用户画像描述，实现定位。

■ 课程思政

> 头条号营销倡导"信息创造价值"，因此运营者在内容创作中应体现敬业、精益、专注、创新等方面的工匠精神，弘扬中国文化，树立文化自信。

2. 选择形式，做好内容定位

营销要以内容为王，这是新媒体营销永恒不变的真理，如果说读者定位是用来明确粉丝目标，为引流打基础的，那么内容定位就是用来稳固粉丝，为后期的营销变现打基础的，因此在实现营销变现之前，运营者要为平台进行内容定位。

作为一种新的信息传播媒介，头条号对平台内容的定位要求是很严格的，内容不仅要包罗万象，还要通过多种信息载体和多种媒体形式传达所要表达的意思。在头条号平台上，企业展示内容的方式包括文本、图片、视频和音频等。但很多企业不知道如何给平台的内容进行定位，也不知道要放什么样的内容才能吸引用户，下面介绍内容定位的方式。

企业想要做好平台内容的定位，就必须对内容的表现形式进行选择。目前，单用文本、图片或视频等方式展示内容是不够的，想要通过更独特的方式展示完美的内容，就要对平台的内容表现拓展形式有一定了解。

3. 打造特色，进行服务定位

众所周知，在不同行业里，不同产品的经营方式有很大的不同，达到的吸粉引流效果也不同，因此做好产品服务特色定位也是至关重要的一环。

想要投身于头条号营销，就必须深入地了解自己的产业特色、服务特色，有针对性地进行产品服务定位。比如手机生产商，应该根据手机的功能，锁定不同年龄层次的用户，进行一对一宣传，这样才能吸引粉丝，为平台导入一定的粉丝量。例如，小米手机和其他手机品牌的"广撒网"方式不同，它巧妙地避开了与同行的竞争劣势，精准地定位了自己的客户群——年轻一族，把握住年轻人的心理特征，打造出属于自己的产品服务特色，从而吸引了一大群忠实的粉丝。

如今，头条号已经成为非常火热的营销工具之一，想要抢占今日头条营销高地，最终脱颖而出，就必须打造独具特色的平台。那怎么打造特色化的平台呢？企业可以对自己的平台进行差异化的产品和服务定位。差异化的产品和服务定位首先需要对竞争对手有一定了解，然后分析自己与竞争对手之间的差异和优势，最终找出属于自己企业的特色服务。

除了从竞争对手角度出发，还要从目标用户的角度提炼用户喜爱的差异化服务，如果企业的差异化服务不是用户所需要的，那么即使提炼出来了，也不会有任何意义。

8.2.4 头条号运营方法

头条号的流量和头条号指数密切相关，头条号指数由原创度、健康度、活跃度、垂直度以及互动度5个维度组成，这5个维度的分值越高，则头条号指数越高，提高头条号指数有以下方法。

（1）原创度：坚持原创，提升内容质量。不仅要坚持推出原创内容，而且要注重内容的质量。质量好的内容才能减少跳出率，才能让用户用心看完，这样原创度才能获得高分值。

（2）健康度：头条号健康度主要从3个方面考核，一是图片大小、美观度；二是内容是否涉及黄赌毒；三是文章标题和内容是否严重失实。值得注意的是，通过夸张的标题来吸引读者，配上名不副实的内容，这种情况是头条号坚决打击的，很有可能会审核不通过且降低头条号的健康度。

（3）活跃度：要定时更新。运营人员要每天定时更新文章，文章审核通过，活跃度就会提升。

（4）垂直度：在头条号发布文章要和选择的专业领域一致。注册头条号时选择专业的领域后，产出的文章越专业垂直，头条推荐越精准。如果发布的文章不在选择的领域内，

> **小思考**
>
> 如果想提升头条号指数，可以采取哪些措施？查阅相关资料，并与同学讨论，至少提供5个措施。

微课：头条号运营方法

会降低专业度的评分,从而影响头条号指数。

(5)互动度:加强和读者的互动。当读者评论文章时,运营者要主动回复并与读者互动,这样能提高头条号指数的互动度。除了与读者互动,运营者可以主动评论别人的文章,得到较多的认可,获得热评后,就有机会被推荐到首页,从而为自己增加曝光,获得点击量与订阅量。

案例 8-2

"冰墩墩"设计师曹雪入驻今日头条,通过设计讲述中国故事

技能实训

【实训题目】

其他新媒体营销与运营。

【实训目标】

(1)能够通过教师讲解、案例讨论掌握相应知识点。

(2)能够初步认知其他新媒体营销与运营。

(3)能够形成初步的独立思考能力。

(4)能够培养初步的自主学习能力。

【实训内容与要求】

(1)由教师介绍实训的目的、方式、要求,调动学生参加实训的积极性。

(2)由教师布置模拟实训题目,题目如下:根据头条号算法推荐原理,结合自身定位及当日热门,写一篇自媒体文章发布到头条号上,并分析文章传播特点。

(3)由教师介绍其他新媒体营销与运营的相关案例及讨论的话题。

(4)所有同学相互评议,教师点评、总结。

【实训成果与检测】

1. 成果要求

(1)提交案例讨论记录:教学分组按3~5名学生一组,设组长1人、记录员1人,每组必须有小组讨论、工作分工的详细记录,以作为考核成绩的依据。

(2)能够在规定的时间内完成相关的讨论,学习团队合作方式,撰写文字小结。

2. 评价标准

(1)上课时积极与老师配合,积极思考、发言。

(2)认真阅读案例,积极参加小组讨论,分析问题思路较宽。案例分析基本完整,能

结合所学理论知识解答问题。

（3）团队配合较好，积极参与小组活动，分工合作较好。

思考与练习

1. 名词解释

（1）知乎。

（2）人群定位。

（3）头条号。

（4）头条号指数。

（5）价值定位。

2. 简答题

（1）简述知乎的特点。

（2）简述知乎的用户需求分类。

（3）简述头条号特点。

（4）简述判断头条号指数的标准。

（5）请说明头条号目标读者定位的流程。

参考文献

[1] 张克夫，李丽娜. 微信营销[M]. 上海：同济大学出版社，2020.

[2] 乔辉，麻天骁. 新媒体营销与运营[M]. 北京：人民邮电出版社，2021.

[3] 刘望海. 新媒体营销与运营从入门到精通：微课版[M]. 北京：人民邮电出版社，2018.

[4] 李朝辉，程兆兆，郝倩. 短视频营销与运营：视频指导版[M]. 北京：人民邮电出版社，2021.

[5] 杜一凡，胡一波. 新媒体营销：营销方式+推广技巧+案例解析[M]. 北京：人民邮电出版社，2017.

[6] 杜一凡. 新媒体营销完全攻略[M]. 北京：人民邮电出版社，2017.

[7] 黑马程序员. 新媒体营销教程[M]. 北京：人民邮电出版社，2017.

[8] 李昕. 全能运营：新媒体营销和运营实战手册[M]. 北京：清华大学出版社，2019.

[9] 龚铂洋. 新媒体营销的正确姿势[M]. 北京：电子工业出版社，2017.

[10] 袁国宝. 抖音营销[M]. 北京：电子工业出版社，2019.

[11] 勾俊伟，哈默，谢雄. 新媒体数据分析：概念、工具、方法[M]. 北京：人民邮电出版社，2017.

[12] 王子超，吴炜. 抖音短视频运营全攻略[M]. 北京：人民邮电出版社，2020.

[13] 李俊，魏炜，马晓艳. 新媒体运营[M]. 北京：人民邮电出版社，2020.

[14] 祁较瘦. 新媒体运营实战[M]. 北京：人民邮电出版社，2020.

[15] 邓丽，易路博. 新媒体运营[M]. 重庆：重庆大学出版社，2018.

[16] 徐骏骅，陈郁青，宋文正. 直播营销与运营：微课版[M]. 北京：人民邮电出版社，2021.